트랜스휴먼 시대의 사회과학 시리즈 2

# 코로나 팬데믹 현상이 초래한 사회변동의 다각적 이해

트랜스휴먼 시대의 사회과학 시리즈 2

코로나 팬데믹 현상이 초래한

# 사회변동의 다각적 이해

최인수 | 김경수 | 최연호 | 정성은·정다은 | 성지현 | 이성림 | 박형준

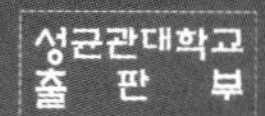

# '트랜스휴먼 시대의 사회과학' 시리즈

바야흐로 대격변의 시대다. 문명과 사회 변동의 속도가 어지러울 정도로 빠르고 그 깊이는 가늠하기 어려울 정도다. 정치, 경제, 사회, 국방, 외교, 문화, 교육, 의료 등 분야를 가릴 것 없이 급격한 변화의 소용돌이에 휩쓸리고 있으며, 개인, 기업, 국가를 막론하고 변화에 적응·대처하느라 여념이 없다.

이런 발전의 근저에는 과학기술의 기하급수적인 발전이 있다. (수퍼)AI, 바이오테크놀러지, 나노테크놀러지, 데이터사이언스, 로봇, 블록체인, 암호화폐 등 새로운 기술이 낡은 기술과 제도를 급속히 대체하고 있다. 인류가 소통하고 이동하는 방식은 물론 생산·소비·거래·경영하는 방식이 근본적으로 변하고 있다. 가상·증강현실 기술과 메타버스 기술을 활용한 새로운 교육방식과 문화현상이 급부상하고 있다. 자본과 첨단기술을 장악한 소수의 개인들이 자신을 업그레이드시킬 개연성이 높아짐에 따라 평등한 자유 원칙에 기초한 자유민주주의적 헌법질서도 흔들리고 있다. 좋든 나쁘든 좋아하건 싫어하건 이런 변화는 거스를 수 없는 숙명이 되어 우리 현대인들의 삶을 틀 짓기 시작했다.

현대의 과학기술체계에는 트랜스휴머니즘(transhumanism)이라는 질서의 비전이 깔려있다. 트랜스휴머니즘은 첨단 과학기술을 통해 이 지상에서 천년왕국을 건설하겠다는 의사(擬似)종교적 비전이다. 인류가 오랫동안 꿈꿔왔던 강인한 신체, 비범한 지능, 장수와 영생, 완벽한 삶을 실현하려는 운동이자 그렇게 할 수 있다고 믿는 세속화된 종교적 열망이다. 이런 꿈을 거부하는 태도를 미몽으로 치부하고 첨단 과학기술체계가 이런 미몽을 흩어버릴 것이라 확신한다.

트랜스휴먼 시대의 대격변에 직면하여 사회과학은 무엇을 어떻게 연구해야 하는가? 전통적인 연구방법을 고수하며 익숙한 이슈들만을 탐구해야 하는가? 아니면 새로운 이슈를 발굴하고 새로운 연구방법을 창안해야 하는가? 과학기술의 발전이 추동하는 심대한 사회변동의 본질을 외면한 채 과거의 문제의식과 방법만을 고수한다면 사회과학의 미래는 어두울 것이다. 트랜스휴먼 시대는 새로운 상상력과 연구방법을 요구하며, 오래된 이슈들에 덧붙여 새로운 이슈들을 다루도록 압박한다. '트랜스휴먼 시대의 사회과학 시리즈'는 이런 문제의식을 토대로 새로운 사회 연구방법과 이슈를 발굴한다.

트랜스휴먼 시대의 사회과학은 대격변에 수반하는 위기에도 주목할 필요가 있다. 대격변이 야기하는 위기의 본질과 양상을 해명하고 그에 대한 대응책을 제시하지 못할 경우 사회과학은 과학기술적 사회공학에 그 자리를 내주고 말 것이다. 특히 첨단 디지털 기술이 모든 것을 연결시키고 있는 초연결시대의 위기는 복합적이고 중층적이어서 융복합적으로 접근할 필요가 있다. 사회과학의 다양한 분과들은 서로 긴밀히 소통할 필요가 있으며, 자연과학의 다양한 분과들과도 적극적으로 교류·협력해야 한다. 이 책의 집필진은 이런 문제의식에 깊이 공감하며 융복합연구의 첫발을 내디뎠다. 다소 어설프고 미약한 시작이지만 대격변 시대의 연구를 주도하는 지적인 흐름을 형성할 것으로 기대한다.

사회과학연구원이 이 기획을 주도할 수 있도록 물심양면으로 지원해주신 신동렬 총장님, 조준모 부총장님, 이준영 기획조정처장님, 그리고 '트랜스휴먼 시대의 사회과학 시리즈' 각 권을 편집해주신 최훈석 교수님, 최인수 교수님, 김태효 교수님께 깊은 감사를 드린다. 아울러 사회과학대학, 경제대학, 그리고 의과대학 및 소프트웨어대학의 집필진께도 본 기획에 적극적으로 참여해주신 데 대해 깊이 감사드린다. 마지막으로 어려운 여건 속에서도 학문과 문화 진흥의 큰 뜻을 품고 이 시리즈의 출판을 선뜻 허락해주신 성균관대학교출판부 관계자들께도 심심한 감사의 마음을 전한다.

성균관대학교 사회과학대학장

사회과학연구원장

김비환

CONTENTS

**발간에 부쳐** '트랜스휴먼 시대의 사회과학' 시리즈 • 김비환(사회과학대학장) 04

**서문** • 최인수(아동·청소년학과 교수) 13

**제1장**
**포스트 팬데믹 시대의 글로벌 경제(경제체제의 변화)** • 김경수(경제학과 교수) 23

Ⅰ. 팬데믹과 글로벌 경제 24

Ⅱ. 팬데믹 이전의 21세기 글로벌 경제 30
1. 중국 무역충격 32
2. 엘리트의 황혼 36
3. 디지털 기술혁명 38

Ⅲ. 중국 48

Ⅳ. 포스트 팬데믹과 글로벌 경제 56
1. 빚 58
2. 지정학적 위험 62
3. 긱 경제 65

Ⅴ. 글을 마치며 68

제2장
팬데믹과 보건의료 환경 변화 • 최연호(의과대학 교수) 79

Ⅰ. 보건의료 환경의 현실 82
Ⅱ. 코비드 사태가 불러온 변화, 뉴노멀 리세팅 88
Ⅲ. 변화해야 할 것 93
Ⅳ. 변화하지 말아야 할 것 102
Ⅴ. 휴머니즘 의료 105
1. 의학지식만으로 환자를 보면 안 된다 105
2. 코비드-19 사태가 알려준 휴머니즘 108

제3장
코로나19로 인한 개인 간 대면·비대면 소통 변화
• 정성은(미디어커뮤니케이션학과 교수)·정다은(미디어문화콘텐츠연구소 선임연구원) 115

Ⅰ. 서론 116
Ⅱ. 코로나19로 인한 개인 간 소통 변화의 경험들 119
1. 코로나19로 인한 가족관계 및 소통의 변화 119
2. 코로나19로 인한 직장에서의 관계 및 소통 변화 127
3. 코로나19로 인한 친구·지인 관계 및 소통 변화 133
4. 코로나19로 인한 미디어 이용 변화 138
Ⅲ. 포스트코로나 시대 한국 사회의 개인 간 소통 변화에 대한 전망 141
1. 포스트코로나 시대 가족 간 소통 및 관계 변화 전망 141
2. 포스트코로나 시대 직장에서의 소통 및 관계 변화 전망 146
3. 포스트코로나 시대 친구·지인 간 소통 및 관계 변화 전망 148
4. 포스트코로나 시대 미디어 이용 변화에 대한 전망 150
Ⅳ. 맺음말 152

제4장

## COVID-19 팬데믹, 아동 돌봄과 교육 생태계의 변화와 미래 교육 • 성지현(아동·청소년학과 교수) 161

Ⅰ. 코로나19로 인한 가정의 사회경제적 변화와 자녀 양육 및 돌봄 164
1. 가정 내 사회경제적 변화 165
2. 가족관계 및 생활시간 166
3. 자녀 양육 및 돌봄 167
Ⅱ. 코로나19로 인한 보육·교육기관의 운영변화와 현장대응 170
1. 영유아 보육·교육기관의 코로나19대응과 보육·교육과정 운영현황 171
2. 초등학교의 코로나19 대응과 교육과정 운영현황 177
Ⅲ. 코로나19 시기의 아동 180
1. 코로나19 시기 아동의 발달과 학습 181
2. 온라인에 갇힌 아이들 188
3. 아동의 정신 건강 191
Ⅳ. 코로나19 시기의 부모와 교사 196
1. 부모의 양육스트레스와 아동학대 197
2. 교사의 새로운 업무와 정신건강 201
Ⅴ. 포스트 코로나 시대의 교육 204
1. 뉴노멀을 이끄는 변화들 205
2. 미래교육의 한계와 고민 209
3. 미래 교육의 과제 214
Ⅵ. 결론 및 제언 221

제5장

## 포스트코로나 시대 시장환경과 소비생활의 대전환

• 이성림(소비자학과 교수) 237

Ⅰ. 코로나19 대유행과 가계 소득 및 지출 변화 240
1. 가계의 소득과 취업 상태의 변화 240
2. 가계의 소비지출 변화 244
3. 플랫폼과 소비생활 246

Ⅱ. 플랫폼경제의 이해 249
1. 플랫폼 발달배경 251
2. 플랫폼경제의 정의 253
3. 플랫폼경제 특성 256
4. 플랫폼경제의 새로운 시장 현상 260

Ⅲ. 플랫폼과 프로슈머 생산활동 261
1. 산업시대 프로슈머 생산활동 264
2. 플랫폼경제 프로슈머 활동 268
3. 플랫폼경제의 N잡러

Ⅳ. 플랫폼경제의 소비자문제 272
1. 소비자평가 기능과 문제점 273
2. 큐레이션 기능과 문제점 275
3. 네트워크 효과와 시장지배력 277

Ⅴ. 플랫폼경제 시대 소비사회의 변화와 사회적 과제 280
1. 시장의 변화 280
2. 소비사회의 변화 282
3. 새로운 도전 283

## 제6장
## 포스트 코로나 시대의 미래 정부와 정부혁신 방안

• 박형준(행정학과 교수) 289

Ⅰ. 코로나 등장으로 인한 사회변화 292
1. 정치적 변화 293
2. 사회·문화적 변화 294
3. 경제적 변화 295
4. 기술적 변화 296

Ⅱ. 포스트 코로나 시대 요구되는 미래 정부의 역량 298
1. 정부의 변화관리역량 회복력 확보 298
2. 시민참여형 사회혁신 플랫폼 활성화 301
3. 미래문해력을 바탕으로 한 기술 구현 302

Ⅲ. 포스트 코로나시대 정부혁신 방향 305
1. 미래 정부 운영 방향으로 F.A.S.T. 정부 306
2. 미래 정부 조직 혁신으로 클라우드 정부와 민첩한 정부 309
3. 디지털 플랫폼 지능형 정부 312
4. 정책실험에 근거한 증거기반 정책설계와 예견적 정부 315
5. Gov Tech, Civil Tech의 활용을 통한 정책 319
6. 가상과 현실세계가 상호작용하는 메타버스 정부 323

Ⅳ. 결론 및 제언 326

# 서문

**최인수**( 아동·청소년학과 교수)

코로나 팬데믹 현상은 우리 세계가 BC(Before Corona, 코로나 이전)와 AC(After Corona, 코로나 이후)로 나뉠 것이라고 주장한 저널리스트의 표현처럼 우리 삶의 전 방위에 걸쳐서 지대한 영향을 주고 있다. 이러한 영향의 특성을 가늠하는 용어로 미래학자들은 변동성, 불확실성, 복잡성, 애매모호성(VUCA)을 꼽고 있으며, 이들은 일상의 삶에 대한 변화뿐만이 아니라 사회변동과 혁신을 초래하는 동인으로 작동하기 시작하였다. 제2권 〈코로나 팬데믹 현상이 초래한 사회변동의 다각적 이해〉에서는 이러한 다양한 영역에서 일어나는 현상에 대한 이해와 적극적이고 미래지향적인 대응을 위해서 경제학, 의학, 미디어커뮤니케이션학, 아동·청소년학, 소비자학, 행정학 전문가의 통찰과 전망을 제시하기로 한다.

**제1장 [포스트 팬데믹 시대의 글로벌 경제]**

김경수 교수(경제학과)는 팬데믹 위기의 피해 부문과 수혜 부문의 비대칭적 파급 효과는 21세기 프리 팬데믹 당시 조성된 현상을 더욱 강화하는 계기로 작용할 것으로 전망한다. 흔히 제4차 산업혁명이라고 부르는 디지털 기술혁명은 생산성 혁신이 디지털 경제 영역에만 제한됨으로써 '고용과 성장'과 디커플링 되었고 그 결과 슈퍼 리치를 배출했다. 고용의 불안은 사회적 갈등을, 사회적 갈등은 글로벌 경제의 중심부에서 자유주의 대신 자국우선주의가 일어나는 데 기여했다. 유발 하라리가 제기한 것처럼 과학적 성취와 사회적 의지의 문제 – 구체적으로 표현하자면 디지털 기술혁명과 자유주의 퇴조 – 는 21세기에 들어서 일어난 글로벌 경제의 두 현상인 것이다. 디지털 기술혁명의 성과는 시장규율 대신 양질의 데이터의 접근성에 더 크게 의존하게 되고, 이는 국제규범에 따른 자유주의 질서로의 복귀를 선언한 바이든 정부와 중국과 갈등을 초래하게 되는데, 이러한 갈등은 소규모 개방경제인 우리나라에게까지도 지정학적 위험을 주는 것이다. 김경수 교수는 이러한 문제들을 팬데믹 이전과 이후의 글로벌 경제가 어떻게 달라졌는가를 비교하면서 고찰한다.

### 제2장 [팬데믹과 보건의료 환경 변화]

코비드 사태가 불러온 사회 전반의 뉴노멀 리세팅은 의료 분야에도 거대한 영향을 미쳐 그동안 지지부진하게 진행되어 오던 비대면 기반의 원격진료가 의료의 한 축이 될 수 있는 계기를 제공하였다. 이를 위해서는 의료데이터와 인터페이스의 표준화를 확립해야 하고 의료시스템의 보안성과 효율성 개선은 지속적으로 해결되어져야 할 과제이다. 이러한 과정을 거치면서 의료분야뿐만 아니라 바이오 관련 산업 전반의 디지털 혁신도 동반되어질 것으로 전망한다. 그런데 이러한 변화의 국면에서 최연호 교수(의학과)가 특별히 강조하는 것은 의료의 본질인 휴머니즘을 놓치지 않는 것이다. 환자의 생명을 살리는 의료 기술의 변화도 중요하지만 기술과 시스템 위주의 치료에 가려질 수 있는 휴머니즘 진료도(환자 본인뿐만 아니라 가족과 주변 사람들의 마음을 헤아리는 것과 같은) 의료 환경 시스템의 한 부분이 되어야 한다는 것이다. 이런 맥락에서 의료인에 대한 휴머니즘 교육과, 국민의 휴머니즘 의료에 대한 인식 개선, 의료에 대한 국민의 신뢰가 높아질 수 있는 정책적 뒷받침이 마련돼야 할 것이고, 이를 통해 팬데믹을 극복하는 우리의 건강한 의료시스템이 자리 잡을 수 있다고 주장한다.

**제3장 [코로나19로 인한 개인 간 대면·비대면 소통 변화]**

코로나 팬데믹은 인류의 가장 자연스럽고 보편적인 커뮤니케이션 양식인 대면을 부자연스럽고 낯설게 만들었다. 강의와 회의, 종교의식 그리고 가족 모임 등 대면으로 이루어지던 많은 커뮤니케이션이 비대면으로 전환되었다. 다양한 연령과 직업군의 사람들이 팬데믹 시기의 커뮤니케이션에 있어서 어떤 변화를 경험했는지 그리고 그러한 커뮤니케이션에서의 변화가 개인의 심리와 정신건강, 인간관계, 종교활동, 문화활동, 여가활동에 어떤 변화를 불러일으켰는지를 정성은 교수, 정다은 박사(미디어커뮤니케이션학과)는 설문조사를 통해 구체적으로 접근하였다. 그 결과 저자들은 다음과 같은 사실을 발견하였는데, 우선 비대면 소통이 대면 소통을, 특히 회사 상황에서의 대면 소통 기능의 상당 부분을 대체했다는 것이다. 그러나 비대면 소통 빈도의 증가는 관계의 친밀감 형성 및 유지에 많은 영향을 주지 못했다. 즉 비대면 소통은 친밀감이 충분히 형성되어 있는 사회적 관계에서만 만족감이나 친밀감에 도움을 주는 것으로 확인되었다. 저자들은 코로나19로 인해 비대면 소통이 증가한 것은 사실이나, 오히려 소통의 중요성 측면에서는 개인 간 직접적 대면 소통의 중요성을 우리에게 각인시킨다고 주장한다.

**제4장 [COVID-19 팬데믹, 아동 돌봄과 교육 생태계의 변화와 미래 교육]**

성지현 교수(아동·청소년학과)는 팬데믹을 겪으면서 우리 사회의 영유아, 아동, 청소년들이 학교, 가정, 사회관계, 환경 등 다양한 맥락에서 경험한 변화들을 살펴보고, 이러한 변화에 대응하기 위한 방향과 미래의 과제를 코로나 lockdown(규제)과 관련된 국내외 여러 조사결과들을 통해서 살펴보고 있다.

무엇보다도 코로나19로 인하여 학교가 고유의 기능과 역할을 못하게 되면서 상당수의 아동이 교육에 필요한 기회와 접근성을 갖지 못하는 불평등을 겪고 있고, 팬데믹의 장기화로 교육과 돌봄에서 이미 차별과 소외를 경험하던 집단의 아동들의 피해가 가중되고 있는 현실이다. 이러한 문제를 해결하기 위해 Human Right Watch(2021)보고서는 모든 국가는 정상으로의 복귀하는 정책을 세울 때 교육이 핵심이 되어야 한다고 강조했다. 노벨경제학상을 받은 Heckman은 아동을 우리 사회의 미래 인적자원으로 간주하고 투자대비 효과를 고려하면, 학령전기의 개입이 가장 효율적인 시점이라고 하였다. 이러한 관점을 반영하듯 대부분의 나라들이 코로나19를 경험한 C(corona)세대에게 양질의 유아교육과 아동교육을 제공하기 위한 적극적인 재정투자를 도모하고 있다. 이와는 별도로 우리 사회 구성원인 아동, 부모, 교사가 코로나19로 인한 스트레스를 덜어내고 신체적·정신적 건강을 잘 유지할 수 있도록 데이터에 근거한 보건, 교육 및 사회 보호 분야 프로그램의 확대와 정신건강 증진을 위한 양질의 서비스 프로그램의 마련도 시급하다고 주장한다. 마지막으로 저자는 코로나19 이전의 생활로 돌아가기를 희망하기보다는 변화를 받아들이고, 당면 과제를 해결하기 위해 아동의 미래를 지원하는 주체인 부모, 교사, 보육/교육기관, 정부가 함께 고민하고 소통하며 공동체적인 해결을 해나가야 할 것을 제안한다.

**제5장 [포스트코로나 시대 시장환경과 소비생활의 대전환]**

코로나 대유행은 사람들을 집안으로 그리고 4차 산업혁명의 물결에 태워 새로운 디지털 환경으로 옮아가도록 안내했다. 이러한 모든 변화의 중심에 플랫폼이 있다. 이성림 교수(소비자학과)는 소비자가 보유한 자원과 생산능력을 시장의 공급원으로 활용하는 플랫폼경제의 특성을 고찰하고, 포스트코로나 시대 시장환경과 소비생활의 변화에 대비하는 방안을 제시하고자 했다. 플랫폼경제는 개인 간 누구나 제품을 사고 파는 시장, 거래자들의 공동체나 커뮤니티를 형성할 수 있는 온라인 시장을 구축한다. 플랫폼경제는 소비자가 공급자로 쉽게 참여할 수 있는 생산 서비스를 제공한다는 점에서 기존의 시장경제와 근본적인 차이가 있다. 플랫폼경제의 소비자들은 거래할 다양한 제품과 서비스 정보를 제공하는 공급자인 동시에 플랫폼 기업의 귀중한 자원이 되는 빅데이터를 제공하는 프로슈머들이다. 프로슈머들의 대규모의 협업에 의한 집단지성은 4차 산업혁명 시대를 이끌어갈 지식과 기술 시스템을 스스로 구축하기도 한다. 4차 산업혁명 시대의 플랫폼경제는 기업이 담당했던 생산 기능을 개인이 수행할 수 있도록 이끌어가는 새로운 경제체제의 출현을 의미한다. 이런 점에서 개인과 개인 간 거래를 촉진하고 노동자를 지원하는 정책이 미래의 가장 설득력 있는 고용 및 복지정책이 될 수 있으며, 이를 위해 프로슈머 사이의 생산 활동 및 교류를 뒷받침 해주는 시스템을 위한 국가 차원의 창의성이 요구된다. 플랫폼경제와 관련하여 이성림 교수의 다음 두 가지 시사점은 눈길을 끈다. 플랫폼경제에서 인정받는 공급자로서의 생산능력을 갖추기 위해서는 산업시대처럼 유능하게 일 잘하는 인재보다 개방적이고 다양한 시각을 가진 개인에 대한 지원이 필요하다는 것이다. 또 하나는 익명의 개인들의 상호작용으로 작동되는 플랫폼경제의 결속력은 개개인의 윤리적 자질에 좌우되기에 인류의 보편적 가치를 일깨우고 고양시키는 교육에도 주력해야 한다는 점이다.

**제6장 [포스트 코로나 시대의 미래 정부와 정부혁신 방안]**

2020년 시작된 코로나 팬데믹으로 인해서 생긴 거버넌스 환경의 변화는 크게 두 가지로 볼 수 있다. 하나는 위기상황 극복이라는 측면에서 사회적 거리두기 규제와 재난지원금의 지급, 방역과 백신정책 등에서 민간과 시장보다는 국가가 중심 역할을 하여 문제를 해결하는 신베버주의로의 변화이다. 다른 하나는 직면하는 사회 난제를 빠르게 해결하기 위하여 백신 긴급승인, 재난지원금의 긴급지원 등 문제 상황에 신속한 대응을 요하는 민첩한 정부(Agile Government)로의 변화다.

박형준 교수(행정학과)는 코로나로 인한 사회의 난제에 실효적으로 대응하기 위하여 디지털 기술/플랫폼을 활용한 GovCloud, 디지털 플랫폼 정부, 형태 및 구조적 차원에서의 Agile/stremlined/tech-enable 마지막으로 넛지유닛 부서, 정책실험, 근거기반 정책설계 등을 기반으로 한 창의적인 공공 거버넌스 형태와 미래정부의 형태를 제시하며 가능성을 탐색한다.

저자는 본고를 통해서 포스트 코로나 시대에 우리 정부가 나아가야 할 현실적인 방향을 다음 4가지로 제언한다. 첫째, 투명성과 대응성 강화를 위한 플랫폼 기반의 디지털 혁신 네트워크를 구축하는 것, 둘째, 다양하게 벌어지고 있는 사회문제에 대해 신속하고 유연하게 대응할 수 있는 혁신적인 운영 방식으로 전환하는 것, 셋째, 과거의 다양한 사례와 근거를 바탕으로 한 실증적 기반의 정책(Evidence-based policy)을 수립하는 것, 마지막으로 의사결정 과정에서 오류를 최소화하기 위한 공무원사회의 혁신적인 변화를 도모하는 것이다.

제2권의 편집방향도 제1권의 편집과 마찬가지로 각 학문 분야의 특징과 집필자의 학문적 개성이 그대로 드러나도록 편집자의 개입을 최소화하는 방식으로 진행되었다. 팬데믹을 여러 학문 분야에서 접근해 보는 노력은 다양성을 제공한다는 장점이 있는 반면, 공통분모를 찾기가 쉽지 않은 부분도 있을 것이라 사료된다. 그러나 편집자에게는 6명의 저자의 통찰을 관통하는 주제 두 가지를 어렴풋이 느낄 수 있었는데, 그것은 팬데믹이 인간을 불편하게 할 수는 있지만 결국은 '인간다움'으로 그 해결책을 찾을 수 있다는 것과 '창의와 혁신'은 팬데믹 시대에 더욱 필요하다는 생각이다. 다만 이는 편집자의 사견임을 밝히며 저자들의 깊은 사유와 관찰의 결과를 과도 범주화하는 것이 아니기를 바라는 마음으로 피력해 본다.

먼저 '인간다움'이라는 공통점은 의료시스템의 발전이 '휴머니즘'이라는 코드를 배제하지 말아야 한다는 점에서, 비대면의 커뮤니케이션이 대면 소통과 관계의 중요성을 더욱 부각시킨다는 점에서, 건강한 인간이 되기 위한 조기 개입과 교육환경 개선이 훌륭한 인적자원 양성의 토대가 된다는 점에서, 플랫폼경제에서도 개개인의 윤리와 보편타당성이 중요하다는 점에서, 사회 구성원의 집단지성을 이끌어내 사회통합을 이루고 우리와 이해가 깊은 나라들과 불필요한 갈등을 빚지 않도록 하는 것이 글로벌 경제에서 필요하다는 점에서 궤를 같이 한다.

한편 코로나 팬데믹이 초래한 사회의 난제를 해결하기 위해서, 거의 모든 영역에서 '창의와 혁신'을 필요로 한다는 것도 생각해 볼 만하다. 행정업무에 관한 창의성과 혁신성을 위해 부처 간의 교류를 활발히 하고 데이터나 통계, 빅데이터 등을 실제 활용할 수 있는 전문가 및 기술자 양성도 필요하고, 플랫폼경제에서 인정받는 프로슈머가 되기 위해서는 창의와 전문성도 담보되어야 하며, 아동청소년 교육에서 창의적 잠재력을 배양해야 하는 것은 새삼 강조할 필요도 없다.

어려운 여건에서도 편집자의 부탁으로 옥고를 마련해주신 집필진 및 이 시리즈를 기획하여주신 김비환 학장님께 감사의 말씀을 드린다.

2022년 2월

편집자 최인수

제1장

# 포스트 팬데믹 시대의
# 글로벌 경제(경제체제의 변화)

**김경수** 경제학과 교수

# I
# 팬데믹과 글로벌 경제

『문명의 충돌』의 저자 고(故) 새뮤얼 헌팅턴이 창립한 국제관계 전문잡지 〈포린 폴리시(Foreign Policy)〉는 코비드19 팬데믹이 시작된 직후 국제정치·경제학자 20인이 전망하는 세계에 대한 생각을 실었다.[1] 이들 가운데 11인은 글로벌 경제가 침체에 빠지고 세계화는 후퇴할 것이라는 비관론을, 4인은 미국이 주도하는 국제질서의 와해를, 4인은 반대로 희망을, 나머지 1인은 바뀐 중앙은행의 역할을 점쳤다.

우선 비관론은 팬데믹은 낮은 생산성과 수요로 대침체에 빠졌던 글로벌 경제가 대공황 이후 90년 만에 장기침체에 빠질 가능성을 제기했다. 더욱이 글로벌화의 혜택과 비용을 재평가하는 계기가 된 팬데믹 위기는 국가와 국경의 존재를 확실히 일깨워줬으며

---

1) How the World Will Look After the Coronavirus Pandemic (2020), How the Economy Will Look After the Coronavirus Pandemic (2020).

20세기 말 완성된 세계화의 관에 못을 박는 계기가 될 것이라는 전망도 나왔다.

나아가 정교한 국제분업 생산시스템인 글로벌가치사슬(GVC)이 훼손되어 큰 손실을 입은 기업은 GVC에 내재된 상호의존성의 위험을 인지하고 대신 덜 효율적이나 안정성이 높은 국내 공급사슬로 대체할 것이라고 예측했다. 특히 무역과 사람의 이동을 제한하는 자국우선주의를 앞세운 보호주의를 경고했다. 또한 21세기에 들어서 일어난 디지털혁명·자동화로 20년간 중간기술 일자리는 줄었고 중간임금이 정체되었고, 소득불평등은 확대되었다. 이 추세는 포스트 팬데믹에서 가속화될 것이라는 전망이다.

한편 제2차 세계대전 종전 후 이처럼 막대한 규모의 재정이 투입된 적은 없으나 과연 충분한지 확신은 없다고 보았다. 더욱이 막대한 빚은 중앙은행이 마술을 부려 해결할 수 없으며 역사를 돌이켜보건대 돈을 찍어내거나 전략적 채무불이행과 같은 극단적 대안을 찾았다. 빚을 세금으로 상환할 것이라는 사람들의 기대가 내핍으로 나타날 때 상황은 더 악화될 수밖에 없기 때문이다.

팬데믹의 역사를 살펴보건대 국제사회는 한 번도 국가 간 협력을 이끌어내지 못했고 대신 갈등을 일으키는 국제정치의 본성만 드러났다. 특히 팬데믹 대처에 실패한 나라일수록 실패를 남의 탓으로 돌리려는 유혹에 빠지기 쉬워 국가 간 갈등은 더 깊어진다. 기후변화와 같은 전 세계가 당면한 문제를 해결하려는 의지와 노력은 현저히 약화될 것으로 점쳤다. 많은 나라들이 팬데믹 위기가 초래한 국내 문제에 치중할 것이기 때문이다. 그러나 결국 실패하는 나라는 늘어나고 미·중 관계는 더 악화될 것으로 보았다.

팍스 아메리카나, 즉 미국이 주도하는 세계질서에 대한 회의론도 제기되었다. 역사는 승자의 기록이다. 권위주의 체제가 승리할 때 민주주의의 입지는 좁아지고 75년간 국제질서를 이끌어 온 미국의 리더십은 이제 실패한 것이나 다름없다.

반면 국제사회에서 높아진 중국의 위상은 중국인들의 자존감을 높여줬다. 팬데믹은 이 변화를 더욱 가속할 것이다. 미국이 패권을 유지하려 할 때 야기될 지정학적 갈등은 미국에서 중국 중심의 글로벌화로 더 빠르게 이동하게 할 뿐이라고 예측했다.

다만 아직 희망은 있다. 인류는 팬데믹이라는 공동의 적과의 전쟁에서 이전투구와 많은 시행착오를 하겠지만 결국 민주주의는 승리할 것이기 때문이다. 어찌 됐든 세계는 상호협력을 모색할 것이라는 낙관론도 제기되었다.

중앙은행이 물가안정에서 정부의 재정정책을 수용하는 통화정책으로 그 역할이 확대될 것이라는 전망도 있다. 그러나 사실 별로 새로운 것은 아니다. 우리나라는 이미 1960년대 군사정부 시절 대실패로 마감했던 통산정책(통화정책과 산업정책의 결합)을 시행한 적이 있기 때문이다(김경수, 2015).

팬데믹이 시작된 지도 2년이 지났다. 백신이 개발되었지만 백신주권은 그 혜택을 제대로 받지 못하는 신흥국, 저소득국을 곤경에 빠뜨렸다. 팬데믹은 공식통계는 500만 명이지만 많게는 1,500

만 명 가까운 희생자를 낳은 것으로 알려진다.[2] 희생자는 백신이 개발된 후 오히려 더 증가하고 있으며 새로운 변이 바이러스는 백신을 독점한 선진국의 뒤통수를 치고 있다. 적어도 현 시점에서는 여러 전문가들이 예측한 대로 협력과 화합보다는 나라 안팎으로 갈등과 분열이 이 시대를 특징 지우고 있다.

〈이코노믹스〉지는 미국 권력의 미래(The future of American power)라는 주제로 전문가들의 기고문을 실었다. 영국 출신의 사학자 퍼거슨(N. Ferguson)은 '미국 제국의 종말이 평화롭지 않은 이유'라는 제목으로 미국이 떠난 아프가니스탄의 혼란이 상징하는 미국의 쇠락을 100년 전 1930년대 戰間期 영국에 빗댔다(Ferguson, 2021).

그는 두 나라가 GDP의 상대적 하락이나 막대한 국가채무와 같은 통계수치뿐 아니라 대다수 미국 국민들이 권위주의 체제와 맞서 전쟁을 하고 싶은 생각이 없다는 것도 100년 전과 마찬가지라고 평했다.[3] 당시 영국이 그랬듯이 현재 진보와 보수를 막론하고 세계질서를 책임지는 패권국의 지위를 가지는 데 미국은 관심이 없다는 것이다.

---

2) 2021년 9월 공식 통계에 따르면 전 세계 희생자는 500만 명에 이른다. 그러나 〈이코노미스트〉지는 1,500만 명 이상으로 추정했다("The pandemic's true death toll," 2021).

3) 중요한 차이 가운데 하나는 당시 영국이 대외자산이 부채보다 훨씬 많아 순대외자산이 GDP 대비 100%에 이르렀지만 미국은 반대로 대외부채가 자산을 초과(GDP대비 −70%)하는 것이다.

퍼거슨은 패권국의 지위에서 후퇴하는 것은 결코 평화로운 과정이 아니며 과거 미국이 주도했던 세계질서 하에서는 일어나지 않았을 분쟁에 휘말릴 가능성을 우려했다. 이미 조지아, 우크라이나에서 갈등은 시작했고 동북아시아의 긴장은 높아지고 있다(Gomart, 2016).

한편 후쿠야마(F. Fukuyama)는 아프가니스탄 사태가 곧 미국 시대의 종말을 고하는 것은 아니며 전적으로 내치(內治)에 달린 문제로 보았다(Fukuyama, 2021). 현재 미국 사회는 세금과 낙태에서 문화적 정체성에 이르기까지 거의 모든 사안에 대한 합의를 찾기가 어렵게 된 양극화의 시대를 맞았다고 진단했다. 코비드19 팬데믹과 같은 외부의 큰 위협은 공동대응을 위해 모든 미국 시민이 단결할 기회가 되었어야 하나 사회적 거리두기, 마스크 착용, 백신 접종이 방역조치가 아닌 정치적 이슈화되면서 오히려 미국은 더 분열했다.

그는 양극화가 이미 미국의 영향력을 손상시켰으며 이제 소프트 파워로서 미국의 제도와 사회에 대한 신뢰도 오그라들었다고 보았다. 성숙한 민주주의이라면 평화적인 권력이양을 수행할 수 있어야 하지만 2021년 1월 6일 의사당 난입사건은 미국이 국제사회의 불신을 일으킨 결정적인 증거라고 보았다.

두 기고문은 앞서 소개한 미국이 주도해 온 세계질서에 대한 회의론의 연장선에서 국제사회에서 미국의 영향력이 크게 위축되었다는 데 의견을 같이 한다.[4] 다만 퍼거슨은 미국의 쇠락을 각종 통

---

4) Haas (2017)는 국제관계에 대한 미국의 영향력이 어떻게 변화했는지 시대별로 설명

계치와 미국 국민의 의지의 결핍에서, 후쿠야마는 내치의 실패를 그 요인으로 든 데 차이가 있을 뿐이다. 그 요인이 무엇이든 두 사람과 Foreign Policy가 소개한 많은 전문가들은 미국의 쇠퇴를, 일부는 중국의 부상을 예측하였다.

---

하고 있다.

# Ⅱ

# 팬데믹 이전의 21세기 글로벌 경제[5)]

김경수(2020)는 중국의 세계무역기구(WTO) 가입, 디지털 기술혁명과 같은 21세기에 들어와 일어난 사건들이 20세기의 눈으로 볼 때 글로벌 경제가 낯설게 보이는 근인(根因)을 제공했다는 논지를 피력했다. 70여 년 전 미국이 구축했던 국제규범에 따른 자유주의 질서를 스스로 부정하고 우리나라와 같은 소규모 개방경제가 높은 지정학적 위험에 직면하게 된 현실은 21세기에 들어서 일어난 사건들이 상호작용한 결과물로 해석했다. 따라서 포스트 팬데믹 세계를 논의하기 위해서는 21세기의 사건과 그 상호작용이 어떻게 팬데믹 이전의 세계를 특징 지었는지에 대한 설명이 필요하다.

글로벌 경제는 1980년대 초 외채위기로 잃어버린 10년의 고통

---

5) 내용의 상당 부분을 김경수(2020)에 의존하였음을 밝힌다.

을 받았던 중남미 국가들이 국제금융시장으로 돌아오고, 사회주의가 붕괴, 다수 체제전환국들도 동참하였으며 1990년대 말 동아시아 외환위기를 계기로 한국 등 위기국가들이 자본개방을 단행하면서 점차 그 골격을 갖추었다.[6)]

국제규범에 따른 자유주의 질서는 종전 후 자유로운 시장과 자유로운 시장을 뒷받침하는 IMF, 세계은행과 같은 국제기구 그리고 훗날 1995년 설립된 WTO로 구성된 UN 시스템으로 구축되었다. 자유로운 시장은 당초 상품의 국가 간 자유로운 이동에서 1970년에 들어와 고정환율제도가 붕괴되고 변동환율제도로 이행하면서 금융자본까지 포함하였다. 후에 나프타(NAFTA, USMCA의 전신)와 CPTPP와 같은 제한된 범위에서 다자간 무역협정이 설립되었고 유럽연합(EU)과 같은 경제공동체는 노동까지 자유로운 시장에 편입했다.

자유로운 시장의 확보는 저소득 국가들에게는 기회였다. 실제로 우리나라를 비롯한 아시아 네 마리 용은 기회를 번영으로 이끌어냈을 뿐 아니라 사회주의체제를 무너뜨렸고 많은 나라들이 탄생해 오늘의 글로벌 경제의 모습을 갖추게 되었다.[7)] 무엇보다도

---

6) 동아시아 외환위기는 후에 글로벌 금융위기와 구별하기 위해 아시아 금융위기로 다시 조어되었다.

7) 국가의 크기는 공공재생산에 따른 규모의 경제에서 오는 편익과 구성원의 이질성에서 비롯한 비용의 상충관계에서 결정된다(Alesina and Spolaore, 2003). 자유로운 시장의 확보는 편익 대신 비용이 늘어나 국가의 크기가 줄고 대신 그 수가 늘어나는 요인으로 작용한다. 1945년 UN 창립 당시 회원국이 51개국에서 2011년 193개국으로 4배 가까이 늘어난 것을 설명한다.

자유로운 시장은 중국이 이에 편승하면서 G2국가로 도약하는 데 결정적인 디딤돌이 되었다.

## 1. 중국 무역충격

중국이 WTO에 가입한 2001년은 한편으로는 제2차 세계대전 후 미국이 주도해 온 글로벌 경제가 완성된 해였으나 또 다른 한편으로는 자유로운 시장의 신뢰에 균열이 시작된 해이기도 하다. 중국의 출현은 노동시장이 무역충격에 어떻게 적응하는지에 대한 기존의 인식을 바꾸어놓았다. 경제교과서에 따르면 무역의 확대는 비록 경쟁력을 잃은 A산업에서 구조적 실업 등 부작용을 동반하나 경쟁력이 높은 B산업으로 노동과 자본이 이동하면서 자연스럽게 치유된다.[8] 그러나 중국의 무역충격은 세계에서 가장 유연한 미국의 노동시장조차 무역충격에 얼마나 취약할 수 있는지 보여주었다.

경제교과서의 가르침과 달리 값싼 노동력으로 무장한 막대한 중국산 수입품은 경쟁력을 잃어버린 제조업이 밀집된 지역에 장기적인 파급 효과를 미쳤다. 고용, 실질임금, 경제활동참가율은 계속 하락했고 실업은 늘어났다.[9] 이 지역의 노동자는 잦은 이직과 항구적인 소득의 감소를 경험했다. 뿐 아니라 국민경제 차원에

---

8) 구조적 실업은 경기순환과 관계없이 산업의 부침에 따른 실업을 말한다.

9) 경제활동참가율은 인구대비 일을 하고 있거나 일자리를 찾는 인구비율이다.

서도 경쟁에 밀린 제조업에서 줄어든 고용이 대신 부가가치가 높은 지식집약적 서비스업 고용의 증가로 상쇄되지 못했다.

미국과 유럽의 학자들을 중심으로 중국과의 무역이 정치, 경제, 사회 등 다양한 측면에서 미국 사회에 미친 파급 효과를 분석한 중국 무역충격(The China Trade Shock) 프로젝트는 그 실상을 제대로 보여준다.[10)]

여기서 발표된 연구보고서 일부를 소개하면 중국 무역충격은 경쟁력을 잃어버린 제조업의 탈공업화를 일으켜 1980년대 당초 오대호 연안에 머물렀던 러스트 벨트가 전국으로 확대되는 결과를 초래했다. 21세기 첫 10년에 걸쳐 중국 무역충격에 따른 직간접적인 피해를 본 지역에서 240만 개의 일자리가 사라졌다. 같은 기간 동안 디지털 기술발전에 따른 업무전산화가 비록 고용 양극화를 가져왔지만 적어도 고용감소까지는 초래하지 않았던 사실과 비교하면 중국 충격이 얼마나 컸던지 가늠할 수 있다.

차이나 쇼크는 전국적으로 확대된 러스트 벨트 지역에 항구적인 파급 효과를 초래했다. 경제활동인구가 감소하고 저임금 노동자는 경쟁력을 잃어버린 제조업에서 벗어나지 못하고 전전하다 무역충격에 반복적으로 시달렸으며 잦은 이직과 생애소득의 감소를 경험했다. 특히 소득감소는 초기 노동시장 진입 여건이 불리한 노동자들에게 더 크게 일어났다.

---

10) The China Trade Shock (no date).

중국 무역충격은 지역 유권자들의 정치성향에도 영향을 미쳤다. 연구자들은 지역의 투표결과와 무역데이터를 이용해 중국으로부터의 수입이 실제보다 50%가 낮은 시나리오 하에서 가상적인 선거결과를 제시했다. 이들의 연구는 양당의 지지도가 일정하지 않고 수시로 바뀌는 4개 경합주(Swing state)에서 공화당이 아닌 민주당 후보가 2016년 대통령 선거에서 승리했을 것이며 전체 선거인단에서도 과반수를 얻었을 것으로 분석했다. 이 연구결과에 따르면 차이나 쇼크가 제45대 미국 대통령 선거에 결정적인 영향을 미쳤다(Autor, et al., 2017).

한편 중국 무역충격 프로젝트와 별도로 소비, 빈곤과 복지에 대한 기여로 노벨상을 수상한 디튼(A. Deaton)은 동료이자 아내인 케이시(A. Casey)와 공저해 미국 비(非)히스패닉계 백인 중년의 질병률과 사망률을 주제로 충격적인 연구보고서(2015, 2017)를 발표했다. 이들은 1999–2013년 기간에 걸쳐 45–54세의 중년 사망률을 추정한 결과, 미국 내 다른 인종이나 다른 선진국의 패턴과 정반대로 비히스패닉계 백인 중년의 사망률이 높아지는 추세를 발견했다. 당초 독일, 프랑스보다 낮았던 미국 백인의 사망률은 21세기에 들어서 역전된 후 2010년대부터 다른 선진국뿐 아니라 미국 내 다른 인종보다 월등히 높아진 것이다.

높아진 백인 중년 사망률은 고등교육을 받은 백인 사망률은 감소했음에도 불구하고 중등교육 이하를 받은 남녀의 높은 사망률이 전체 백인의 사망률을 끌어올렸다. 높아진 사망률은 마약류 및 알코올과 같은 약물남용, 자살, 간질환 등에 그 배경이 있는 것으

로 밝혀졌다.[11]

저자들은 21세기에 들어와 급증하는 저학력 백인 중년의 사망률을 단지 글로벌 금융위기만으로는 설명할 수 없으며 제대로 된 직장을 얻을 수 없어 취업, 결혼, 자녀출산, 건강 등에 불리한 여건이 오랜 기간 누적된 결과임을 데이터를 통해 보였다.

여기서 이들이 밝혀낸 21세기에 들어서 급증한 저학력 백인 중년의 사망률은 중국 무역충격과 결코 무관하지 않을 것이라는 추정을 쉽게 할 수 있을 것이다. 기술진보가 신(新) 노동과 구(舊) 노동 간 불평등을 조성했다면 차이나 쇼크는 병든 사회를 만든 것이다.

21세기 미국 사회의 격변은 제대로 수용할 수 없을 정도로 급격하게 진행되는 경제적 충격이 경제문제를 넘어서 사회, 정치까지 바꾸어놓았으며 오랫동안 지탱해 왔던 자유주의 가치에 대한 신뢰까지 저버리게 했다. 후쿠야마가 지적했듯이 내치가 실패한 나라가 된 것이다.[12] 2016년 미국 유권자들은 미국 우선주의를 내세운 트럼프 씨를 제45대 대통령으로 선택했다.

---

11) 미 국립약물남용연구소(NIDA)에 따르면 2019년 오피오이드 과다복용으로 5만 명이 사망했으며 경제적 손실은 785억 달러로 추정했다. 1990년대 후반 제약회사들이 오피오이드 처방을 장려한 결과 2017년 170만 명이 과다복용 후유증으로 고통받는 것으로 알려진다. 현재 주정부들이 제약회사를 상대로 소송을 진행하고 있다.

12) 정치학자 미드(W. Mead, 2018)는 역사를 돌이켜볼 때 자유민주주의가 위협받는 것은 기존의 제도가 사회·경제적 충격을 유연하게 수용할 수 있는 역량이 부족하기 때문이라고 진단했다.

## 2. 엘리트의 황혼

자유주의 대신 자국 우선주의를 추구하는 변화는 미국뿐 아니라 다른 선진국에서도 일어났다. 이 변화에는 양극화라는 공동요인이 있으며 엘리트에 대한 강한 불신이 동력으로 작용하고 있다.

비슷한 시기에 대서양을 사이에 두고 미국과 프랑스에서 출간된 동일한 제목 『엘리트의 황혼』(Twilight of the Elites)은 두 나라에서 일어나는 변화를 일찍 감지했다. 진보 저널리스트 헤이즈(C. Hayes)의 『엘리트의 황혼』(Twilight of the Elites, 2012)은 출간 당시보다 4년 뒤 기성 정치계로서는 이해하기 힘들었던 대통령 선거의 판도를 예측해 더 유명해졌다. 이 책에서 그는 모든 사람들에게 기회는 열려 있으며 보통 사람들보다 뛰어난 능력을 가진 엘리트가 그에 합당한 대우를 받아야 마땅하다는 능력주의(Meritocracy)는 단지 공허한 이론에 불과할 뿐이라고 주장했다.

능력주의는 사회주의 체제가 와해된 1990년대 당시 기존 진보 정치 세력인 영국의 노동당과 미국의 민주당에서 보편적으로 받아들였다. 적어도 능력주의에 관한 한 정당 색깔의 차이는 사라진 것이다. 소득의 격차가 크게 벌어지기 시작한 것은 이 무렵이다.

2000년대에 들어와서야 경제학계는 분배에 본격적인 관심을 가지게 되었다. 관련 연구와 조사에 따르면 2013년 미국 상위 1% 가구가 전체 세전소득의 20%를 차지했으며 1950−1980년의 두 배에 달했다. 특히 상위 0.1%가 전체 소득의 10%를 점했다. 소득 격차는 중산층과 상류층 간 그리고 상류층과 초상류층 간에서 일어났다. 부의 편중은 더욱 심하다. 상위 1%가 소유한 부는 상위 10–50% 평균의 40배가, 하위 50%의 750배에 이른다. 특히 주식과 같은 위험자산은 상위 1%에 집중되어 자산시장 호황의 수혜는 대부분 상위 1%의 몫으로 돌아갔다(Diwan et al., 2021).[13]

헤이즈는 자신의 주장을 능력주의 철칙(鐵則) – 능력주의가 약속했던 기회의 균등은 결과의 불평등에 의해 압도되는 것이 불가피하다 – 이라는 냉소적인 조어로 함축했다. 능력주의 철칙이 성립하는 것은 성공한 사람들이 자신과 그 자식세대에게 유리하게 시스템이 작동되도록 만들기 때문이라는 요지다.[14] 그 결과 중산층은 능력주의가 제대로 작동한다고 믿는 엘리트들에 대한 신뢰를 접고 제도가 작동하는 시스템을 불신하게 되었다.

---

13) Mian et al. (2020)에 따르면 미국 상위 1%가 하위 90%의 빚을 소유하고 있다. 글로벌 금융위기와 코비드19 팬데믹 위기 당시 미 연준의 양적완화정책은 신용시장이 경색되지 않게 하는 데 그 목적이 있었다. 이 정책은 결과적으로 상위 1%가 보유한 빚의 가치를 보존하고 하위 90%가 계속 빚을 질 수 있게 한 것에 다름없다.

14) 20세기 자유주의 철학자인 롤즈(J. Rawls)는 정의를 공정한 절차에 따른 합의에서 찾았으며 평등한 자유와 기회균등의 원칙과 차등의 원칙으로 요약했다. 자유와 기회균등의 원칙은 인간의 기본권에 관한 것이다. 한편 차등의 원칙은 기회균등의 원칙이 지켜지고 사회경제적 최약자에게 큰 혜택이 돌아갈 수 있다면 불평등이 정당화될 수 있다는 원칙이다. 이 불평등은 사회적 최약자의 입장에서는 '더 큰 평등'을 의미하기 때문이다. 그는 제시한 원칙에 우선순위를 매겼다. 인간의 기본적인 자유가 더 큰 기회균등을 위해 희생될 수 없듯이, 기회균등이 더 큰 평등, 즉 사회적 최약자에게 큰 혜택이 돌아가는 불평등을 위해 희생될 수 없다고 주장한다. 차등의 원칙은 작은 불평등도 사회경제적 최약자를 더 나쁘게 할 가능성을 제기한다. 자칫 차등의 원칙이 능력주의를 정당화하는 것처럼 보이지만 제시한 원칙의 우선순위를 생각하면 '소수가 많은 것을 챙기는' 능력주의와 대치된다.

이제 주류 언론에 대한 신뢰를 거두어들인 중산층은 자신들을 대변해줄 수 있는 다른 매체를 찾게 되었다. 비록 그 매체가 진실을 이야기하지 않을지라도 정치가 근본적으로 잘못되었다는 자신들의 믿음을 공유할 수 있기 때문이다.

프랑스 비주류 사회를 주제로 저술활동을 하는 길루이(C. Guilluy)의 『엘리트의 황혼』(Twilight of the Elites, 2016, 2019)은 엘리트들이 공익을 명분으로 자신들을 위한 정책을 밀어붙였으며 열린 사회의 거짓말을 해대는 위선자들이라고 맹렬히 비난했다. 이 책은 음모론적 시각에 입각한 일방적인 주장이라는 비판에도 불구하고 프랑스를 넘어서 전 세계 하위계층의 두려움과 좌절을 제대로 보여주었다는 평가를 받는다. 실제로 오랜 세월 집권한 주류 정치 세력이었던 중도좌파 사회당은 2017년 대선과 총선에서 모두 참패했다. 2018년 10월 유류세 인상을 반대하면서 시작된 노랑 조끼운동은 마치 길루이가 예언한 것처럼 대도시에서 프랑스 전국으로 확대되었고 다시 주변국으로 번졌다. 영문 번역판이 출간된 이유다.

일찍이 후쿠야마는 현대 민주주의의 취약성은 엘리트에 의해 소외되었다고 느끼는 집단이 자신의 존재를 인정할 것을 요구할 때 드러난다고 말했다. 그것은 21세기에 들어서 시작되었다.

## 3. 디지털 기술혁명

21세기 디지털 기술혁명은 고속 인터넷과 컴퓨터의 강력한 연산능력으로 대용량 데이터를 분석할 수 있게 되었기 때문에 가능했다. 인공지능은 빅데이터에 기반해 의료에서 자율주행, 금융서비스에 이르는 광범위한 영역에 적용될 수 있는 기술혁명시대의 핵심이다. 인공지능은 오래전 개발되었지만 많은 사람들이 인터넷을 이용하고 그로부터 충분한 데이터가 축적되었을 때 비로소 그 위력을 발휘하게 되었다.

시장규율은 20세기 현대 자본주의시대의 덕목이었다. 한 나라가 시장을 개방하면 비록 절대적 생산성이 낮아도 상대적 생산성이 높은 부문에서 국제 경쟁력을 가지게 된다. 이와 같이 비교우위는 생산성이 낮은 저소득국가가 국제무역이라는 시장규율을 통해 성장할 수 있는 기회를 가지게 한다. 국제무역에 참여하는 나라가 많을수록 무역의 혜택은 커진다. 시장규율이 공동번영의 기회를 창출하는 것이다.

시장 참여자들이 공유하는 시장가격의 정보는 일종의 공공재 성격을 가진다. 그런데 시장가격과 달리 데이터는 누군가의 노력으로 축적해야 하며 상당한 투자비용이 따르는 사적재산이다. 이 차이가 기술혁명이 전통적인 경제이론과 그 궤를 달리하는 속성을 가지게 한다.

효율시장가설은 투자자들이 일관성 있게 초과수익을 실현하는 것이 불가능하다는 이론인데 시장규율을 주식, 채권, 외환 등 자산시장의 관점에서 음미한 것이다. 시장가격이 모든 유용한 정보를 전달하고 투자자들이 그 유용한 정보를 이용해 미래를 예측한다면 시장을 이기는 것은 불가능하기 때문이다.

그러나 효율시장의 투자자와 달리 빅데이터의 소유자는 초과 수익을 취하는 것이 가능하다. 보다 많은 데이터를 축적한 기업이 보다 양질의 데이터를 채굴할 수 있고, 보다 우수한 품질의 제품과 서비스를 생산할 수 있고, 따라서 보다 많은 수익을 낼 수 있고, 창출된 수익으로부터 보다 많은 양질의 데이터에 투자를 할 수 있기 때문이다.

생산의 효율성이 생산량뿐 아니라 다양성에도 의존하는 규모와 범위의 경제를 실현하는 선순환구조는 승자독식이 일어나는 여건을 조성한다. 정보, 더 나아가 지식자본이 중요한 생산요소일 때 이를 소유한 기업은 독점적 지위를 누릴 수 있게 되었다.

디지털 기술혁명이 주도하는 시대에서 신고전적 성장이론의 토대인 수렴가설 – 소득수준에 관계없이 유사한 경제환경을 공유할 때 소득이 낮은 나라는 높은 나라를 따라잡아 궁극적으로 기존의 소득수준과 관계없이 두 나라의 소득수준이 수렴한다 – 은 성립하지 않는다. 규모와 범위의 경제는 신고전적 생산함수를 낡은 것으로 만들었기 때문이다. 요컨대 나라 간 소득격차는 해소되지 않고 오히려 더 커질 수도 있는 것이다.

### 가. 자동화

기술진보는 한 나라의 성장과 복지수준의 잣대인 생산성을 높이는 원동력이다. 기술진보가 구현되는 생산성과 실질임금이 장기적으로 높은 상관관계를 가질 뿐 아니라 '생산성 → 실질임금'의 인과관계도 성립한다.

기술진보가 노동을 대체함으로써 이룬 생산성 향상은 새로운 노동수요를 창출한다. 1950년대 미국에서 시작된 농업부문의 혁신적 기술진보인 녹색혁명은 보건의료, 제조업, 금융업, 엔터테인먼트 등 비농업 분야의 눈부신 발전을 이뤄냈다(Autor, 2015). 20세기 초 농업부문은 미국 전체 고용의 40% 이상을 차지했으나 현재 1% 남짓할 뿐이다.

더욱이 농업에 더 이상 많은 인력이 필요 없게 되자 여성도 고용시장에 뛰어들면서 고용률이 상승했으며 노동시간이 줄어든 대신 여가시간이 늘어났고 출산율이 하락하는 인구구조 변화도 뒤따랐다. 그러므로 기술진보는 '생산성→실질임금→고용'의 연속적인 인과관계를 가져왔다.

그러나 한편 디지털 기술혁명은 기술진보가 자동화와 같은 디지털경제 영역에만 집중됨으로써 경제에 미치는 파급효과가 제한적이다. 아세모글루(D. Acemoglu)는 자동화가 고용에 미치는 영향을 생산의 과제를 노동에서 자본으로 대체하는 변위효과(The displacement effect)와 노동에 대한 새로운 수요를 일으키는 복귀효과(The reinstatement effect)로 구분했다(Acemoglu and Restrepo, 2019). 변위효과는 자동화가 생산활동의 부가가치에서 차지하는 노동의 몫을 줄이고, 복귀효과는 자동화가 노동이 비교우위를 갖는 새로운 생산과제를 창출함으로써 노동의 몫이 늘어나는 효과를 말한다. 쉽게 말해서 자동화는 구(舊)노동의 수요와 소득을 줄이는 대신 신(新)노동의 수요와 소득을 늘리는 파급효과를 가지는 것이다.

이들의 연구는 1947~2017년 기간의 70년에 걸친 미국의 58개

산업을 분석한 공동연구에서 지난 30년은 그 앞의 40년과 다른 패턴이 일어났음을 밝혔다. 노동의 변위효과가 복귀효과를 압도한 것이다. 그 요인으로 미약한 노동의 복귀효과와 낮은 생산성 증가를 들었다. 제조업을 중심으로 노동을 절약하는 자동화가 생산비용을 줄였을 뿐 생산성 개선이 경제 전체로 확산될 만큼 크게 일어나지 않은 것이다. 요컨대 자동화와 낮은 생산성 증가가 구노동을 대체할 만큼 신노동을 창출하지 못했고 그 결과 노동의 몫은 정체되었다. 이 기간 동안 '자동화→고용감소'의 인과관계가 일어난 것이다. 후속 연구에 따르면 자동화는 비록 급격하지는 않지만 부단히 변위효과를 일으키고 있으며 뚜렷한 복귀효과는 나타나지 않고 있다(Bessen et al., 2020).

여기서 무엇이 자동화를 인과하는지에 대한 의문이 있다. 아세모글루는 '고령화→자동화'의 인과관계를 실증분석을 통해 보였다(Acemoglu and Restrepo, 2018). 자동화는 이윤을 추구하는 기업의 입장에서 고령화에 맞서 생산성을 유지하고자 하는 대응으로 볼 수 있다. 로봇과 같은 자동화가 일본, 한국, 미국 등 인구학적 변화가 크게 일어나는 산업국가에서 더 많이 진행되는 현상은 결코 우연이 아니다. 동 연구는 기술진보가 고령화에 반응한 것을 감안할 때 많은 사람들이 믿는 것처럼 고령화가 생산성에 미치는 부정적인 영향은 찾기 어렵다고 보고했다. 대신 자동화는 신노동에 대한 새로운 수요보다는 불필요해진 구노동을 더 많이 배출함으로써 고용을 줄이고 분배를 악화하는 요인으로 작용했다.

더 나아가 김경수(2020)는 넓은 시야에서 시장경제가 경로의존적 행태를 보이고 진화하는 속성이 있으며 생산성이 진화의 동력으로 작용하고 기술진보와 기술진보에 따른 인구학적 대응을 종합해 볼 때 '녹색혁명→고령화→자동화→고용감소→인구감소'의 인과관계가 성립할 것으로 추측했다.

### 나. 가상화폐와 소셜네트워크

글로벌 금융위기가 한창이었던 2008년 10월 사토시 나카모토라는 필명으로 디지털 기술을 이용해 사용자 간 인터넷을 통해 직접 거래를 체결할 수 있는 가상화폐 시스템이 소개되었다.[15] 가상화폐 시스템은 사용자 간 거래정보를 공유함으로써 금융이 가지는 비대칭적 정보에 따른 역선택과 모럴 해저드를 제3자나 국가권력에 의존하지 않고 스스로 통제하며 하루도 쉼없이 24시간 거래를 가능하게 한다.

이듬해 비트코인이 출시된 후 12년 동안 전 세계에 만 개가 넘는 가상화폐와 400개에 달하는 거래소가 생겨났다. 가상화폐가 과연 화폐인지, 내재가치가 있는 자산인지 여부의 논란에도 불구하고 결코 무시할 수 없는 자산으로 자리매김한 것이다.

기존 금융은 결제와 예탁과 같은 중앙집중 시스템과 법적 구속력에 의존하며 금융의 신뢰는 금융회사의 공신력과 국가권력에서 나온다. 한편 가상화폐의 신뢰는 국경을 초월한 사용자 커뮤니티 안에서 거래 시스템을 원활히 작동하는 기술에 기반을 둔다. 그러

---

15) Nakamoto (2008).

므로 초국가화폐로서 가상화폐가 주조권을 가진 국가권력과 충돌하는 것은 불가피하다. 이는 화폐가치가 불안정한 신흥국뿐 아니라 선진국 나아가 기축통화국이라고 해서 예외는 아니다.

일국 화폐가 글로벌 경제의 기축통화로도 사용될 때 안전자산으로서 희소성의 문제와 반대로 지나치게 그 공급이 늘어날 때 일어나는 신뢰의 문제 사이에 갈등이 존재하는데 이를 뉴 트리핀 딜레마(New Triffin dilemma)라고 한다. 뉴 트리핀 딜레마는 마치 고정환율제도 하에서 달러화가 그러했듯이 변동환율제도에서도 달러화가 기축통화로서 잠재적으로 불안정하다는 함의를 가진다. 2019년 잭슨홀 컨퍼런스에서 카니(M. Carney) 당시 영란은행총재는 국제통화질서가 다극(多極)통화체제로 가야 한다는 주장을 피력했다(Carney, 2019). 암호화폐는 아니지만 또 다른 가상화폐인 사용자가 월 28억 명이 넘는 메타(Meta, 구 페이스북)가 주도하는 디엠(Diem, 리브라(Libra)의 후신)은 현실적인 대안이다.[16]

한편 21세기에 들어와 특히 코비드19 팬데믹 위기를 계기로 중심국에서 주변국에 이르기까지 사실상 통화재정정책으로 수용된 현대화폐이론(The Modern Monetary Theory, MMT)은 주조권을 독점한 국가가 통화를 충분히 공급하지 않았다는 전제에서 출발한다. 초국가화폐로서 가상화폐와 화폐국정설에 기반한 MMT는 전

---

16) 당초 메타는 미 달러화에 연동한 스테이블코인인 리브라를 출시할 계획이었으나 복수통화 바스켓에 그 가치를 연동한 디엠으로 변경했다. 그러나 메타는 규제당국의 벽을 넘지 못하고 디엠을 2022년 초 한 벤처회사에 매각했다.

혀 다른 세계관을 가지고 공존하고 있는 것이다.

이 두 현상은 세계화를 둘러싼 삼자택이(三者擇二)의 딜레마를 다시 생각하게 한다. 로드릭(D. Rodrik)은 『세계화의 역설』(The Globalization Paradox, 2011)에서 높은 수준의 세계화는 민주주의와 국가권력과 동시에 공존할 수 없으며 민주주의 또는 국가권력 가운데 하나와 양립할 수 있을 뿐이라고 진단했다.

가상화폐는 국가권력을 배제하고 높은 수준의 세계화와 민주주의를, MMT는 세계화를 버리고 민주주의와 국가권력을 각각 선택했다. 디지털 기술발전은 당초 로드릭의 주장대로 삼자택이 된 하나의 세계가 아닌 삼자택이 된 두개의 다른 세계가 공존하게 했다. 혼돈의 세상이 도래한 것이다.

소셜미디어(SNS)는 디지털혁명의 또 다른 산물이다. 많은 사람들은 SNS가 유용한 정보와 사회·정치적 이슈에 대한 자신의 생각을 공유하는 열린 초연결사회를 구축함으로써 공동선에 기여할 것으로 기대했다.

그러나 SNS가 초연결사회를 만드는 데 성공은 했으되 집단지성을 이끌어내는 데는 실패했다. 아니 실패했다기보다는 처음부터 틀린 생각이었다. 사용자가 자신이 원하는 것만 선택할 수 있는 디지털 비중개화(非仲介化)의 역기능 때문이다.

SNS는 사회적 관심사에 충분한 검토 없이 시비를 가르고, 자신의 생각과 같은 사용자의 글에 '좋아요'를 눌러 자신의 믿음을 공고히 하고, 자신과 동조하는 사용자들에 편승해 다른 생각을 가진 이들을 매도하는 장(場)이 되었다. 뉴스가 자신의 믿음에 힘을 실어준다고 판단되면 그 진위 여부를 살피지 않고 열심히 퍼 나르며 그때마다 소셜미디어 기업은 돈을 번다.

한편 디지털 기술혁명은 금융민주화를 주도했다. 금융민주화는 글로벌 금융위기 당시 '이익의 사유화, 손실의 사회화'로 공분을 샀던 금융 엘리트에 대한 불신에서 본격화되었다. 개인투자자들은 주식거래를 마치 게임처럼 만든 모바일 플랫폼과 이들의 커뮤니티(SNS)는 내재가치와 무관하게 갑자기 가격이 폭등하는 밈(Meme) 주식들을 만들어냈다. 더욱이 코비드19 팬데믹 위기에 대응해 막대한 돈이 풀려 넘치는 유동성은 개인 투자자들도 레버리지 투자가 쉽게 가능해지면서 주식시장에서 막대한 영향력을 가지게 되었다.

온라인 게임에 밀려 쇠락하는 비디오게임기 판매회사 게임스톱(GameStop)의 공매도를 둘러싼 사건은 전 세계 시장을 흔들어 놓았다. 공매도는 주가를 신속히 내재가치에 근접하게 해 투자자를 보호하는 순기능을 가지나 공매도가 항상 환영받는 것은 아니다. 공매도가 어려운 개인투자자들은 피해를 볼 수 있기 때문이다.

게임스톱 사태는 게임스톱을 공매도를 한 월가와 옵션을 매각한 시장조성자가 매도 포지션을 커버하기 위해 보유한 다른 회사 주식을 처분하는 과정에서 주식시장 변동성을 크게 높이게 했다. 많은 주가가 폭락하고 다른 주식에 투자한 사람들은 큰 손실을 입었다. 주가변동성지수인 VIX는 하루에 40% 가까이 치솟았다. 변동성이 높아지자 연쇄적으로 달러화 환율도 뛰었다.

금융은 위험을 정확히 평가하고 시장이 혼란스러울 때 돈을 벌어 보상받는 엘리트 중심의 시스템이며 애당초 기울어진 운동장의 문제가 내재되었다. 금융이 불신당하는 것은 보상이 남용되기 때문이다. 그러나 금융민주화가 시장을 장악해 성장성 높은 회사가 자본조달이 어렵거나 개인투자자가 부의 창출수단으로서 주식시장에 대한 믿음을 잃어버린다면 자칫 심각한 역기능이 일어날 수 있는 것이다.

사학자 퍼거슨(N. Ferguson)은 『광장과 탑』(The Square and the Tower, 2017)에서 초(超)연결시대의 도래가 오랜 세월에 걸쳐 구축한 위계질서를 위험에 빠뜨리고 있다고 경고했다. 그는 자신의 책 제목의 광장으로 은유되는 수평적 네트워크가 탑으로 상징되는 위계질서를 압도할 때 세상은 무정부상태가 되었다는 역사의 교훈을 되새겼다. 퍼거슨은 분열, 비중개, 분권화를 속성으로 하는 초연결시대에서 SNS로 조성된 수평적 네트워크가 모든 영역에서 군림하고 있지만 당초 위계질서가 왜 생겨났는지 생각해야 한다고 개탄했다.

디지털 기술혁명은 경제를 넘어서 정치, 사회, 문화에 이르는 모든 영역에 지대한 변화를 미쳤다. 베히모스(Behemoth, 거대기업)의 등장은 승자독식의 세계를 열었으며 수평적 네트워크가 중시되는 사용자 공동체는 국가, 금융과 같은 엘리트 중심의 위계질서와 대립하고 그에 따른 긴장과 갈등이 일어나고 있다.

# Ⅲ
# 중국

자유민주주의(Liberal democracy) 질서에 기반한 자본주의는 20세기 역사상 큰 정치적 사건으로 기억될 사회주의와 체제경쟁에서 승리함으로써 냉전시대를 종식했다. 이후 자유무역과 능력주의(Meritocracy)를 앞세운 자유주의(또는 신자유주의) 이념은 한 나라 경제발전의 틀이 되었으며 1995년 세계무역기구(WTO)의 출범으로 그 절정기를 맞았다. 글로벌 경제의 골격이 완성된 것이다.

그러나 21세기에 들어와 글로벌 경제의 중심국 미국에서 균열은 시작되었다. 2001년 WTO에 가입한 중국이 값싼 노동을 무기로 막대한 상품을 쏟아내자 경쟁력을 잃어버린 제조업이 밀집한 러스트 벨트가 전국으로 확대되었다. 한편, 디지털 기술로 무장한 거대기업이 출현, 전 세계 산업구조조정을 이끌고 있다. 한쪽에서는 저학력 노동을 중심으로 탈공업화에 따른 구조적 실업이 양산되었고 또 다른 쪽에서는 슈퍼리치가 탄생했다.

그리고 자유주의는 거기서 멈추었다. 중심국의 분배가 악화되고 저성장에서 갇히자 주변국들은 자유주의를 더 이상 성장의 이념으로 받아들이기 어렵게 된 것이다. 대신 비자유민주주의(Illiberal democracy)가 대안으로 부상했다.[17]

중국은 글로벌 금융위기로 선진국들이 허우적댈 때 단번에 G2로 도약하였다. 중국의 성공은 주변국들에게 성장에 대한 새로운 롤 모델을 제시했다. 과연 중국은 공언한 대로 미국을 따돌리고 G1이 될 수 있을지 여부에 관심이 가지 않을 수 없다. 중국의 미래 모습에 대해서는 사회과학자들과 자연과학자들 사이에 의견이 엇갈린다.

우선 『국가는 왜 실패하는가』(2012)의 저자인 경제학자 아세모글루와 정치학자 로빈슨은 비관적이다. 중국의 현 정치경제제도가 그대로 유지되는 한 엘리트들이 자신의 이해에 상충되는 절대다수를 위한 혁신은 결코 수용하지 않을 것이며 소수 지배 엘리트 집단의 지대추구 행태가 멈추지 않는 한 중국의 성장은 지속될 수 없다고 전망했다(Acemoglu and Robinson, 2012).

한편 퍼거슨(2021)도 한때 폴 사무엘슨과 존 갤브레이스가 소련이 미국을 앞지를 것이라는 잘못된 예측을 했던 것처럼 중국은 결코 G1이 될 수 없을 것이라고 단언했다. 기술기업, 교육기업과 과다채무기업에 대한 제재는 진정한 성장과 공동부유에 대한 시진핑의 확신에서 비롯하고 있으나 남의 위기를 반면교사로 삼다가 자신의 위기를 만들고 있다고 혹평했다.

---

17) 비자유 민주주의는 Zakaria (1997)에서 처음 등장한다.

그러나 반대의 시각도 있다. 디지털 기술혁명은 국가 경쟁력이 시장규율 대신 데이터의 접근성에 의존하게 함으로써 시장규율을 위한 정보의 공유나 제도의 투명성은 별다른 의미를 가지지 못한다. 역설적으로 라이트(N. Wright)는 디지털 기술의 발전으로 정부는 과거 어느 때보다 효과적으로 국민을 감시하고 통제할 수 있게 되었으며 그 결과 인공지능은 권위주의 국가들에게 20세기 자유민주주의의 대안이 될 수 있게 되었다고 주장했다(Wright, 2018). 리 카이푸(Lee, 2018)는 거대 시장을 가진 중국은 규모와 범위의 경제를 누릴 수 있게 되어 미국과 더불어 인공지능 초강대국이 될 것으로 전망했다. 특히 그는 미래 글로벌 경제는 중국과 미국의 영향권으로 양분되며 불평등은 한 나라 안뿐 아니라 나라 사이에서도 일어날 것으로 예측했다. 번영은 규모와 범위의 경제를 추구할 수 있는 나라의 것이기 때문이다.

2021년 상반기 시가총액 기준 세계 10대 상장기업 가운데 상위 9개사가 디지털 기술 관련 기업이다.[18] 상위 9개 기업에 미국(6)과 중국(2)이 양분하고 있으며 최근 대만의 TSMC도 포함되었다. 여기서 중국의 텐센트와 알리바바 그룹은 모두 디지털 플랫폼에 기반한 기술기업이다.

디지털 플랫폼은 기업이 서비스 생산에 규모와 범위의 경제를 누릴 수 있게 한다. 알리바바의 알리페이와 텐센트의 위챗페이는 온라인 플랫폼이다. 텐센트의 위챗페이의 사용자는 9.1억 명, 알

---

18) 열 번째는 워런 버핏의 버크셔 해서웨이이다.

리바바 그룹의 알리페이는 7.4억 명에 이른다.[19] 디지털 플랫폼은 사용자 정보를 수집하는 창구일 뿐 아니라 그 정보를 이용해 다양한 서비스를 제공하는 일종의 생태계와 같다.

당초 제3자 모바일 결제를 목적으로 구축되었던 디지털 플랫폼은 전자상거래뿐 아니라 P2P와 같은 금융중개업과 자산운용, 보험, 신용평가와 같은 금융서비스도 함께 제공했다. 스마트폰 보급의 확산으로 플랫폼 사용자가 크게 증가하고 금융소비자의 데이터를 독점하다시피 하자 일반 은행의 소매금융은 위축되었다.

당초 디지털 플랫폼에서 사용되는 플랫폼에 기반한 디지털 화폐는 처음에는 별다른 주목을 받지 못했다. 플랫폼의 고유한 비즈니스 모델을 충족하기 위한 목적에서 만들어졌기 때문에 일반적인 화폐의 기능을 수행할 수 없다고 보았기 때문이다(Fung and Halaburd, 2014).

그러나 메타에서 보듯이 플랫폼 사용자가 많고 그 플랫폼이 다양한 서비스를 제공, 하나의 생태계를 구축하게 되면서 플랫폼 기반 디지털 화폐가 기존의 화폐 시스템에 지대한 파급효과를 미칠 가능성이 제기되었다. Brunnermeier et al. (2019)는 플랫폼 기반 디지털 화폐가 화폐의 기능을 분리해 화폐 간 경쟁을 심화할 게임체인저라고 주장했다. 화폐의 사용은 그 플랫폼이 제공하는 서비스에 의존한다. 플랫폼의 비즈니스 모델에 따라 그 플랫폼에서 사용되는 화폐의 기능 – 거래적 기능, 가치저장의 기능, 회계단위의

---

19) 한편 아마존의 프라임 회원은 1.1억 명 남짓하다.

기능–이 특화되고 기능별로 다른 화폐와 경쟁할 가능성이다. 나아가 국제경제학의 최적통화지역(Optimum currency area)의 개념과 유사하게 특정 플랫폼에서 사용되는 통화로 거래와 결제가 일어나는 그 플랫폼 사용자의 네트워크로서 디지털화폐지역(Digital currency area)이 형성될 것으로 전망했다.[20)]

제3자 모바일 결제라는 말에서 드러나듯이 플랫폼에서는 결제가 금융의 핵심이며 기존 은행업의 핵심 업무인 금융중개는 부가업무다. 김경수(2020)는 이와 같은 새로운 형태의 금융 위계질서는 은행 또는 자본시장 중심의 금융이 기술 중심으로 이동할 가능성을 제기하며 이 추세는 중국과 같이 금융이 상대적으로 덜 발전된 나라에서 강화될 것으로 보았다.

2019년 초 중국인민은행(PBC)은 알리페이와 위챗페이 등 제3자 모바일 결제회사가 일반은행에 예치한 미지급금을 모두 PBC로 이관토록 했다. 마치 대형은행을 시스템적으로 중요한 금융기관으로 지정하듯이 거대 기술기업을 시스템적으로 중요한 데이터 중개기관으로 지정한 것이다.

지금까지 이룬 중국의 고성장은 도시화를 통한 노동인력의 확충, 교통망, 항만과 공항 등 인프라 확충, 경쟁을 통한 시장규율 확대에 그 배경이 있다. 중국 경제가 성숙하게 됨에 따라 자본과

---

20) 최적통화지역(OCA)은 국경에 관계없이 시장통합의 정도, 충격의 대칭성을 기준으로 단일 통화가 경제적 효율성을 극대화할 수 있는 지리적 영역을 말한다. OCA 이론은 당초 캐나다 출신의 먼델(Robert Mundell)에 의해 제기되었으며 유로존 창설에 기여한 공로로 1999년 노벨경제학상을 수상했다.

노동의 투입에 따른 양적 성장은 한계에 이르렀다. 무엇보다도 고령화로 인한 생산인구의 비중은 감소하고 도시화는 더 진전되기는 어렵기 때문이다(Goodhart and Pradhan, 2020). 한계에 이른 양적 성장은 높은 생산성을 추구하는 질적 성장이 그만큼 더 중요하게 된 것을 말한다. 질적 성장은 디지털 기술혁명을 성장의 기회로 활용할 수 있을지 나아가 지식기반사회로 전환할 수 있을지 여부에 달린 문제다.

중국제조2025가 상징하듯이 국가자본주의체제 하에서 중국 정부는 산업고도화 계획을 주도하고 있다. 의약품, 자동차, 항공기, 반도체, 정보통신, 로봇공학에 이르는 하이테크 분야에서 핵심 부품의 자국화 비율을 2025년까지 70%로 높이고자 하는 데 그 목적이 있다.

중국은 미국에 버금가는 높은 수준의 디지털 기술력을 보유하고 있다. 〈이코노미스트〉지에 따르면 73개 디지털 기술기업의 가치는 100억 달러가 넘으며 역동적인 벤처자본 생태계는 스타 벤처기업을 배출하고 그 가치가 10억 달러가 넘는 160개 유니콘 스타트업 기업들 가운데 절반이 인공지능, 데이터, 로보틱스 분야에서 활동한다.[21] 2020년 한 해에만 22,000개의 반도체 기업과 35,000개 클라우드 컴퓨팅 기업, 172,000개 인공지능 스타트업

---

21) https://www.economist.com/leaders/2021/08/14/xi-jinpings-assault-on-tech-will-change-chinas-trajectory?itm_source=parsely-api

기업이 태어났다.[22]

그러나 한편 2021년 중국 정부는 앤트그룹의 370억 달러의 기업공개를 중단하고 결제 플랫폼에서 제공되는 핀텍서비스 행위를 규제했다. 금융서비스 유형에 따라 칸막이를 치고 해당 업무에 대한 별도 규제를 부과하는 내용이다. 이미 앤트그룹의 지분을 33% 소유하고 있는 알리바바에 반독점 명목으로 당국은 28억 달러의 벌금을 부과한 바 있다.

지식기반사회의 핵심은 양질의 데이터를 보호하고 구축하는 데 있으며 개인정보보호법과 데이터 보호와 관련해 나라에 따라 시각의 차이가 있다. EU는 기업의 이해에 앞서 개인정보보호를, 상대적으로 미국은 데이터 보호를, 중국은 데이터를 기업이 아닌 국가의 자산으로 본다. 데이터를 국가의 자산으로 보는 것은 국가가 기업보다 더 우수한 서비스를 제공할 수 있다고 믿기 때문이며 개인정보보호는 더 나은 서비스를 제공하는 데 장애물로 인식한다.

중국 정부는 글로벌 경제의 중심국으로 위상을 높이는 것을 목표로 디지털 인프라에 막대한 투자를 하고 데이터 사용에 관한 새로운 법률을 제정하고 전국에 새로운 데이터 센터를 구축하고 있다. 2017년 중국 정부는 당국이 필요할 때 거의 모든 개인 데이터에 접근할 수 있는 권한을 부여하는 법을 제정하고 외국 기업이 보유한 내국인 데이터를 중국 내 데이터 센터에 저장하도록 했다. 이와 같은 조치는 데이터를 기업이 아닌 국가의 자산으로 인식하

---

22) https://www.economist.com/business/what-tech-does-china-want/21803410

고 있으며 무엇보다도 국가가 기업보다 더 우수한 서비스를 국민들에게 제공할 수 있다는 믿음에서 비롯한 것이다.

기술기업에 대한 중국 정부의 반독점 규제는 이들 기업의 주가를 크게 하락시켜 투자자들이 손실을 입었다. 성장이 진화의 산물이라고 인식할 때 과연 정부가 데이터를 국유화하고 디지털 기술혁명을 수행할 혁신을 주도할 수 있을지 두고 볼 일이다. 국유화될 데이터를 기업이 굳이 돈을 들여 투자할 이유를 찾기 어렵기 때문이다. 손실의 사유화, 이윤의 사회화가 어떤 왜곡을 가져왔는지 시장경제의 역사는 잘 보여주고 있다. 이 역사의 교훈이 21세기라고 해서 달라질 이유는 없는 것이다.

# Ⅳ
# 포스트 팬데믹과 글로벌 경제

백신이 개발되고 대다수 선진국 국민들이 접종을 완료해도 오히려 사망자와 감염자 수는 팬데믹 원년보다 증가했다. 팬데믹이 지속됨에 따라 신흥·저소득국에서 신종 변이 바이러스가 출현하고 다시 전 세계로 확산되는 데 따른 현상이다. 백신 자국우선주의가 코비드19 팬데믹이 진정되는 것을 어렵게 할 것이라는 대목이다.

아무튼 글로벌 경제는 회복하고 있다. 무엇보다도 글로벌 경제의 향배를 가늠하는 상품수출이 크게 증가하고 있으며 살아난 수요가 가수요에 대비한 기업의 생산활동까지 유발하는 채찍효과를 일으켜 팬데믹 위기로 느슨해졌던 글로벌 공급사슬이 제약요인으로 작용하고 있다.

전쟁이 한 나라 흥망성쇠의 기로였듯이 팬데믹에 얼마나 잘 대처했는지에 따라 나라마다 출발선이 다르고 팬데믹 이후를 어떻게 설계할지에 따라 가는 길도 다르다. 과연 포스트 팬데믹 시대는 어떻게 전개될 것인가.

『사피엔스』(2011)의 저자로 널리 알려진 하라리(Y. Harari)는 과학의 성취와 정치의 실패를 「2020년의 교훈」으로 들었다(Harari, 2021). 스페인 독감이 일어난 1918년 당시와 달리 과학자들은 바이러스를 규명하고 실시간으로 감염경로를 추적할 수 있게 되어 매우 선별적이고 효과적인 격리가 가능하게 되었다. 특히 자동화와 인터넷은 1918년 스페인 독감 당시 같았으면 많은 인구가 굶어 죽었을 정도로 긴 시간의 격리에도 불구하고 경제활동을 영위할 수 있게 했다.

그러나 하라리는 비록 과학이 백신 없이도 코비드19 팬데믹을 물리칠 수 있을 정도로 발전했음에도 불구하고 그 대가를 치르고자 하는 사회적 의지는 부족했다고 비판했다. 그 결과 미국의 트럼프, 브라질의 볼소나로, 영국의 존슨과 같은 정치인들은 과학적 성취를 팬데믹을 극복하는 데 제대로 활용하지 못했다. 결과적으로 이 나라들의 팬데믹 위기비용은 훨씬 높을 수밖에 없게 된 것이다. 그는 앞서 후쿠야마가 지적했던 내치가 팬데믹 시대의 한 나라 경제적 성과에 영향을 미치는 중요한 변수임을 다시 한번 일깨워주었다.

누차 강조했듯이 팬데믹 위기에 대응한 초확장적 통화재정정책은 나라마다 막대한 빚을 유산으로 남겼다. 한편 팬데믹이 자국우선주의의 프레임에서 벗어나기 어렵고 디지털 기술혁명이 가속화되는 요인으로 작용할 때 빚과 지정학적 위험 그리고 고용이 포스트 팬데믹 시대에서 한 나라 경제의 경로를 결정하는 중요한 변수가 될 것이라는 추정이 가능하다.

## 1. 빚

글로벌 경제는 글로벌 금융위기와 코비드19 팬데믹을 겪으면서 20세기와 전혀 다른 21세기 거시경제환경이 조성되었다. 두 위기에 대응해 선진국을 중심으로 전례 없는 초완화적 통화재정정책을 시행했으며 신흥국과 저소득국가라고 해서 예외는 아니다. 그 결과 모든 경제주체 - 가계, 기업, 정부 - 의 빚이 폭등했다.

팬데믹 위기에 대응해 각국 정부는 엄청난 돈을 퍼부었다. IMF는 2020년 회원국들은 14조 달러를 지출했으며 앞으로 세수 부족에 따른 재정적자와 국가채무는 크게 높아질 것으로 전망했다. 2020년 선진국 재정수지(국가채무)는 GDP 대비 −13.3%(106.6%), 2021년 −8.8%(109.0%)로 각각 예측했다(International Monetary Fund, 2021).

더욱이 글로벌 경제의 중심국 미국은 마치 전쟁을 치르는 듯하다. 피터슨 연구소에 따르면 2020년 미 의회는 5개 법안을 마련하고 3.5조 달러의 예산을 투입했다. 2021년 바이든 민주당 정부가 추진하는 1.9조 달러의 부양책을 더하면 연 GDP 대비 25%가 넘는다.

부채 로퍼곡선(the debt Laffer curve)이 보여주듯이 빚은 지나치면 성장을 옥죈다. 기업은 비록 투자의 기회가 있어도 재무구조의 제약으로 인해 그 기회를 살리지 못할 수 있으며 가계는 채무상환을 위해 소비를 억제하게 돼 수요 측면에서 성장을 제약하는 요인으로 작용한다. 특히 많은 빚을 내 자산에 투자할 때 자산시장의 침체는 순자산감소에 따른 부채 디플레이션을 일으켜 대차대조표불황(A balance sheet recession)에 빠질 우려가 있다.

한편 국가채무의 지속가능성은 GDP 대비 정부 빚의 동태식으로부터 예측할 수 있다.

$$\frac{D_{t+1}}{Y_{t+1}} = (r - g)\frac{D_t}{Y_t} + \frac{G_t - T_t}{Y_t}$$

$D_t$는 t기 정부 빚을, $G_t$는 t기 정부지출을, $T_t$는 조세와 같은 t기 정부수입을, $Y_t$는 t기 GDP를 각각 표시한다. 만약 t기 정부지출과 수입이 같아 재정이 균형이라면 GDP 대비 정부 빚은 실질 국채수익률에서 경제성장률을 차감한 값만큼 증가한다.

글로벌 금융위기를 계기로 크게 증가한 국가채무의 지속가능성은 중요한 논쟁거리다. 블랑샤(O. Blanchard)는 미국을 비롯한 선진국의 부(−)의 실질 국채수익률은 국가채무를 통제가능한 수준으로 관리할 수 있게 한다는 요지의 주장을 제기했으며 크루그먼과 같은 케인지언도 적극 동조했다(Blanchard, 2019). 다른 조건이 일정할 때 정(+)의 경제성장률은 GDP 대비 국가채무 비율을 떨어뜨리는 요인으로 작용하기 때문이다.

한편 코비드19 팬데믹은 인플레이션 논쟁에 불을 지폈다. 블랑샤와 서머스 같은 케인지언도 지나친 재정확대가 불러일으킬 인플레이션을 우려하는 목소리를 냈다. 인플레이션 압력이 대두될 때 물가안정을 위한 중앙은행의 금리인상이 자칫 실질금리를 높이거나 경제를 불황에 빠뜨릴 우려가 있기 때문이다.

그러나 국가채무의 지속가능성은 긴 호흡에서 볼 필요가 있다. 지속가능성의 핵심 요인인 낮은 실질 국채수익률은 21세기 초 글로벌 저축과잉(Global saving glut)에서 비롯했다. 글로벌 저축과잉은 2005년 버냉키 당시 연준 총재가 미·중 간 막대한 규모의 수지불균형 – 이를 글로벌 불균형이라고도 한다 – 을 설명하기 위해 조어한 말이다.

설명했듯이 2001년 중국이 WTO에 가입하면서 값싼 노동력으로 무장한 공산품을 전 세계로 쏟아내자 미국을 비롯한 선진국 노동은 경쟁에서 밀렸고 중국은 막대한 흑자를, 반대로 미국은 막대한 적자를 기록했다.

버냉키는 두 나라 간 수지불균형을 저축의 불균형, 특히 중국의 저축과잉에서 비롯한 것으로 설명했다. 대미흑자로 조달한 중국 자본은 미국으로 재유입되었는데 이는 저축이 부족한 미국에 소비 등 지출에 소요되는 자금을 빌려준 셈이며 결과적으로 무역불균형은 더 심화되었다. 한편 스스로 글로벌 안전자산을 생산할 수 없는 중국을 비롯한 신흥 흑자국은 미 국채와 같은 안전자산에 투자, 막대한 보유외환을 확충했다.

글로벌 저축과잉은 중국 등 글로벌 경제에서 차지하는 신흥국 비중이 높아짐에 따라 투자수요에 비해 저축의 공급이 크게 늘어난 데 따른 현상이다. 그 결과 21세기에 들어서 글로벌 경제의 실질금리는 하방압력을 받게 되었다.

더욱이 글로벌 금융위기에 이어 남유럽 재정위기에 따른 글로벌 투자수요의 위축으로 실질금리는 더 낮아졌다. 시장 참여자들 사이에 실질금리로 인용되는 미 정부가 발행한 인플레이션연동국채(TIP) 수익률은 2010년 4분기에 들어서 마이너스 값을 보이기 시작했고 학계에서는 장기침체(Secular stagnation)가 회자되었다.

그러나 영란은행 출신의 굿하트(C. Goodhart) 교수가 공저한『대(大)인구역전』(2020)은 미래 글로벌 경제에 대한 생각의 틀을 제공한다(Goodhart and Pradhan, 2020). 이들은 인구학적 변화가 조만간 지금까지의 추세를 반대로 돌릴 것으로 전망했다. 중국 및 아시아 등 신흥국 인구의 노령화는 생산가능인구 비중이 줄어들어 생산활동은 위축되고 대신 소비활동이 늘어나게 한다. 그 결과 중국 등 신흥국들은 글로벌 경제에 디플레이션 대신 인플레이션을 수출하게 되 글로벌 저축과잉은 사라진다는 요지다.

나아가 신흥국들의 노동공급이 부족해질 때 선진국 실질임금이 올라 소득불평등은 완화되고 이에 맞서 기업들의 자동화에 대한 투자수요가 늘어나 글로벌 경제의 실질금리도 오를 것으로 전망했다.[23)]

21세기 초 중국 등 신흥국이 디플레이션을 전 세계에 수출했을 때 연준을 비롯한 주요국 중앙은행은 확장적 통화정책으로 맞대응, 그 결과 물가안정 대신 자산 인플레이션이 일어났으며 빚이 늘었다. 반대로 대(大)인구역전이 일어나 이들 나라가 인플레이션

23) 두 공저자에 반대하는 견해도 있다(Auclert, Malmberg, Martenet and Rognlie, 2021).

을 수출한다면 중앙은행들은 긴축 통화정책으로 대응할 수 있으며 자칫 자산 디플레이션이 일어나 빚이 성장을 가로막는 부채 오버행(Overhang)에 빠질 우려가 있다.

더욱이 코비드19 팬데믹 위기는 극도의 확장적 통화·재정정책을 초래해 가계, 기업뿐 아니라 정부 빚도 빛의 속도로 늘어나 부채 오버행은 더욱 심각해질 위험이 있다.

대인구역전은 글로벌 경제의 실질금리를 높이는 요인으로 작용한다. 만약 높아진 실질금리가 한 나라의 성장률을 초과할 때 그 나라 GDP 대비 국가채무 수준은 그만큼 높아지기 때문에 국가부도 위험도 높아질 수밖에 없다. 대인구역전의 변곡점이 언제 올지 모르나 인구학의 예측력이 매우 높은 사실을 고려할 때 앞으로 전개될 글로벌 경제의 모습에 중요한 상수로 작용하지 않을 수 없다. 실제로 대인구역전이 일어나 실질금리가 높아지고 경제성장률이 하락할 때 더 이상 빚을 감당하기 어려운 나라의 정부는 돈을 찍어 빚을 상환하고자 하는 강력한 동기를 가지게 되며 인플레이션이 일어나는 것은 불가피하다.

## 2. 지정학적 위험

후쿠야마에 따르면 미국의 사회·정치·경제 양극화는 대외정책의 변화로 나타났으며 그 결과 미국 주도의 국제질서는 무너지고 있다. 그동안 미국의 대외정책은 국제규범에 기반한 무역질서와 시장중심의 민주주의를 확산하는 자유주의 패권(Liberal hegemony),

즉 팍스 아메리카나에 있었다. 미국이 추구했던 자유주의 패권은 자유무역, 인권, 민주주의와 같은 미국의 가치가 올바르고 달성 가능하고 지속가능하다는 믿음에서 기반하였다. 이 자유주의 질서는 팍스 아메리카나의 이념적 토대가 되었고 브레튼우즈체제는 자유주의 패권을 구현하는 인프라였다.

같은 맥락에서 『글로벌 정치위험 보고서』는 장기적 시야에서 리더십을 발휘하는 데 필요한 자원의 희소성을 주제로 논하고 있다 (Fordham et.al., 2016). 냉전시대 미국은 막대한 힘을 가지고 최종 중재자로서 지역적 분쟁을 억제하고 안정과 자유시장을 지향하는 나라들을 지지하고 도왔다. 1980년대 말 냉전체제가 와해되면서 체제전환국들은 팍스 아메리카나에 안주했고 적대적 관계에 있는 나라들조차 이에 편승, 급속한 글로벌 경제의 통합이 일어났다.[24)]

그러나 포스트 냉전시대에 들어서 미국의 위상은 예전과 같지 않게 되었다. 중국의 부상과 명분 없는 이라크 침공과 같은 군사 개입은 초강대국으로서 미국의 위상과 신뢰가 훼손되는 결과를 초래했다. 특히 최종중재자로서 대외정책을 수행하는 데 필요한 정치적 자원은 고갈되고 대신 국내문제에 치중하는 내부 지향적 성향이 주류정치계의 지지를 얻었다. 비록 미국은 여전히 모든 면에서 강력한 나라이기는 하나 그 영향력은 제한적일 수밖에 없다.

---

24) Posen (2018)에 따르면 팍스 아메리카나는 국제관계의 속성상 미국이 명령을 내리는 것이 아니고 단지 회원제 클럽의 회비를 징수하는 것뿐이며 따라서 절이 싫으면 언제든 떠날 수 있듯이 미국의 역할은 제한적이다.

미국의 리더십이 흔들릴 때 미국이 구축한 국제질서를 이행할 역량도 크게 위축될 것이기 때문이다.

미국 우선주의를 내세운 비주류 정치인 트럼프 공화당 후보는 2016년 미 대선에서 제45대 대통령으로 당선되었다. 민주당 후보로서 현직 대통령을 물리치고 당선된 바이든 대통령은 국제사회에 '미국이 돌아왔다'고 선언했다. 그러나 미국 사회가 당면한 구조적인 문제-양극화-를 극복하지 않는 한 미국은 쉽게 돌아올 수 없다. 자국우선주의 프레임에서 벗어나기 어려운 것이다.

미국의 자유주의 패권이 흔들리면서 곳곳에서 지정학적 위험이 고조되었다. 특히 중국의 부상과 그에 따른 미·중 간 갈등으로 높아진 동아시아 지역의 지정학적 위험은 이 지역의 번영에 부정적인 파급효과를 미칠 수밖에 없다. 퍼거슨이 지적했듯이 늘어나는 미국의 영향력이 쇠퇴하자 중국의 핵심 이익이 주변국과 충돌을 야기하면서 고조되는 지정학적 위험은 이 지역의 투자를 위축하게 하고 방위비 증가는 성장에 필요한 자원을 제약할 것이기 때문이다.

더욱이 미·중 간 핵심 이익이 충돌할 때 글로벌 가치사슬이 재편되는 것은 불가피하다. 이때 대외의존도가 높은 우리나라와 같은 소규모 개방경제로서는 생산과 수출입 네트워크를 재구축하는데 상당한 매몰비용이 수반되지 않을 수 없다.

## 3. 긱 경제

긱 경제(Gig economy)는 회사와 같은 조직의 위계질서 안에서 근로자가 일정한 법적 지위를 가지고 일하는 대신 필요에 따라 수시로 고용이 일어나는 경제의 한 부문이다. 대리기사, 음식 배달에서 컴퓨터 코딩, 언론 기고에 이르기까지 그 형태가 매우 다양하다. 고용주 입장에서는 법적 구속이 따르지 않는 독립적인 계약이, 고용인으로서는 유연한 근무가 서로의 이해가 맞아 떨어지기 때문에 앞으로 긱 고용은 더욱 늘어날 전망이다.

디지털 기술의 발전은 긱 경제에 두가지 파급효과를 가져왔다. 우선 디지털 네트워크로 가능해진 스마트폰 앱과 같은 테크 플랫폼의 등장은 플랫폼 노동이라는 말이 조어될 정도로 긱 경제는 폭발적으로 성장하는 계기가 되었다.

특히 코비드19 팬데믹 위기는 집에 갇힌 소비자들이 온라인을 통해 각종 생활용품뿐 아니라 배달서비스도 비대면으로 구입하게 되었고, 일자리를 찾는 사람들은 플랫폼 노동에 뛰어들면서 플랫폼에서 운영되는 긱 경제가 급팽창하는 계기가 되었다.

전통적 고용계약이 아닌 독립적 계약의 속성으로 인해 긱 경제의 정확한 고용현황을 파악하기는 어렵다(Abraham, Haltiwanger, Sandusky and Spletzer, 2018). 미국의 프리랜싱 플랫폼 upwork.com에 따르면 2017년 미국 노동자의 36%, 밀레니얼 세대의 50%가 프리랜싱을 한다(Upwork, 2017). 긱 노동자의 44%가 긱 노동이 주 소득원이라는 서베이도 있다(Edison Research, 2018). 긱 고용이 늘어나는 추세는 유럽도 마찬가지다. 글로벌 금융위기 후 청년층을 중심으로 증가하고 있으며 EU 노동의 11%가 플랫폼에서 노동을 공급하는 것으로 알려지며 EU 차원에서 플랫폼 노동을 보호하는 방안에 대한 논의도 시작되었다.[25]

다음, 디지털 기술의 발전으로 일자리가 줄어들자 대신 특수형태 근로종사자(특고 노동자)라고 하는 플랫폼 노동을 포함한 긱 경제 노동이 폭발적으로 늘어났다. 이들은 노동자로서 법의 보호를 받지 못해 사회보험의 사각지대에 처한 프레카리아트(Precariat)라고 불리는 21세기 새로운 형태의 노동이다.[26]

이제 긱 노동자 보호는 포스트 팬데믹 시대의 중요한 과제의 하나로 대두되고 있으며 나라에 따른 차이가 있다. 여기서 디지털 기술의 발전으로 진화하고 있는 경제와 어떻게 조화를 이룰 것인가의 문제가 있다.

이제 관심을 우리나라 물류산업을 예로 들어서 이 문제를 다시 생각해 보자. 공급망 관리와 유통을 포괄하는 물류(Logistics)산업은 별도 산업으로 분류되지는 않고 주로 '운수 및 창고업'에 포함되어 정확한 통계를 파악하기는 어렵지만 노동집약적인 속성으로

---

25) 우리나라도 2020년 말 한국노동연구원의 조사에 따르면 플랫폼 노동자를 15-64세 취업자의 7.5% 정도인 179만 명, 그 가운데 배달 앱과 같은 비즈니스 모델을 통해 고용된 노동자는 22만 명으로 추정하였다.

26) 우리나라에서는 한국노동연구원과 고용노동부가 2018년 말 특고 노동자가 220만 명이 넘는다는 실태조사 결과를 발표한 적이 있다. 한편 정부의 전국민고용보험 로드맵에 따르면 2025년이 되어야 모든 유형의 노동자들이 고용보험의 혜택을 받을 예정이다.

인해 플랫폼 노동자가 가장 많이 밀집되었을 것으로 추정된다.

한국통합물류협회에 따르면 국내 택배시장은 지난 10년간 해마다 10% 내외 성장하다 2020년 코비드19 팬데믹 위기로 온라인 쇼핑이 폭발적으로 증가하면서 20% 가까이 성장해 그 규모가 7.5조 원에 이른다. 그러나 반대로 평균 단가는 최저치를 기록했다.[27] 심심치 않게 일어나는 택배노동자 과로사가 충분히 이해되는 대목이며 분명 과당경쟁에 그 요인이 있다.

국내 유명 물류회사가 뉴욕 증시에 성공리에 상장되어 큰 화제가 되었다. 2021년 FT가 발표한 중국을 제외한 아태지역 소재 500대 고성장기업 가운데 우리나라는 6위를 차지했는데 싱가포르(4위, 74개사)의 반에도 미치지 못했다. 그나마 상위 기업 가운데 우리에게 낯익은 한 음식 배달업체와 물류 관련 기술기업이 포함되었다. 이 사실은 과당경쟁에도 불구하고 물류산업의 성장잠재력은 매우 높다는 함의를 준다.

물류산업을 고도화하기 위해서는 무엇보다도 투입되는 노동의 안전기준을 대폭 강화해야 한다. 높은 안전기준을 넘어서 충분한 자본과 기술력을 가진 기업들이 이 산업을 주도할 때 노동을 보호하고 산업의 경쟁력도 높아질 수 있다. 사회정책과 경제정책이 서로 견인할 수 있는 것이다.

---

27) 2012년 2,506원에서 2020년 2,221원으로 명목단가가 하락했다.

# V
# 글을 마치며

코비드19 팬데믹 위기는 새삼 국가의 의미를 되새기게 했다. 하라리(Y. Harari)의 지적처럼 비록 모든 나라가 과학의학지식을 공유해도 위기를 극복하고자 하는 사회적 의지는 같지 않았다. 당연히 방역 등 대응방식도 나라마다 달랐으며 그에 따른 경제적 피해 또한 같지 않았다. 더욱이 자국우선주의의 대두는 백신과 치료제를 개발할 역량을 가지고 있는지 여부가 얼마나 중요한 것인지 새삼 일깨워 주었다.

디지털 과학기술은 비대면 경제활동을 가능케 해 팬데믹 위기를 극복하는 데 결정적인 기여를 했다. 그러나 앞서 강조한 대로 생산성 혁신이 디지털 경제 영역에서 제한적으로 일어남으로써 경제 전체로 확산되지 못하고 고용과 임금은 정체되었으며 소득격차는 크게 벌어졌다. 국가자본주의 체제 하에서 중국의 소득불평등이 미국과 큰 차이를 보이지 않는 것은 소득불평등이 경제체제에서 비롯하기보다는 생산기술이 공동요인으로 자리잡고 있다

는 심증을 가지게 한다.[28),29)]

인공지능로봇이 인간을 대체하는 SF 소설이나 영화에서 보듯이 과연 디지털 기술혁명은 노동을 기계로 대체할 것인가. 노동경제학자 Autor(2015)는 '그렇지 않다'고 답하고 있다. 시장경제에서 주된 분배 시스템은 노동의 희소성에 기반한다. 그 희소성으로 인해 (시대가 요구하는) 인적자본이 소득의 흐름을 창출하는 것이다. 말 그대로 만약 기계가 노동을 대체해 노동이 더 이상 필요 없는 존재가 된다면 희소성에서 자유로운 인류는 막대한 부를 가지게 될 것이며 누가 그 부를 소유하고 어떻게 공유할 것인지의 단순한 문제만 남게 된다. 하지만 역사를 돌이켜보건대 언제나 희소성과 분배의 갈등은 공존해왔으며 미래에도 결코 예외가 될 수 없다고 그는 보았다. 결국 불평등은 어떤 형태로든 국가의 개입을 불가피하게 하나 우선 인적자본의 희소성을 해소해야 하는 것이다.

한편 자유주의가 퇴조하고 자국우선주의가 대두되면서 우리나라와 같은 소규모 개방경제의 지정학적 위험은 높아지고 있으며 그만큼 국가안보의 중요성은 높아졌다.

20세기 정부는 시장기능을 활성화하고 시장규율을 촉진하는 감

---

28) Statista.com에 따르면 2019년 중국의 소득 지니계수는 0.465, 미국은 0.48이다. 소득에 비해 富의 불평등은 더 크다. 2020년 중국은 상위 1%가 부의 30.6%를 보유하고 있으며, 미국의 35.3% 낮지만 영국(23.1%), 일본(18.2%)보다 훨씬 높다(Global Wealth Report 2021).

29) 생산기술의 문제는 300년의 패널 자료를 기반으로 한 Piketty(2014)에서도 지적되었다.

시자로서 역할을 수행하는 데 핵심기능이 있었다면 21세기 정부는 외부로부터의 위험에서 자국민을 보호하고 불평등을 해소해 사회통합의 노력을 기울이는 데 더 많은 역할이 주어지게 되었다.

그러나 정부가 만능은 아니다. 낮은 조세부담, 높은 복지수준, 작은 국가채무는 모두 한 바구니에 담을 수 없으며 셋 가운데 하나는 포기해야 하는 이른바 재정 트릴레마의 제약을 받기 때문이다. 여기서 저성장은 재정 트릴레마의 문제, 즉 선택에 따른 희생의 대가를 크게 한다. 저성장은 세금을 낼 중산층의 고통을 가중하거나 구성원들이 낮은 복지수준을 영위하거나 국가가 과중한 국가채무의 위험에 직면하게 한다. 여기에 저성장의 함정에서 벗어날 혁신의 당위성이 있다.

앞서 든 물류산업의 플랫폼 노동자 건강과 안전기준을 강화하는 정책의 예에서 보듯이 혁신성장을 위한 경제정책과 사회통합을 위한 사회정책이 상충되는 것은 아니다. 디지털 기술이 제공하는 규모와 범위의 경제는 단지 소수의 기업들만 생존하는 환경을 조성하기 때문이다.

중국 무역충격이 미국 사회에 미친 중장기 파급효과는 실업을 당한 사람들에게 제공하는 통상적인 사회안전망으로는 충분치 않으며 이들이 재기할 수 있는 교육시스템이 필요하다는 결론에 이른다. 자동화로 일자리를 잃어버린 사람들을 추적한 결과 이들은 결국 정부가 제공하는 복지우산 안으로 들어온다는 연구(Bessen et al., 2020)도 마찬가지 함의를 준다.

코비드19 팬데믹은 그동안 꾸준히 제기되었던 전통적인 대학교육에 대한 회의론이 본격적으로 대두되는 계기가 되었다. 미국의 경우 대학진학률이 현저히 하락하였고 대신 기술대기업들이 개설하는 부트캠프로 몰렸다(Belkin, 2020). 대학들은 직장을 가진 실수요자들에게 온라인 강의를 확대해 왔으며 팬데믹을 계기로 대폭 강화하고 있다(Varadarajan, 2021). 이 변화는 다음 두 시사점을 준다. 우선 주된 생애근로기간이 개인의 복지수준을 결정하는 가장 중요한 요인이라는 사실을 고려할 때 디지털 기술혁명시대에서 교육의 중심은 대학에서 평생교육으로 이동해야 한다. 평생교육 시스템이 나라의 복지수준을 좌우할 시대가 온 것이다.

신 노동을 키워내는 교육투자는 포스트 팬데믹 시대에 가속화될 디지털 기술혁명에 대응한 정부의 핵심 과제다. 정부가 교육투자를 게을리할 때 자칫 구 노동이 양산될 우려가 있기 때문이다. OECD의 포용적 성장은 하위 40%에 대한 교육투자를 통해 나라의 혁신 인재풀을 확대하고자 하는 데 그 취지가 있다. 귀담아들어야 할 대목이다.[30)]

알레시나(A. Alesina)가 공저한 『국가의 크기』(2003)는 외부로부터의 위험이 높아질 때 해외시장의 확보는 소규모 개방경제의 안전에 핵심임을 시사한다. 대국의 시장에 기댈 필요가 그만큼 줄어들기 때문이다. 이와 같은 맥락에서 미국이 빠지고 일본, 호주 등

---

30) Acemoglou(2019)는 고용의 역사를 돌이켜볼 때 좋은 일자리는 노동수요를 촉발하는 기술진보, 노동보호를 위한 정부개입과 규제, 교육의 세 조건이 충족되었을 때 늘어났으며 세 조건 모두 정부의 역할이 핵심이라는 주장을 제기했다.

11개국이 맺은 다자 간 포괄적·점진적 환태평양경제동반자협정(CPTPP)은 리바이어던 시대에 소규모 개방경제가 어떻게 생존해야 할 것인지에 대한 길을 제시했다.

SNS 중심의 초연결시대에서 집단지성의 함양은 영원한 숙제다. 집단지성은 다양한 연령대와 직업의 이질적인 사회 구성원들이 적극적으로 참여하고 이들의 생각과 지식이 공유될 때 비로소 발휘될 수 있다. 반대로 특정 성향의 구성원들이 여론을 주도하고, 구성원들이 충분한 정보를 가지고 있지 못한 채 이들의 주장에 동조하고, 정치권이 민의를 명분으로 이를 수용한다면 민주주의의 역기능이 일어날 수밖에 없다. 이 역기능은 세계화를 둘러싸고 국가권력과 민주주의가 결합된 시대에 더 크다.

코비드19 팬데믹은 또다른 팬데믹에 대처하는 보건의료의 문제를 넘어서 무엇을 모르는지 모르는(Unknown unknown) 상황에 어떻게 대처할 것인지에 대한 과제를 남겼다. 코비드19 팬데믹 건강위기는 경제적 손실을 초래하는 경제위기로 확산되었고 이에 대응한 통화재정정책은 자산 인플레이션과 빚이 더 늘어나고 불평등은 더 악화되는 결과를 초래했다.

글로벌 금융위기는 위기는 예측하기 어렵기 때문에 위기 시 그 파급효과를 줄이기 위해 금융회사의 상호연결성을 제한하는 금융개혁을 도입했다. 대형은행의 자본충실화, 금융회사 대차대조표를 부풀리는 빚의 규제 등이 그것이다. 한편 기업 차원에서 비재무적 위험이 기업가치에 미치는 영향에 대응하기 위해 ESG(Environmental, social and corporate governance) 경영을 도입하고 있다.

국가 차원에서 재난 매뉴얼을 구축하고, 충격에 대응해 경제의 복원력을 키우는 통화재정정책 수단을 확보하고, 경제의 취약한 연결고리를 찾아 보완하고, 혁신으로 성장잠재력을 키우는 것 등일 것이다. 한편 못지않게 중요한 것은 사회 구성원의 집단지성을 이끌어내 사회통합을 이루고 우리와 이해가 깊은 나라들과 불필요한 갈등을 빚지 않도록 하는 것이다. 위기를 슬기롭게 극복하기 위해서는 위기가 국민이 단결하는 기회가 되어야 하며 필요할 때 도움을 줄 수 있는 이웃이 있어야 하기 때문이다.

## 참고문헌

김경수. (2020). 빅픽처 경제학: 글로벌 경제를 항해하는 기술. 들녘.

김경수. (2015). 한국의 금융-70년과 그 넘어서. 이제민, 안국신, 김경수, 전주성, 김대일, 송의영. 한국의 경제발전 70년. 한국학중앙연구원.

장지연, 플랫폼 노동자의 규모와 특징, 한국노동연구원, 고용·노동브리프 제104호, 2020.

정흥준, 특수형태근로종사자의 규모 추정에 대한 새로운 접근, 고용·노동브리프 제88호, 2019.

Abraham, K.G., J.C. Haltiwanger, K. Sandusky and J.R. Spletzer. (2018). Measuring the Gig Economy: Current Knowledge and Open Issues. NBER WP 24950.

Acemoglou, D. 2019. Where do Good Jobs Coming From? Project Syndicate. https://www.project-syndicate.org/commentary/automation-vs-job-creation-by-daron-acemoglu-2019-04

Acemoglu, D. and P. Restrepo. (2018). Demographics and Automation. NBER WP 24421.

Acemoglu, D. and P. Restrepo. (2019). Automation and New Tasks: How Technology Displaces and Reinstates Labor. *Journal of Economic Perspectives*, 33(2).

Acemoglu, D. and J.A. Robinson. (2012). *Why Nations Fail: The Origins of Power, Prosperity, and Poverty*. Crown.

Alesina, A. and E. Spolaore. (2003). *The Size of Nations*. MIT.

Auclert, A., H. Malmberg, F. Martenet and M. Rognlie. (2021). Demographics, Wealth, and Global Imbalances in the Twenty-First Century. [Unpublished]. Stanford University.

Autor, D. (2015). Why Are There Still So Many Jobs? The History and Future of Workplace Automation. *Journal of Economic Perspectives*, 29(3).

Autor, D., D. Dorn, G. Hanson, and K. Majlesi. (2017). Importing Political Polarization? The Electoral Consequences of Rising Trade Exposure. *American Economic Review* 2020, 110(10).

Belkin, D. (2020, November 12). Is This the End of College as We Know it? Wall Street Journal. https://www.wsj.com/articles/is-this-the-end-of-college-as-we-know-it-11605196909

Bessen, J., M. Goos, A. Salomons, and W. van den Berge. (2020). Automatic Reaction - What Happens to Workers at Firms that Automate? [Paper presentation]. *2020 AEA Conference*, San Diego, CA. U.S.A., January.

Blanchard, O. (2019). Public Debt and Low Interest Rates. *American Economic Review* 109(4).

Brunnermeier, M., H., James, and J–P Landau. (2019). The Digitalization of Money. NBER WP 26300.

Carney, M. (2019). The Growing Challenges for Monetary Policy in the Current International Monetary and Financial System. [Paper presentation]. Jackson Hole Symposium.

Case, A. and A. Deaton (2015). Rising Morbidity and Mortality in Midlife among White Non–Hispanic Americans in the 21st Century. *Proceedings of the National Academy of Sciences of the United States of America*, 112(49).

Case, A. and A. Deaton. (2017). Mortality and Morbidity in the 21st Century. *Brookings Papers on Economic Activity*, spring.

Diwan, R., E.A. Duzhak, and T.M. Mertens. (2021). Effects of Asset Valuations on U.S. Wealth Distribution. *FRBSF Economic Letters* 2021–24 August.

Edison Research. (2018, December 12). Americans and the Gig Economy. https://www.edisonresearch.com/americans–and–the–gig–economy/

Ferguson, N. (2017). *The Square and the Tower: Networks and Power, from the Freemasons to Facebook*. Penguin.

Ferguson, N. (2021, August 20). Why the End of America's Empire Won't be Peaceful. The Economist. https://www.economist.com/by–invitation/2021/08/20/niall–ferguson–on–why–the–end–of–americas–empire–wont–be–peaceful

Ferguson, N. (2021, September 26). Evergrande's Fall Shows How Xi Has Created a China Crisis. Bloomberg. https://www.bloomberg.com/opinion/articles/2021–09–26/niall–ferguson–evergrande–is–a–victim–of–xi–jinping–s–china–crisis

Fordham, T., S. Kleinman, T. Lehto, E. Morse, E. Rahbari, J. Techau and M. Saunders. (2016). *Global Political Risk: The New Convergence Between Geopolitical and Vox Populi Risks, Why It Matters*. Citi.

Fukuyama, F. (2021, August 18). On the End of American Hegemony. *The Economist*, August 20. https://www.economist.com/by–invitation/2021/08/18/francis–fukuyama–on–the–end–of–american–hegemony

Fung, B. and H. Halaburd (2014). Understanding Platform Digital Currency. *Bank of Canada Review*, Spring.

Global Wealth Report 2021. (2021). Research Institute. Credit Swiss. June. file:///C:/Users/kyung/Downloads/global–wealth–report–2021–en%20(1).pdf

Gomart, T. 2016. *The Return of Geopolitical Risk*. Institut français des relations internationals. April.

Goodhart, C. and M. Pradhan (2020). *The Great Demographic Reversal: Ageing Societies,*

*Waning Inequality, and an Inflation Revival*. Palgrave Macmillan.

Guilluy, C. (2019; 원서출판 2016). *Twilight of the Elites: Prosperity, the Periphery, and the Future of France*. Yale University Press.

Haas, R. (2017). 혼돈의 세계(A World in Disarray: American Foreign Policy and the Crisis of the Old Order. Penguin Press) (김성훈 역). 매일경제신문사. (원서출판 2017).

Harari, Y.N. (2021, February 26). Lessons from a Year of Covid. Financial Times https://www.ft.com/content/f1b30f2c-84aa-4595-84f2-7816796d6841

Hayes, C. (2012). *Twilight of the Elites: America After Meritocracy*. Crown Publishing Group.

How the Economy Will Look After the Coronavirus Pandemic. (2020, April 15). Foreign Policy https://foreignpolicy.com/2020/04/15/how-the-economy-will-look-after-the-coronavirus-pandemic/

How the World Will Look After the Coronavirus Pandemic. (2020, March 20). Foreign Policy https://foreignpolicy.com/2020/03/20/world-order-after-coroanvirus-pandemic/

How the World Will Look After the Coronavirus Pandemic. (2020, March 20). https://foreignpolicy.com/2020/03/20/world-order-after-coroanvirus-pandemic/

IMF. (2021). Fiscal Monitor, April. https://www.imf.org/en/Publications/FM/Issues/2021/03/29/fiscal-monitor-april-2021

Kelly, M. (2021, March 31). FT Ranking: Asia-Pacific High-Growth Companies 2021. Financial Times. https://www.ft.com/high-growth-asia-pacific-ranking-2021

Lee, K-F. (2018). *AI Superpowers*. Houghton Mifflin Harcourt.

Mead, W.R. (2018). The Big Shift How American Democracy Fails Its Way to Success. *Foreign Affairs*, May/June.

Mian, A., L. Straub, and A. Sufi. (2020). The Saving Glut of the Rich and the Rise in Household Debt. *CESifo* WP 8201.

Nakamoto, S. (2008). Bitcoin: A Peer-to-Peer Electronic Cash System. https://bitcoin.org/bitcoin.pdf.

Piketty, T. (2014). *Capitalism in the twenty-First Century*. Harvard Business Press. (원서출판 2013).

Posen, A.S. (2018). The Post-American World Economy: Globalization in the Trump Era. Foreign Affairs. March/April.

Rodrik, D. (2011). *The Globalization Paradox: Democracy and the Future of the World Economy*. Oxford University Press.

Statista. (2021). Gini index: inequality of income distribution in China from 2004 to 2019. https://www.statista.com/statistics/250400/inequality-of-income-distribution-in-china-based-on-the-gini-index/

Statista. (2021). U.S. household income distribution from 1990 to 2019. https://www.statista.com/statistics/219643/gini-coefficient-for-us-individuals-families-and-households/

The China Trade Shock (n.d.). https://chinashock.info/

The pandemic's true death toll. (2021, September 4). The Economist. https://www.economist.com/graphic-detail/coronavirus-excess-deaths-estimates

Upwork. (2017, October 17). Freelancers predicted to become the U.S. workforce majority within a decade, with nearly 50% of millennial workers already freelancing, annual "Freelancing in America" study finds. https://www.upwork.com/press/releases/freelancing-in-america-2017

Varadarajan, T. (2021, April 2). The Man Who Made Online College Work. Wall Street Journal. https://www.wsj.com/articles/the-man-who-made-online-college-work-11617387464

Wright, N. (2018). How Artificial Intelligence Reshape the Global Order. Foreign Affairs, July. https://www.foreignaffairs.com/articles/world/2018-07-10/how-artificial-intelligence-will-reshape-global-order

Zakaria, F. (1997). The Rise of Illiberal Democracy. *Foreign Affairs*. Nov./Dec.

제2장

# 팬데믹과 보건의료 환경 변화

**최연호** 의과대학 교수

이번 장에서는 포스트 코비드의 보건의료 환경 변화에 대해 다룬다. 코비드 사태가 불러온 사회 전반의 뉴노멀 리세팅은 의료 분야에도 거대한 영향을 미쳤다. 하지만 우선 코비드 사태 이전에 우리가 보건의료 환경 변화에 대한 준비를 제대로 갖추고 있었는지 성찰해보는 것이 필요하다. 새로운 상황이 벌어질 때마다 다급하게 대응 방안을 논하는 모습을 더 이상 반복해서는 안 된다. 그동안 잘 진행해오던 보건의료 환경의 개선과 발전에서 이번 사태를 기점으로 우리가 변해야 할 것과 변하지 말아야 할 것을 분명히 구분지어야 한다. 팬데믹 감염병에 대한 대책, 재난의료 및 응급의료 시스템, 의료 취약 계층에 대한 의료 접근성 강화, 그리고 원격 진료에 대해서는 근본적인 변화를 요구한다. 인공지능과 빅데이터로 대표되는 4차 산업혁명 시대에 의료정보의 표준화와 보안, 정밀의학, 유헬스 및 스마트 헬스케어, 예방적 보건 관리, 만성 질환 관리, 그리고 호스피스-완화 의료에 있어서는 근본적인 개혁보다는 기준선이 변화하는 대로 꾸준한 시스템의 개선이 필요하다. 하지만 변화하지 말아야 하고 오히려 강조해야 할 매우 중요한 과제가 있다. 의료의 본질은 휴머니즘이다. 환자의 생명을 살리는 의료 기술의 변화도 중요하지만 코비드 사태가 불러온 기술과 시스템 위주의 정책에 가려질 수 있는 휴머니즘의 의료를 간과해서는 안 된다. 환자 본인뿐만 아니라 가족과 주변 사람들의 마음을 헤아리는 것도 의료 환경 시스템의 한 부분이 되어야 한다. 의학 지식과 기술만으로 환자를 보면 안 된다. 의학 지식만 앞세우는 의료전문가에 대한 휴머니즘 교육은 그래서 더욱 필요하다. 의료인을 포함한 온 국민의 휴머니즘 의료에 대한 인식 개선이 요구된다. 이를 위해 의료에 대한 국민의 신뢰가 높아지도록 정책이 뒷받침되어야 한다. 서로를 믿을 때 국민과 의료가 함께 발전할 수 있다. 이것은 코비드 사태와 같은 또다른 '블랙스완'이 나타나도 변하지 않을 주춧돌과 같다. 휴머니즘이라는 의료의 본질은 시스템 안에 항상 존재해야 하고 환경의 변화에 따라 개선되기만 하면 된다.

시스템은 변해야 하지만 가장 중심부에 품고 있는 핵심 가치는 변하지 말아야 한다. 세상은 바뀌어도 인간은 늘 그 자리에 있다.

# I
# 보건의료 환경의 현실

나의 미래는 남의 오늘이다. 대한민국 보건의료 환경의 미래는 이미 이를 경험한 어느 선진국의 오늘과 비슷할 것이다. 경제 규모에서 우리보다 앞선 선진국이라고 해서 의료 환경이 더 발전되었다고 말할 수는 없다. 각 나라의 특성에 맞게 보건의료 환경은 진화되어 왔을 것이며 발전된 모델이 존재하는 경우 당연히 벤치마킹의 대상이 되어 현재의 선진국형 보건의료 환경은 서로 비슷하다고 보는 것이 맞다. 한 국가에서 훌륭한 시스템이 나오면 그것을 따라하는 다른 국가들이 바로 나타나고 그들은 좋은 시스템이 탄생하기까지의 과정을 철저하게 분석하여 자신의 나라에 접목한다. 각 나라의 보건의료 환경은 이렇게 발전해오고 있었다. 그러던 중에 2020년 코비드-19 사태가 촉발됐다. 코비드 사태로 인한 정치와 경제, 그리고 사회적 혼란 속에서 각국의 의료 환경은 허둥대는 모습을 보이며 갑작스런 충격에 벤치마킹할 대상을 잡지도 못한 채 스스로 해결해야만 하는 상황에 빠지게 되었다.

나의 미래가 이미 비슷한 일을 겪은 남의 오늘이 되어야 하지만 코비드 사태에서는 동시에 사건이 벌어지는 바람에 누구도 미래를 예측하지 못하게 된 것이다. 대한민국도 지금 같은 처지에 놓여 있다. 코비드 사태에서 보건의료 환경이 어떻게 변화해야 국민에게 돌아갈 피해를 최소화하고 모두가 행복해질 수 있을지 걱정부터 앞서게 된다. 하지만 위기가 닥칠 때마다 집단 지성을 발휘하여 언제나 잘 극복해왔던 우리는 지금의 위기도 마찬가지로 훌륭하게 이겨나갈 것으로 믿어 의심치 않는다. 보건의료 환경 분야는 코비드 사태가 안정화된 이후에 가장 대표적인 극복의 아이콘으로 자리 잡을 것이다.

먼저 코비드-19 사태가 일어나기 전의 우리의 현실을 살펴보는 것이 필요하다. 끊임없이 개선하고 발전하고 있었던 보건의료 환경에 갑작스럽게 벌어진 코비드 사태로 인해 그동안 우리가 신경을 쓰지 않았던 면이 새롭게 주된 관심사로 떠오르기도 했다. 장점으로 생각해오던 시스템이 단점이 될 수도 있으며 그 반대도 마찬가지가 되면서 바야흐로 '뉴노멀'의 기준을 세워야 하는 시대가 온 것이다. 그렇다면 어떠한 관점에서 '노멀'과 '뉴노멀'을 구분하고 정의하는 것이 올바를까? 이 개념을 이해하기 위해서 우리는 성경을 제외하고 20세기에 나온 학술서 중에서 가장 많이 인용된 책인 토머스 쿤(2013)의 〈과학혁명의 구조〉를 리뷰해보아야 한다. 1962년에 출간된 이 책이 유명해진 이유는 내용 중에 나오는 단어 '패러다임' 때문이다. 우리가 현재 흔히 사용하는 '패러다임 전환(paradigm shift)'의 '패러다임'이라는 용어를 토머스 쿤이 이

책에 처음으로 소개했다. 패러다임은 그리스어인 paradeigma에서 유래한다. 아리스토텔레스가 저술한 '수사학'이라는 책에서 이 단어는 당시 가장 뛰어나고 가장 모범이 되는 사례라는 의미로 사용됐다. 쿤은 어떠한 시대에 연구되고 있는 과학을 '정상과학(normal science)'이라 칭했고 정상과학은 그 시대의 패러다임에 의해서 특징지어진다고 했다. 즉 정상과학은 새로움을 겨냥하지 않으며 현재의 상태를 더욱 분명하게 해주는 것을 목표로 한다는 것이다. 하나의 패러다임이 주어지면 사람들은 그 안에서 연구하고 사유하며 성찰한다. 그런데 어느 날 그동안 익숙하게 알고 지내던 것이 잘 맞지 않고 무엇인가 이상하게 여겨지기 시작한다. '왜 변칙 현상(anomaly)이 나타났지?' 사람들은 이 사실에 대해 고민을 거듭한다. 그리고 이것은 과학적 발견의 출현으로 이어지는 법이다. 예상과 다른 변칙 현상이 자주 반복되면서 자연스럽게 '위기(crisis)'에 다다른다. 더 이상 변칙 현상이 해결될 수 없는 지경에 이르게 되면 기존의 이론을 부정하는 것으로만 끝나는 것이 아니라 이를 대체하는 새로운 이론이 나타난다. 이것이 '패러다임 전환'이며 '뉴노멀'이 세팅된 것이다. 하지만 간과하지 말아야 할 것이 하나 있다. "한쪽에서는 특정한 현상이 설명하기 힘든 변칙 현상인데, 다른 한쪽에서는 법칙과도 같은 당연한 현상이 될 때, 이 둘을 어떻게 합리적인 기준으로 비교할 수 있는가?" 쿤은 이것을 '공약불가능성(incommensurability)'라고 불렀다. 예를 들어보자. 뉴턴이 볼 때 특수 상대성 이론은 전혀 이해가 되지 않을 것이고 아인슈타인의 관점에서 고전 역학은 여러 모로 부족해 보이겠지만 두 이론

모두 전 시대의 패러다임을 전환시킨 '뉴노멀'이다. 이제부터 코비드-19 사태 이전의 정상과학을 살펴보기로 한다. 그리고 우리가 잊지 말아야 할 것은 코비드 이전과 이후의 보건의료 환경 사이에 공약불가능성이 또한 존재한다는 것이다.

지금은 제4차 산업혁명의 시대다. 코비드 사태 이전에 우리가 경험하고 있던 의료 환경은 교육 수준의 증가와 경제 발전에 힘입은 제4차 산업혁명으로 인공 지능과 빅데이터를 가장 잘 활용하는 수준에 이르고 있었다. IBM의 왓슨은 암 치료의 방향을 결정하는 데 매우 중요한 역할을 하게 됐고, 디지털 헬스케어는 웨어러블 디바이스의 대중화 시대를 앞당기고 있다. 개인의 의료 정보는 유전자를 포함하여 혈압을 비롯한 생체 정보까지 데이터로 입력되고, 이를 토대로 건강 상태에 대한 모니터링과 예측은 물론 질병에 걸렸을 때 올바른 대처 방법이 개인에 맞추어 처방이 가능하게 되었다. 똑 같은 암도 유전자에 따라 치료가 달라지는 시대가 온 것이다. 정밀의학으로 표현되는 개인 맞춤 치료는 현대 의학의 꽃이 되어가고 있다. 일상 생활에서 우리는 시계줄 형태의 센서 하나로 몸의 현재 상태를 늘 측정할 수 있고 이 데이터를 수집한 병원은 개인별 처방은 물론 빅데이터를 활용한 대중의 건강 관리에 가장 적절한 방향을 제시하게 된다.

의료 환경과 제도는 우리를 둘러싼 정치, 경제, 사회적 변화와 더불어 질병의 패턴 변화에 따라 진화하게 된다. 고령화 사회의 도래는 질병의 치료뿐만 아니라 남은 생애를 건강하게 보내기 위한 예방적 보건 관리에 관심을 갖도록 만들었고 재활과 요양은 미래의 의료 환경에서 한 축을 담당할 것으로 예상이 된다. 급성 질환의 치료는 지금까지의 패턴대로 병원을 중심으로 이루어지지만 고령화에 필연적으로 수반되는 만성 질환의 급격한 증가에 대해서는 환자와 의료진의 공동 대처가 조화롭게 이루어져야 효과적인 대응 방안이 마련될 수 있다. 만성 질환에서는 필연적으로 데이터에 기반한 예방적 관리가 수반되어야 한다는 의미다.

국내 의료 정책의 관점에서 살펴보면 정부는 전 국민의 의료 접근성을 향상하기 위해 의료 자원을 효율적으로 공급하고 활용하는 보건 의료 체계를 구축하는 데 힘을 쏟고 있다. 이것은 취약 계층에 대한 의료 안전망의 확보로 이어지며 경제 위기가 닥치는 상황에서도 이들을 보호하기 위한 시스템이 된다. 결국 공공의료로 통칭되는 공공부문을 통한 보건의료서비스의 개선이 뒷받침되어야 하며 경제적 취약 계층과 노인, 아동, 임산부에 대한 지원 및 농어촌 응급 의료 시스템의 강화도 동시에 이루어져야 한다.

글로벌 관점에서 보면 새로운 의료서비스 시장을 개척하는 것이 관건이다. 바이오 산업 분야에서 뛰어난 경쟁력을 쌓아온 우리나라는 기본적 의료 기술로부터 첨단 기술에 이르기까지 경쟁력을 제고하고 있고 유헬스(U-health)를 통한 원격진료 시스템의 구현을 위한 제도적 장치를 개선하고 있다. 국내의 의료서비스 시장의 발전은 바로 국제적인 경쟁력으로 연결되어 의료가 글로벌 수익 모델로 나아가는 지름길이 될 것이다. 모바일에 장착한 스마트 헬스케어는 상대적으로 인프라를 제대로 갖춘 우리나라가 치고 나가야 할 전략 종목이다.

의료 환경의 팽창 속에서 소홀할 수 있는 분야가 있다. 그것은 호스피스 즉 돌봄의 영역이다. 인간은 암같이 죽음에 이르게 하는 질병에 대해 빠르게 반응한다. 죽음에 대한 두려움으로 암과 죽음을 한 단면에 놓고 암 치료에만 관심을 기울이다 보면 중요한 두 가지를 놓치게 된다. 첫번째는 그 암이 왜 발생하게 되었는지 원인 분석을 철저하게 해야 하는데 아직까지는 원인을 모르는 경우가 대부분이다. 원인이 밝혀지면 당연히 암 예방이 가능해진다. 하지만 사람들은 원인을 밝히는 문제보다 어떻게 치료를 진행할지에 더 큰 관심을 둔다. 대규모 역학 조사와 원인을 규명하는 기초 연구가 뒷받침되어야 실제적인 암 정복이 이루어질 것이다. 두 번째는 치료가 가능하지 않은 말기 암 환자들과 그 가족에게 제공되는 의료 시스템이 매우 한정되어 있다는 문제가 있다. 어디까지 치료를 해야 할지, 품위 있는 죽음을 맞이할 수 있는 권한은 어떻게 부여되는 것인지, 또한 환자의 고통과 두려움 그리고 가족의 절망에 대해 우리 사회가 해줄 수 있는 것이 무엇인지에 대한 컨센서스가 매우 부족하다. 호스피스-완화 의료와 같은 돌봄 제도는 고령화 시대에 가장 필수가 될 것으로 예상되는데 아직 정책적인 뒷받침은 이를 따라가지 못하고 있다.

이상은 코비드-19 사태 이전까지 대한민국 보건의료 환경 분야의 현실에 대한 요약이다. 그리고 4차 산업혁명과 고령화 시대에 취약 계층의 의료 접근성을 개선하려는 세계적인 추세에 맞추어 올바른 방향으로 진행하던 의료 정책의 추진 과정에 갑자기 코비드-19 사태가 발생한 것이다.

# Ⅱ
# 코비드 사태가 불러온 변화, 뉴노멀 리세팅

17세기 말 유럽의 탐험가들이 처음으로 오스트레일리아 대륙에 상륙하여 블랙스완 즉 흑고니를 발견하게 된다. 이들은 블랙스완을 발견하고 놀라움과 동시에 허망함을 느끼게 되었다. 이전까지 백조는 당연히 하얀 색이라고 믿었었는데 그것이 한 순간 허구가 되어버린 것이다. 예측되지 않는 극단적인 상황은 언제든지 발생할 수 있다. 나심 탈레브(2008)는 그의 책 〈블랙스완〉에서 세상을 바라보는 관점을 새롭게 제시했다. 아무리 희귀한 일이라도 이렇게 갑자기 생길 수 있고 우리 인간은 그런 상황에 대비할 수 있어야 한다는 것이다. 태생적으로 인간의 뇌는 처음 보는 현상이 나타나면 바로 반응하고 그 새로움에 몰입하려는 경향을 가지고 있다. 코비드-19 사태는 사실상 〈블랙스완〉이었다. 향후에도 팬데믹 감염병과 천재지변 같은 블랙스완은 희귀하지만 지속적으로 발생할 것이 확실하다. 그렇다고 우리는 블랙스완이 나타날 때마다 보이는 상황에만 집중하고 대책 마련을 위해 허둥지둥할 것인지 스스로 성찰해 보아야 한다. 인간의 인지 능력의 태생적 한계로 인해 우리가 눈앞에 보이는 현상에 주로 반응하는 것은 당연하지만, 중요한 본질을 놓치고 있는 것 같아 안타깝다.

'코비드-19 사태 이후의 보건의료 환경은 어떻게 변해야 하는가'의 질문으로 다시 돌아가보자. 그리고 이렇게 다시 물어보자. '우리는 코비드 사태 이전에 보건의료 환경의 변화에 대한 준비가 되어 있었는가?' 이것이 본질적인 질문이 된다. 매번 새로운 상황이 생길 때마다 대응 방안을 논하는 것은 사실 소 잃고 외양간 고치기를 반복하는 격이다. 즉 코비드 사태라고 해서 본질이 바뀌지는 않는다. 지금이 정상과학에서 발생하는 변이와 위기일 수도 있지만 진정한 패러다임의 전환이 이루어질지는 많은 시간이 흐른 뒤에 밝혀질 것이다. 중요한 것은 코비드-19 사태로 인해 뉴노멀 리세팅이 되어도 그동안 진행해 오던 정책을 부인하는 실수를 저질러서는 안 된다는 점이다. 앞에서 언급했듯이 코비드 이전과 이후 사이에는 공약불가능성이 존재하며, 코비드 사태에 맞추어 우리가 변해야 할 것과 변하지 말아야 할 것을 분명히 구분 짓는 통찰을 발휘해야 한다.

코비드-19와 같은 갑작스런 재난성 질환이 벌어졌을 때 국가는 공중보건위기에 대처하기 위해 가장 먼저 보건의료 정책을 전환한다. 2021년 4월 한국과학기술단체총연합회-대한민국의학한림원-과학기술한림원 공동포럼에서 서울의대 이종구 교수는 '재난성 질환에 대한 미래 의료의 대응 방향'을 발표했다. 이 교수는 위기에 대응하는 보건안보 체계 구축을 위해 감염병에 국한된 법률의 한계를 극복하고 보건 위기를 초래하는 질병과 다중 손상 등에 대비하기 위해 조직과 인력을 확충하고 훈련과 도상 연습을 반복해야 한다고 했다(메디게이트, 2021년 4월 10일). 이를 위해 구체적 방안으로 재난의료 분야를 강화할 수 있는 파트를 정부 내에 만들어야 하며, 시도 의료행정과 환자 진료의 연계가 필요하고, 특히 국립대학병원이 재난의료 책임기관으로서의 기능과 역할을 할 수 있도록 리더십을 발휘하는 체계가 필요하다고 말했다. 또한 진료권별 거점 재난의료기관 육성이 필요하다면서 300병상 규모 병원에 응급의료와 중환자실을 육성하고 정부와의 연계 대응 체계를 구축해야 한다고 부연했다. 사실 코비드 사태가 벌어지기 전에 극단적인 상황을 예측하고 대비했어야 옳았지만 현재 눈앞에 벌어진 현상에 주로 반응했던 우리 인간은 과거에 경험해보지 못했음을 이유로 서구의 선진국에서조차 준비를 소홀히 했던 것이다. 오히려 선진국들은 인구의 고령화와 만성 질환 증가에 대처하기 위해 효율적인 의료서비스 공급 시스템을 갖추는 데만 치중해온 측면이 있다. 이로 인해 고위험 감염병 관리와 의료위기 대응 체계 구축에 대한 투자가 상대적으로 미흡했고, 한국보건사회연구원은 이 문제를 지적하면서 향후에는 기존의 효율성 중심의 기조에서 위기 대응과 의료안전망 구축 역량 확보의 패러다임으로 전환될 것이라고 전망했다(메디게이트, 2020년 5월 28일). 그리고 심혈관계 기저질환의 유병률이 높은 나라에서 코비드-19로 인한 치명률이 높았기 때문에 앞으로는 만성 질환자의 관리와 감염병 예방 및 통제 프로그램 간 연계가 강조될 것으로도 예측했다. 이뿐만 아니라 나라별 전략 물자의 자급자족이 강조되면서 우리나라의 경우 진단 키트와 치료제 외에 백신도 개발하는 수준으로 올라설 것으로 본다. 대규모 병상을 예비로 확보하고 관리하는 것은 의료 서비스 시스템에서 비효율적이기 때문에 한국형 생활치료센터처럼 원래 보유하고 있던 사회적 자원을 일시적으로 의료 자원으로 전환하는 체계도 구축될 것으로 예상된다. 팬데믹 감염병과 재난 같은 긴급 상황에 대한 보건의료 환경은 이번 코비드-19 사태를 계기로 현저하게 발전된 시스템을 갖출 것으로 보이며 이것이 포스트 코로나 시대의 첫번째 변화가 된다.

2018년 대한민국의학한림원은 2030년 대한민국의 보건의료 시스템을 전망하며 '미래보건의료 전망연구'라는 보고서를 출간했다. 이 보고서(대한민국의학한림원, 2018)는 제2장 '보건의료환경의 변화'에서 다섯 가지 꼭지로 미래를 예측했다. 질병 예방과 공중보건, 의료전달체계, 응급의료, 재난의료와 재난의학, 그리고 간호서비스가 그것이다. 보고서는 코비드-19 사태가 벌어지기 전에 작성됐지만 2015년 대한민국이 겪었던 메르스 사태를 교훈삼아 신종 감염병에 대한 위기대응 전략이 부분적으로 기술되어 있다. 그 내용 중에는 예방과 공중보건 분야에서 지적한 것처럼 국민의 활발한 국제활동으로 감염성 질환의 유입 가능성이 높아진다고 하였고, 의료전달체계상 질병 예방을 위한 일차 의료와 정부의 파트너십 형성을 강조했다. 시민의 생존권을 보장하는 중요한 안전장치인 응급의료체계는 사고나 자연재해로 인해 예기치 않게 응급환자가 대규모로 발생한 경우 연결과 인공지능을 핵심적으로 활용해야 한다고 했다. 팬데믹 감염질환을 다루는 재난의료는 행정적, 사회적 그리고 문화적 수용성과 자원을 효과적으로 사용하도록 설계되어야 하고 의료 시설과 장비뿐만 아니라 전문적인 인력의 확보를 주문하고 있다. 대한민국의학한림원의 미래 전망은 이같이 정확했지만 2020년 코비드 사태에서 우리는 재난 상황에 취약함을 여지없이 드러냈다. 그러고는 앞에서 언급한 이종구 교수의 발표처럼 또다시 대응방향이 제시되는 전철을 밟고 말았다. 코비드 사태 이전에 이미 세팅되었어야 할 본질적인 문제가 여전히 남아 우리를 괴롭히고 있는 것이다.

본질은 늘 같다. 겉으로 드러나는 현상이 다르고 그에 휘둘리는 인간의 조바심과 불안 때문에 해결 방안에 일관성이 없을 뿐이지 시간이 흘러감에 따라 올바르게 제시되는 집단 지성은 결국 본질에 가까이 다가가게 한다. 노벨경제학상 수상자 허버트 사이먼은 인간의 대표적인 비합리적 행동으로서 의사 결정을 할 때 더 나은 방안이 가능함에도 불구하고 어느 순간 '만족'함으로써 중간에 멈추는 '제한된 합리성'을 지적했다. 현재의 정보와 지식만으로 전략을 세우다 보니 미래에 대한 대비는 늘 실패로 돌아가는 것이 지금까지의 현실인데 인간의 통찰은 최선의 방안을 마련하려는 본능을 계속 자극하여 우리는 이번 코비드 사태의 위기 또한 슬기롭게 극복할 것으로 믿는다. 통찰력 있는 사람은 여러 가지 일을 동시에 수행할 때 우선순위를 매긴다. 그뿐만 아니라 해야 할 일과 하지 말아야 할 일을 구분할 줄 안다. 그렇게 하는 것이 성공으로 가는 지름길이라는 것을 이미 체득하고 있다.

# Ⅲ

# 변화해야 할 것

일본 북동쪽에 위치한 해안 마을인 아네요시의 언덕 위에는 다음과 같은 경고문이 새겨진 비석이 하나 서 있다.

'고지대에 세운 집들은 후손의 평화와 행복을 보장해 준다. 거대한 쓰나미의 참사를 기억하라. 이 높이 아래로는 집을 짓지 말라.'

1930년대에 엄청난 쓰나미를 겪은 주민들은 대부분 언덕 위로 이주했지만 세월이 흐르며 해변 마을이 다시 번창했다. 2011년 3월 11일 앞바다에서 발생한 진도 9.0의 강진 후에 한 시간도 안 되어 거대한 쓰나미가 아네요시 계곡과 비석의 바로 몇십 미터 아래까지 휩쓸고 지나가 인명과 재산 피해가 아주 크게 났다. 인근에는 오나가와 핵발전소가 있었는데 이날 아무 탈이 없었다. 과거의 피해를 교훈삼아서 건설된 발전소의 해발고도도 높았고 제방 높이를 14미터로 높게 쌓아 13미터 높이의 쓰나미를 막을 수 있었다. 실제로 쓰나미가 들이닥쳤을 때 주민들은 오히려 더 안전해 보인 핵발전소로 대피했다. 아네요시 마을에서 남쪽 방향으로

200마일 떨어진 해안가에는 후쿠시마 핵발전소가 있었다. 지진 발생 후 원자로는 자동으로 셧다운되었는데 10미터 높이의 제방 위로 쓰나미가 넘어들어가 변전 설비가 침수되었고 비상 전원이 끊기면서 노심 온도는 점점 상승하여 결국 원자로 세 기가 노심용융을 일으키며 폭발하면서 체르노빌 원전사고와 동일한 7등급의 최악의 사고로 태평양 바다까지 방사능 오염을 일으켰다. 진앙과 더 가까웠던 오나가와 핵발전소는 안전했고 훨씬 멀리 떨어진 후쿠시마 핵발전소는 재앙이었다. 차이의 핵심은 제방의 높이였다. 오나가와 발전소는 14미터 높이의 제방으로 13미터의 쓰나미를 견뎌냈고 후쿠시마 발전소는 10미터의 제방이었기에 당할 수밖에 없었다. 어느 높이로 제방을 건설할지 결정하는 요인 중에 역사적 기록을 가져오는 방법이 있다. 과거에 가장 높았던 파도가 10미터였다면 아마도 90% 이상의 확률로 이 예측에 근거해 제방 높이가 결정날 것이다. 단지 이 예측이 맞지 않을 수가 있어 문제일 뿐이다(최연호, 2020, pp. 84-86).

변화에는 두 종류가 있다. 없던 것을 새로 만들든가 이미 있는 것을 바꾸든가이다. 그동안 없었던 제방을 쌓는 것도 변화지만 이미 쌓아 놓은 제방이라도 더 높이 쌓는 것 또한 변화가 된다. 블랙스완과 같은 코비드-19 사태를 겪으면서 우리는 보건의료 환경 시스템을 어떻게 변화시켜 왔는지 성찰해 보아야 한다. 우리에게 많은 공포를 주었던 메르스 사태는 단기간에 해결되었다. 메르스 대응에 있어서 미비했던 점들을 개선하여 의료 시스템에 변화를 주었지만 2020년 코비드-19 사태를 겪으면서 우리는 팬데믹 감염병에 대한 준비가 모자라도 한참이나 부족했음을 절실하게 느끼게 되었다. 메르스 사태와 달리 코비드 사태는 장기전이 되었고 이에 따라 대규모로 발생하는 중환자에 대한 대책과 응급의료 시스템은 근본적으로 변해야 하는 상황으로 갔다. 아직 감염되지 않은 일반 국민들을 위한 예방 시스템의 적절성이 크게 부각되었고 다음으로 의료 취약 계층의 접근성 확보와 비대면 원격 진료의 이슈가 이어졌다.

코비드-19 사태에서 호흡기에 손상을 주는 코로나 바이러스의 특성상 기계 호흡이 필요한 중증 환자는 당연히 늘 수밖에 없다. 매일 발표되는 사망자 수에 겁을 먹은 경증 환자는 조금만 이상하면 응급실에 달려가게 된다. 하지만 전국적으로 한정되어 있는 중환자실과 응급실 인프라를 갑작스럽게 확장할 수는 없다. 평상시에 대비는 해야겠지만 무작정 공간을 확보만 하는 것이 해결책은 아니다. 그래서 팬데믹 감염병을 대비하여 인력과 공간 계획에 대해 비상시와 평시의 분명한 구분이 있어야 한다. 우선 재난 의료를 전공하는 인력이 확보되어야 하는데 임상의학과 공중보건학 분야가 접목되고 비상시를 대비한 훈련이 되어 있어야 한다. 대규모 환자가 발생했을 때 현장에 바로 지원되어야 하기 때문에 평시의 교육과 훈련이 필수이다. 마찬가지로 의료 시설도 일상적인 사회 자원을 의료용 시설로 바로 전환하는 대비가 필요하다. 이번 사태를 경험하면서 대한민국은 다양한 노하우를 축적할 수 있게 되었고 이것은 정부와 지방자치단체가 팬데믹 감염병에서 향후 활용할 수 있는 근본적인 시스템 변화의 한 축으로 자리 잡았다. 천재지변과 같은 재난이 발생해도 비슷한 대처가 가능하도록 재난의료와 응급의료 시스템은 진화하게 된 것이다. 정부는 이번 사태에 방역 강화 방안의 하나로서 환자가 전화를 통해 상담하고 처방받을 수 있는 원격 진료를 허용했다. 이렇게 활성화된 비대면 진료는 코비드 사태 이후에도 지속되어 원격 진료가 현실화되는 데 일조할 것으로 보인다. 그동안 원격 진료를 반대해왔던 의료계도 이번 사태를 계기로 합리적인 해결 방안을 모색할 것으로 예상된다. 예를 들어 의료 취약 지역과 취약 계층의 국민들에게 어떻게 하면 의료 접근성을 확보해 줄 것인지 그리고 재난과 비상 사태에서 어떻게 가장 빠르게 정확한 의료 정보를 전달할 수 있을 것인지 비대면 진료에 대한 토의는 계속될 것이다. 이들 모두는 비대면 기술 즉 빅데이터와 인공지능 기술의 발전에서 혜택을 보게 된다. 이제 우리가 주목해야 할 것은 의료의 질을 떨어뜨리지 않고도 원격 진료가 가능하도록 비대면 의료의 대상과 그 질병의 치료 효과에 대한 근거를 마련해야 하는 것이다. 코비드 사태 이전에도 팬데믹 감염병이나 재난의료에 대한 대책은 있었다. 또한 취약 계층의 의료 접근성을 늘리고 원격 진료를 수행해야 하는 명분도 준비되어 있었다. 계획으로만 존재하던 것에서 이제는 실제적이고 근본적인 변화가 필요함을 깨닫게 되었고, 당연하겠지만 이번 기회를 놓쳐서는 안 된다.

비대면 진료가 효율적으로 운영되기 위해서는 대면 진료와 유사한 수준의 환경 제공을 필요로 한다. 개인의 건강 기록이 데이터로 저장되고 공유되는 시스템이 있어야 하고 개인의 실시간 의료 정보 또한 수집되고 전달되어야 한다. 결국 4차 산업혁명 시대에서 IT 기술의 발전은 의료 데이터의 표준화를 가능하게 만들 것이고 인공 지능은 빅데이터를 활용하여 빠르고 정확한 진단과 치료의 시대를 앞당기게 될 것이다. 바야흐로 개인 맞춤형 정밀의학이 눈앞에 가까이 와 있다. 사실 코비드 사태와 상관없이 IT 기반의 의료정보 환경은 꾸준히 발전되어 왔다. 코로나 바이러스와 싸우고 있는 지금 이 시간에도 의료와 관련한 정보 기술은 지속적으로 연구되고 있다. 빅데이터의 발전과 더불어 의료 시스템에 접근하는 사람에 대한 보안 기술도 혁신되고 있고 이를 통해 대면 진료와 동등한 질의 비대면 의료 서비스가 가능하게 된다. 비대면 의료는 유헬스 혹은 스마트 헬스로 지칭되는 사물 인터넷(IoT)의 지원을 받는다. 활력 징후와 심전도 같은 생체 데이터로부터 응급 상황에 이용되는 실시간 모니터링까지 웨어러블 디바이스 등의 사물 인터넷은 실제적인 진료와 건강 관리에 큰 역할을 해낸다. 직접 대면하는 의료 서비스가 가능하지 않은 의료 취약계층과 평생의 건강 증진을 추구하는 일반 국민들 모두가 유헬스 및 스마트 헬스케어의 대상이 된다. 비대면 진료를 가능하게 하는 사물 인터넷의 발전은 코비드 사태와 같은 재난 상황에서 더욱 빛을 발할 수 있다. 그리고 앞선 IT 기술을 지닌 우리나라는 코비드 사태가 끝난 후에도 유헬스케어의 글로벌 선두주자가 되도록 노력을 게을리해서는 안 된다. 고령화 시대에는 만성 질환의 예방적 관리가 의료 서비스의 주축이 될 것이므로 국가와 지방자치단체가 관리하는 의료 데이터 망을 활용하면 예방적 보건관리를 위한 개인 맞춤형 정밀의학도 가능하다. 예를 들어 이번 코비드 사태에서 백신 접종의 우선순위를 정할 때 막연히 중환자와 고령층을 우선한다는 것보다 코로나 바이러스에 취약한 호흡기나 심혈관계의 기저 질환을 가진 사람에게 접종이 우선될 수 있다. 이렇게 되면 환자뿐만 아니라 만성 질환을 관리해오던 비교적 나이가 아주 많지 않은 일반인도 접종이 뒤로 밀리지 않고 의료 서비스를 제공받음으로써 막연한 불안감에서 벗어날 수 있고 국가로부터 보호받는다는 믿음이 심어지게 된다. 이 모든 것은 4차 산업혁명의 사물인터넷 기술 발전을 기반으로 한다.

모든 것은 변한다. 변화의 정도에 차이만 있을 뿐이다. 코비드 사태를 겪으며 대한민국의 보건의료 환경을 다시 돌아보는 지금 우리는 어떻게 변해야 하는지 깊이 생각해보게 된다. 근본적인 변화가 필요한 부분이 바로 눈에 띌 것이다. 아무도 생각하지 못했던 것에서 새로움을 창조해야 하고 그동안 우리가 고려했던 기준들보다 훨씬 더 강력한 단계의 접근이 필요하게 될 수도 있다. 중요한 것은 계획만 또 세우지 말고 천문학적인 비용이 들어도 이번만큼은 변화에 투자해야 한다. 특히 전문인력 양성은 실제 현장에 투입되기까지 매우 오랜 시간이 걸리기 때문에 조급하게 해결하려고 하지 말고 길게 봐야 하며 투자를 아끼지 말아야 한다. 공간적인 인프라 확충과 달리 전문 인력의 교육과 훈련은 예상 외의 비용이 소요될 수 있지만 미래에 재난과 비상 상황이 닥친 후에 지불해야 할 비용에 비하면 지금이 훨씬 경제적이라는 사실을 잊으면 안 된다. 사람은 현재의 관점에서 미래를 예측하기 때문에 늘 예측은 들어맞지 않는다. 현재 기준으로 소요될 비용을 아끼려다가 블랙스완과 같은 예기치 못했던 사건 발생으로 천문학적인 비용을 지출해야 하는 일들은 언제나 벌어진다. 우리가 후쿠시마 원전의 제방 높이를 교훈으로 삼아 더 높은 기준을 만들고 준비해 놓지 않으면 같은 실수를 반복하기가 쉽다. 재난의료의 대비에 관해서는 비용이 현실적으로 많이 들어도 그것이 더 낫다. 이는 근본적인 변화를 요구하기 때문에 사회적 합의가 반드시 필요한 부분이다.

앞에서 언급했던 4차 산업혁명 시대의 보건의료 환경의 변화는 계속 진행형이다. 의료정보의 표준화와 보안은 빅데이터를 다루는 인공지능 관련 분야에서 필수로 갖추어야 하는 문제이고, 이를 이용한 개인 맞춤형 정밀의학과 유헬스케어는 전 국민의 예방적 보건 관리와 고령화 시대의 만성 질환 관리에 매우 중요한 요소로 작용한다. 이들 시스템에 근본적인 변화가 요구되는 것은 아니다. IT 기술이 발달하면서 점진적으로 기준이 바뀌어 감에 따라 시스템이 같이 진화할 뿐이다. 기준선은 항상 이동된다. 과학과 기술에서는 특히 그렇다. 패러다임이 변화하면 그에 따른 정상과학이 같이 변한다. 기술 수준이 현저하게 바뀌어도 똑같은 변화가 일어난다. 하지만 인간은 자신이 배우고 익혔던 익숙한 기술에서 완전히 새로운 기술로 넘어가는 것에 대해 본능적으로 막연한 불안감을 느끼고 저항하게 마련이다. 그래서 인간은 고정관념에서 벗어나기를 어려워하고 자꾸만 자신이 지정한 기준선에 맞추려는 경향을 보인다. 하룻밤 자고 나면 변하는 현대의 IT 기술 변화에 속도를 맞추지 못하면 1년 전 작성된 의료 환경 보고서는 이미 옛것이 되어 버린다. 그러므로 늘 변화하고 있는 의료정보 환경과 인공지능, 정밀의학과 예방적 보건 관리는 지속적이고 점진적인 개선이 요구된다. 이들은 코비드-19 사태만으로 인해 직접적인 시스템의 개선이 이루어져야 할 분야로 보기 어려우며, 근본적인 개혁이 필요한 것이 아니라 기준선이 변화하는 대로 그것에 맞추어 꾸준하게 진화하는 것이 필요하다. 호스피스-완화 의료도 마찬가지다.

〈표 1〉에 변화하고 있는 주요 보건의료 환경의 항목들을 기술했고 코비드-19 사태 이후의 대응을 세 가지 분류로 구분하였다. 코비드-19 사태는 예측하지 못했던 팬데믹 감염병이 발생했을 때 우리의 재난의료와 응급의료 대책과 의료 취약 계층에 대해 어떻게 적절하게 접근할 것인지 등등 본질적인 해결 방안을 고민하게 만들었다. 계획으로는 존재했지만 실제로 수행되지 못한 방안은 탁상공론일 뿐이다. 예를 들어 원격 진료의 경우 시행하느냐 마느냐의 문제로 시간을 끌 것이 아니라 코비드-19 같은 사태에서 누구에게 언제 어디서 적용할 것인가부터 확정하고 차근차근 범위를 넓혀 나가며 장점을 살리는 근본적 개혁이 필요하다. 이번 사태는 적절한 대응을 위해 IT 분야와 공공 인프라의 구축이 얼마나 중요한지 알려주었으며 전문 인력 양성의 소중함도 깨우쳐 주었다. 이들 변화는 평상시에 이루어져야 한다.

〈표 1〉 포스트 코비드-19 보건의료 환경 변화에 대한 대응

| | 근본적 변화 | 점진적 개선 | 본질적 강화 |
|---|---|---|---|
| 팬데믹 감염병 대책 | ○ | | |
| 재난의료 및 응급의료 | ○ | | |
| 취약 계층의 의료 접근성 | ○ | | |
| 원격 진료 | ○ | | |
| 의료정보의 표준화와 보안 | | ○ | |
| 인공지능과 빅데이터 | | ○ | |
| 정밀의학 | | ○ | |
| 유헬스 및 스마트 헬스케어 | | ○ | |
| 예방적 보건 관리 | | ○ | |
| 만성 질환 관리 | | ○ | |
| 호스피스-완화 의료 | | ○ | |
| 휴머니즘 의료 | | | ○ |

그런데 변화만이 능사는 아니다. 새로운 현상에 빠르게 반응하는 인간은 과거부터 익숙했거나 주변에 늘 존재하여 온 것을 쉽게 무시하는 경향이 있다. 예를 들어 물은 인간에게 필수적이고 매우 소중한 것인데 변화하지 않고 우리 옆에 항상 존재하고 있기 때문에 우리는 그것의 고마움을 잊고 지낸다. 반면 모바일 폰의 디자인과 기능에 대해서는 매년 변할 때마다 관심을 두고 열광한다. 새로움에 예민한 우리에게 코비드-19가 알려준 또 하나의 교훈은 변화하지 않는 것이 매우 중요할 때가 있다는 것이다.

# Ⅳ
# 변화하지 말아야 할 것

우리 주변에 흔히 보이는 물건들의 기원이 궁금해질 때가 있다. 와인은 도대체 언제부터 시작이 됐을까? 역사 기록을 살펴보면 인류가 와인을 담그기 시작한 것이 지금으로부터 8000년도 훨씬 전이다. 의자는 어떨까? 고대 이집트에 의자가 있었던 것으로 보아 최소한 3000년 전에 이미 존재했음을 알 수 있다. 정보나 물건들은 그것이 유용하게 사용되고 인류의 발전과 진화에 도움이 된다면 소멸되지 않는다. 그런데 인간은 나이가 들면 소멸한다. 특이한 점은 소멸하지 않는 것들은 오래된 것일수록 앞으로도 더 오래 생존한다는 것이다. 우리는 이것을 '린디 효과'라고 부른다(나심 니콜라스 탈레브, 2019). 인간 사회에서 젊은 사람이 노인보다 오래 사는 것과는 정 반대다. 1000년 전부터 지금까지 존재하고 있는 것은 앞으로도 1000년간 계속 소멸하지 않고 살아남을 확률이 높다는 의미다. 2015년 스위스에서 열린 세계경제포럼에서 구글의 전 회장 에릭 슈미트는 미래에 인터넷은 사라질 것이라고 예측했다. 린디 효과에 비추어 보면 인터넷은 생긴 지 30여 년밖에 되지 않아 먼 미래에도 소멸되지 않고 생존해 있을 것이라는 확신이 없다는 의미일 것이다. 당연히 인터넷은 미래에 사라질 수 있다. IT 기술은 계속 소멸하며 새로운 개념의 기술에 자리를 내준다. 아마도 인터넷을 대신하는 새로운 도구가 또 탄생할 것이다. 하지만 의료의 본질인 사람의 생명을 구하고 건강한 삶을 유지하는 것은 지구가 존재하는 한 결코 사라지지 않는 대명제다. 코비드-19 사태를 극복하기 위한 현안에만 온 정신을 쏟고 있더라도 우리가 잊지 말아야 할 것은 사람을 생각하고 아픈 사람의 입장에서 그 사람의 마음을 읽어주는 휴머니즘 의료다. 아프고 죽어가는 사람을 살리려는 마음은 인간의 본성이다. 히포크라테스 시대에도 의료에 있어서 휴머니즘은 가장 기본이 되었다. 사람의 생명을 구하는 것은 무엇과도 바꿀 수 없는 소중한 가치다. 나 자신의 생명을 타인이 좌지우지해서는 안 된다. 다시 한 번 더 언급하지만 휴머니즘 의료는 아픈 사람의 관점에서 시행되어야 그 가치가 빛을 발한다. 재난과 같은 사태가 일어나거나 코비드-19와 같은 팬데믹 상황이 벌어진다 해도 아픈 사람에 대한 치료를 타인의 잣대로 결정하고 판단해서는 안 된다. 보건의료 환경이 지속적으로 변하고 있지만 그 중에서 변하지 말아야 할 것이 하나 있다. 바로 휴머니즘 의료다. 유발 하라리의 책 〈호모데우스〉의 표지를 넘기면 그의 친필로 "Everything changes"가 쓰여 있다. 모든 것은 변한다. 가까운 미래에 우리는 미래학자 레이 커즈와일의 '특이점이 온다'를 가슴 시리게 경험하게 될 것이다. 깊이를 더해가는 머신 러닝이 결국에는 의사의 역할을 대체할 것이라는 예측이 지배적이다. 하지만 유발 하라리의 예언대로 데이터교(Dataism)가 세상을 장악해 갈수록 우리는 인공지능을 꿰뚫는 능력을 보여주어야 한다. 보건의료 환경에서 특히 그렇다. 이는 휴머니즘을 바탕으로 한다. 겉으로 보이는 방법론적이고 물질적이며 형식에 치우치는 의료 환경의 변화가 아니라 이를 다루는 전문 의료인의 본질적인 휴머니즘을 더욱 강화하는 방향으로 교육과 지원을 해야 한다. 그래야 사람을 위한 사람 속의 의사가 더 많이 탄생한다.

한 가지 분명한 것은 인류의 조상이 지구상에 나타난 지 300만 년이 되었다고 가정할 때, 휴머니즘 의료는 지구가 멸망하지 않는 한 300만 년 후에도 아마 존재해 있을 것이다.

# V
# 휴머니즘 의료

## 1. 의학지식만으로 환자를 보면 안 된다

18개월 나영이는 몸무게 2.9kg으로 약간 작게 출생했다. 남보다 적은 체중으로 태어난 데다가 아기가 다른 아이들에 비해 작으니 잘 먹이라는 산후조리원의 얘기를 들으며 부모는 스트레스를 받았다. 이곳저곳에서 아이 먹이는 것에 대한 정보를 알아보던 부모는 혀 밑 설소대 때문에 잘 안 먹을 수 있다는 그릇된 정보에 현혹되어 생후 6개월밖에 안 된 나영이에게 설소대 절제 수술을 받게 했다. 그 후에도 부모가 보기에 먹는 양이 여전히 모자라다고 느끼고 있었는데 생후 9개월이 된 나영이는 이유식을 먹으면서 구역질과 구토를 시작했다. 걱정이 된 부모는 나영이를 데리고 가까운 의원을 찾았고 최고급 분유로 바꾸도록 권유받았다. 그래도 잘 안 먹고 구토 증상이 계속 되자 엄마는 소화기 전문가의 도움을 받아보기로 결정하고 한 대학병원을 찾았다. 이야기를 들은 대학병원 의사는 검사를 시작했다. 위 내시경에서 위식도 역류증과 알레르기 위장관염이 의심된다고 하자 엄마는 병 때문이었다고 생각하고 오히려 안심했다. 하지만 처방으로 나온 약을 12주간 열심히 복용시켰는데 아이는 호전되지 않았다. 음식 알레르기를 막기 위해 제한 식이를 해보았더니 아이는 더 안 먹고 토했다. 엄마가 아무리 생각해 봐도 구역질과 구토는 먹기 싫어서 그런 것 같았다. 답답해진 엄마는 또 다른 병원을 찾아 나에게까지 오게 되었다. 모든 상황을 분석해본 결과 나영이에게는 병이 없었다고 판단했다. 부모의 심한 걱정 때문에 괜한 검사와 괜한 투약이 이루어진 것이다. 나영이는 타고나길 입 짧은 아이였다(최연호, 2020, pp 110-111).

입 짧고 예민한 아이는 주변에 꽤 많이 있다. 인구의 약 20% 정도를 차지하는 것으로 보인다. 워낙 먹는 데 관심이 없어 나중에 잘 자라지 않을 것 같은 두려움에 부모는 늘 걱정할 수밖에 없다. 부모 중에도 어려서 입이 짧고 작게 큰 사람이 있었을 확률이 높은데 부모 입장에서 보면 자신은 그랬더라도 아이는 잘 키워야 한다는 욕심이 앞서게 된다. 아이를 자신의 몸과 동일시하는 엄마에게 아이가 안 먹고 크지 않는 것은 자신의 손실로 느껴진다. 손실에 대한 두려움을 회피하고자 엄마는 무언가를 하게 된다. 이 경우처럼 병원을 찾아다니고 분유를 계속 바꾸며 사실 하지 않아도 될 설소대(tongue tie) 수술까지 해버리는 행동 편향(action bias)도 보인다. 하지만 간과해서는 안 될 중요한 문제가 하나 더 있다. 한 대학병원에서 의사는 내시경을 권유했고 역류성 식도염(reflux esophagitis)과 호산구성 위장관염(eosinophilic gastroenteritis) 진단이 내려졌다. 잦은 구토로 인해 위식도 경계 부위에 일시적인 염증이 동반할 수 있고, 조직 검사를 하면 사람마다 위 점막에서 알레르기에 관련된 호산구(eosinophil)가 약간씩은 보일 수도 있다. 의사는 아이의 증상이 이 때문이라고 진단하고 아이에게 사실상 필요 없는 약을 12주 동안 복용시켰다. 겉으로 보이는 현상에만 반응한 의사의 동일한 행동편향은 결국 일종의 의원병(iatrogenesis)이 되어 버렸다. 외래에서 내가 내린 처방은 아주 간단했다. 아무 약도 주지 않도록 하고 단지 먹는 것에 관한 자기결정권을 아이에게 돌려주라고 권유했다. 입 짧은 아이들은 어른이 되면서 대부분 이것저것 다 먹을 수 있게 변해간다. 현재 먹지 않는다는 이유로 아이에게 음식을 강요하고 스트레스를 주면 입 짧은 아이들은 오히려 음식 거부(oral aversion)를 일으킨다. 음식 거부는 이렇듯 보호자의 집착과 손실기피(loss aversion)로부터 시작된다. 나 자신의 미래는 비슷한 조건에서 현재 상황을 이미 겪고 지나간 타인의 지금일 확률이 높다. 모두 나중에는 부모처럼 선배처럼 변해갈 것임에도 사람들은 현재 눈앞에서 벌어지는 현상을 기준으로 미래를 판단하는 현재주의(presentism)의 오류를 범하기 쉽다. 지금은 당장 손해를 본 것이 아닌데도 불구하고 미래에 올지도 모르는 잠재적인 손실에 대한 두려움에 집착하면서 나영이와 같은 의원병이 자주 나타난다. 나영이는 그후 먹는 자유를 얻었고 6개월 후 외래에서 보니 체중이 잘 증가했으며 집안 분위기도 매우 좋아졌다(최연호, 2020, pp 112-115). 의료진은 우선적으로 환자와 가족의 마음을 읽을 줄

알아야 한다. 그리고 통찰력 있는 현자들이 기술해 놓은 수많은 세상 사는 이치와 다양한 학문을 무시한 채 의학 지식만으로 환자를 보려 하는 의사가 있다면 언젠가 큰 실수를 할 수 있다는 것을 유념해야 한다.

의원병을 의료진의 실수로 인한 것으로만 보는 것은 무리가 있다. 오히려 위에서 언급한 것처럼 겉으로는 잘 드러나지 않는 복합적인 의원병이 훨씬 더 많을 것이다. 의사가 잘못하는 것은 아니다. 그냥 그렇게 배웠기 때문이다. 의학 지식만으로 환자를 보려 할 때 이런 개념의 의원병이 발생한다. 보호자가 잘못하는 것은 아니다. 도와주려고 했는데 자신의 손해를 피하려는 마음이 강하다 보면 가족이 피해를 볼 수 있다. 겉으로 보이지 않는 맥락 관계를 인공 지능이 알아내기는 어렵다. 빅데이터는 결과를 보여주는 것이지 과정까지 세심하게 다루지는 않는다. 맥락과 과정을 쉽게 간파하는 것은 인간만이 지닌 고유의 능력이다. 그래서 4차 산업혁명의 시대일수록 인간이 중심이 되는 휴머니즘은 더욱 중요해진다.

## 2. 코비드-19 사태가 알려준 휴머니즘

갑작스런 팬데믹 코비드-19 사태에서 인간은 당황했다. 역사에 나오는 팬데믹 전염병 사례를 참조했더라도 당시와는 워낙 상황이 달랐기 때문에 그다지 도움이 되지 않았다. 유사한 과거 경험과 데이터가 없는 초기 대응은 엉망이었다. 의료 선진국도 마찬가지였다. 2년이라는 시간이 흘러가면서 사람들은 해결 방안을 찾기 시작했다. 아직도 명확한 답이 나온 것은 아니지만 사태를 겪고 나니 사람들은 어렴풋이 깨달았다. 최선은 아니더라도 불행한 파국을 막을 방법은 존재했다. 사람과 팬데믹 바이러스 질환의 대결에서 인간의 피해를 최소화할 수 있는 모범 답안지를 이번에 코비드-19가 제공하여 주었는데 그 기본은 휴머니즘이다. 2020년과 2021년에 진행되었던 보건의료 시스템을 복기해보자.

코비드-19 사태에 대한 인간의 대응은 크게 세 가지로 나뉘어진다. 첫째, 코로나 바이러스의 엄청난 위력에 놀라고 두려움을 갖게 된 우리는 격리와 행동 제약으로 대변되는 방역체계를 강화했다. 두번째 단계는 백신과 치료제였다. 백신 주권을 가진 선진국들은 방역에 관한 초기 대응이 미흡했어도 근본적 예방책인 백신 접종으로 빠르게 대처함으로써 더 이상의 심각한 피해를 막아낼 수 있었다. 세번째는 '위드 코로나'로 불리는 선진국형 대책이었다. 국민의 70%가량이 접종을 완료하고 나면 집단 면역에 근접하게 되고 이때부터는 확진자 수의 증가 추세를 따지며 공포심을 갖게 되는 것이 아니라 인플루엔자 감염처럼 중증화율과 사망률로 관리하게 되는 것을 말한다.

중세의 페스트와 근대의 스페인 독감 같은 팬데믹 감염병을 겪은 인간의 역사에서 우리는 감염병에 대해 숨는다고 해결되지 않음을 배웠다. 항생제를 개발하고 백신을 접종하는 것이 인류의 감염병 극복에 최선의 방법이었으며 초기에 어느 정도의 피해를 입게 되는 것은 감수해야 함도 알게 됐다. 바이러스에 대한 백신과 치료제를 생산할 수 있는 생명공학 기술을 보유한 선진국은 팬데믹 상황에서 눈앞의 위기에 휘둘려 바이러스를 회피하는 방역 시스템에 올인하는 것이 아니라 바이러스와 직접 대결하는 정공법을 택했다. 그것이 결과적으로 대다수 국민의 건강을 확실하게 지키는 것이라는 것을 알고 있는 것이다. '위드 코로나'로 피해는 지속적으로 이어지지만 대다수 국민의 백신 접종 후에 보여질 중증 및 사망의 확률을 계산하고 국민의 경제적 이득을 따져 보는 것이 국민의 입장에서 더 옳은 결정이 됨을 선진국과 전문가들은 이미 터득하고 있다. '위드 코로나'는 백신 접종률이 높았던 선진국이 먼저 주도했다. 주로 방역에 치중했던 우리나라도 여러 반대에도 불구하고 결국 이 대열에 동참했다. 이러한 결정은 통찰에서 비롯한다. 그리고 그 기반에는 휴머니즘이 있다.

방역은 지식이다. 문제는 그 지식이 어디에서 비롯되는가에 있다. 눈앞에 나타난 새로운 현상에 쉽게 매몰되는 인간의 한계로 인해 전문가들조차 보이지 않는 본질을 다루기보다 겉으로 드러난 현상을 해결하는 것에 급급한 모습을 보이게 된다. 방법론에 대한 지식을 주로 습득한 사람이 사태 해결을 하려고 하면 더 좋은 방법을 찾으려는 데 집중할 수밖에 없다. 그것이 잘못된 것은 아니다. 더 잘하려고 노력하는 것이 당연한데 문제는 사람이 소외될 수 있다는 것이다. 방역에 국한하여 볼 때 특히 그러한 현상이 반복된다. 행복한 인간의 삶을 위해 기술이 발전하는 것인데도 불구하고 오히려 사람이 도구화되어 기술이 인간성을 파괴하는 역설이 나타나게 되는 것이다. 18세기 산업혁명 이후 200년이 흐르며 4차 산업혁명의 단계에까지 와 있지만 예나 지금이나 그늘은 늘 짙게 드리워져 있다. 우리는 앞 사례에서 의학 지식을 앞세운 진료로 인해 환자가 피해를 볼 수도 있음을 알게 되었다. 지식을 위주로 하는 교육은 이 같은 폐해를 일으키기 때문에 어려서부터의 교육 과정에 상황의 맥락을 읽어내는 통찰 교육의 필요성이 절실하다. 코비드 사태 속에서 대한민국의 방역은 눈앞에 닥친 현상을 해결하는 것이었다. 코비드-19 사태를 극복할 수 있는 가장 좋은 방법은 방역과 동시에 백신을 빠르게 접종하면서 전국민의 집단면역을 이루는 것임을 이번에 알게 됐다. 물론 치료제 개발은 동시에 진행된다. 먼저 '위드 코로나'로 치고 나가는 저력을 보인 선진국들이 부러웠던 이유는 그 결정을 신속하게 내릴 수 있는 전문가와 리더십의 통찰이 우리에게는 부족했기 때문이었다.

맥락 지능(contextual intelligence)에 대해 연구해 온 매슈 커츠 교수가 내린 맥락 지능의 정의는 다음과 같다. "어떤 상황에서 제기되는 다양한 변수를 인식한 뒤 여러 행동 방침의 차이를 정확하게 구별함으로써 최선의 행동을 선택하고 실행하는 것(매슈 커츠, 2018)." 커츠 교수는 맥락 지능을 삼차원 사고 모형으로 도식화했는데 후견지명과 선견지명 그리고 통찰로 이루어진다고 했다. 후견지명(hindsight)은 자신의 과거 경험을 활용하는 능력이고 선견지명(foresight)은 미래를 예측할 수 있는 능력이다. 그리고 현재의 순간에 영향을 미치는 것을 알아내는 능력이 통찰(insight)이라고 했다. 그는 이 세 가지의 상호 관련성에 주목하며 후견지명에 선견지명을 더한 것이 통찰이라고 표현한다. 즉 맥락 지능이란 우리의 후견지명과 선견지명을 가지고 둘의 상승 작용을 통한 활용으로써 통찰을 이끌어내는 지적 능력을 의미한다는 것이다. 쉽게 설명하자면 후견지명은 역사와 같이 과거로부터 배운 경험이 되고 선견지명은 미래를 그리는 상상이며 통찰은 보이지 않는 것을 볼 줄 아는 힘이다. 이러한 맥락 지능과 통찰은 인공 지능이 보유하기 어렵다. 그것은 온전히 인간의 몫이다. 아무리 IT가 발전하고 정밀의학의 시대가 왔어도 인간의 입장에서 상황을 판단하고 결정하는 것은 인간이 누릴 수 있는 행복이자 능력이 된다. 뛰어난 보건의료 전문가는 이런 능력이 탁월해야 한다. 또한 통찰을 바탕으로 국민의 입장에서 숙고하여 판단하는 전문가와 리더가 많아져야 혜택이 국민에게 돌아가는 법이다.

그래서 우리가 이 시점에서 해야 할 일 중 중요한 것 하나는 보건의료 관련 IT 기술을 더욱 확보하는 것뿐만 아니라 보건의료의 큰 틀을 읽어낼 수 있는 인재를 미리 키워내야 한다는 것이다. 이를 위해서 임상뿐만 아니라 기초과학을 동시에 전공한 의사 과학자를 양성하는 것은 필수다. 두번째로 중요한 것은 양성된 전문인력이 지식과 기술로만 무장되어 있어서는 안 된다는 것이다. 환자와 국민의 입장에서 사태를 파악하고 해결할 수 있는 혜안이 있어야 한다. 그것은 휴머니즘을 기반으로 상황의 맥락을 파악하는 통찰력 있는 전문 인력을 의미한다. 결국 코비드-19 사태 이후 의학 교육은 어떻게 변해야 하는가의 문제로까지 이어지고 말았다. 앤서니 셀던의 저서 〈제4차 교육혁명〉에는 교육 4.0의 항목이 자세히 설명되어 있다. 그 항목에는 인공지능, 신경과학 및 인지과학, 음성 및 이미지 인식, 로봇공학, 가상현실, 증강현실, 혼합현실, 사물인터넷, 빅데이터 및 데이터 저장장치, 블록체인, 협업학습, 트랜스휴머니즘이 들어 있다. 당연히 4차 산업혁명 시대에 반드시 필요한 분야들이고 우리가 미래에 치중해야 할 디테일이다. 하지만 대부분은 방법론적인 주제를 다루고 있다. 우리가 몰입해야 할 대상은 빅데이터로 대변되는 인공지능이 아니라 '휴먼'이어야 한다. 전문 인력의 핵심이 될 수 있는 의과대학생의 예를 들어보자. 현실적으로 의과대학에 입학한 의대생은 대부분 환자를 직접 보는 임상의사의 길을 밟는다. 임상의사의 관점에서 기초과학을 바라볼 수 있어야 팬데믹 감염병 같은 재난 상황이 발생할 때 이에 관련한 역학을 쉽게 이해할 수 있고 백신과 치료제의 개발에도 큰 역할을 하게 된다. 그래서 선진국의 의과대학 교육 과정은 기초과학을 기반으로 하는 의학교육이 주가 되고 있고 의사 과학자 양성 프로그램이 활성화되어 있으며 임상과 기초과학은 늘 한몸처럼 같이 움직이게 되는 것이다. 이런 시스템에 취약한 대한민국은 지금도 늦지 않았으니 의사 과학자를 비롯한 실제적인 전문 인력 양성에 힘을 쏟아야 한다. 휴머니즘 의료가 어려운 것이 아니다. 환자의 입장에서 국민의 입장에서 보면 무엇이 중요한지 어떤 것을 대비해야 하는지 바로 답이 나오게 되어 있다.

다시 한 번 강조하는데 사람이 우선이다. 그리고 미래 보건의료 환경의 변화에는 진정한 통찰이 요구된다. 시스템은 변해야 하지만 가장 중심부에 품고 있는 핵심 가치는 변하지 말아야 한다. 세상은 바뀌어도 인간은 늘 그 자리에 있다.

## 참고문헌


토머스 쿤. (2013). 과학혁명의 구조 (김명자, 홍성욱 역). 서울: 까지글방.

나심 니콜라스 탈레브. (2008). 블랙스완 (차익종 역). 파주: 동녁사이언스.

메디게이트뉴스. (2021). 코로나19 이후 재난의료 체계 강화하고 국립대병원은 재난의료 책임기관으로의 리더십 갖춰야. Retrieved from https://m.medigatenews.com/news/2926529629

메디게이트뉴스. (2020). 코로나19, 위기대응과 의료안전망 구축 역량 확보 패러다임으로 전환할 것. Retrieved from https://m.medigatenews.com/news/4026247051

대한민국의학한림원. (2018). 대한민국의학한림원 총서 23. 서울: 사단법인 대한민국의학한림원.

최연호. (2020). 기억안아주기. 파주: 글항아리, pp. 84-86.

나심 니콜라스 탈레브. (2019). 스킨 인 더 게임 (김원호 역). 서울: 비즈니스북스, pp. 232-236.

최연호. (2020). 기억안아주기. 파주: 글항아리, pp. 110-111.

최연호. (2020). 기억안아주기. 파주: 글항아리, pp. 112-115.

매슈 커츠. (2018). 맥락지능 (박수철 역). 서울: 현암사.

제3장

# 코로나19로 인한 개인 간 대면·비대면 소통 변화

**정성은** 미디어커뮤니케이션학과 교수
**정다은** 미디어문화콘텐츠연구소 선임연구원

# I
# 서론

팬데믹은 보건과 의료뿐만 아니라 정치와 경제, 문화 등 사회 전반에 다양한 영향을 미친다(남궁석, 2021; 윤지호, 2020). 우리는 2019년 말부터 2년여가 지난 현재까지도 코로나바이러스감염증-19(COVID-19, 이하 코로나19)이라는 팬데믹과 싸우고 있다. 전 세계적으로 누적 사망자 수가 약 536만 명에 이르렀고(Our world in data, 2021년 12월 기준), 실업률 급증과 소득 양극화 등의 문제가 발생했다. 이외에도 코로나19는 가정과 직장 생활, 교우 관계 등 우리의 일상에 많은 변화를 야기하고 있다(김지현·최영준, 2021). 팬데믹의 사회적 영향 중 우리가 가장 직접적으로 체감할 수 있는 부분은 개인 간 소통에 관한 것이다. 코로나19 확산을 저지하기 위해 한국 정부가 시행한 사회적 거리두기(safe distancing; Johnson et al., 2020, 3, 10) 정책은 타인과의 소통에 영향을 미치고 있다. 개인 간 소통은 주변 사람들과의 관계에 직접적인 영향을 미치며, 개인의 심리적 행복감에도 영향을 미치는 것으로 알려져 있다(나은영, 2015; Noller, 1995). 이러한 이유로 우리는 팬데믹이 개인 간 소통에 미치는 영향을 살펴볼 필요가 있다.

코로나19가 개인 간 소통에 미치는 영향은 다음의 두 가지 측면에서 흑사병, 스페인 독감, 신종플루 등 이전의 팬데믹 상황과 차이를 보인다. 첫째, 코로나19 바이러스의 강력한 전염력과 지속력으로 인해 높은 강도의 사회적 거리두기가 장기간 지속되었다는 점이다(질병관리청, 2021. 11. 1). 이로 인해 코로나19는 개인 간 소통에 대해 과거의 팬데믹 상황과 비견할 수 없을 정도로 막대한 영향을 미쳤을 것으로 추정된다. 둘째, 비대면 소통 기술의 발전 및 보급이다. 코로나19 이전의 팬데믹 상황에서는 인터넷, 컴퓨터와 모바일 기기를 활용한 비대면 소통 기술이 존재하지 않거나, 대중화되지 않았다. 당시 감염병으로 인한 개인 간 물리적 거리두기는 필연적으로 인간관계 및 소통의 단절을 야기했다. 그러나 코로나19 팬데믹은 다른 사람들과 직접 대면하지 않고 소통할 수 있는 기술적 기반이 구축된 상황에서 발생했고, 비대면 소통이 대면 소통을 대체하거나 보완하고 있다는 점에서 인간의 소통에 대해 이전의 팬데믹과는 질적으로 다른 영향을 미쳤다고 볼 수 있다. 이러한 이유로 코로나19 상황에서 개인 간 비대면 소통이 대면 소통의 기능을 어느 정도 대체했는지, 비대면 소통이 우리 사회에 어느 정도 확산되어 있는지를 확인할 필요가 있다. 본고는 장기간 지속되고 있는 코로나19가 개인 간 소통 방식 및 인간관계에 어떠한 변화를 초래했는지 살펴보고, 이를 토대로 포스트코로나 시대의 소통 방식을 전망하고자 한다.

개인은 가족, 친척, 친구, 이웃, 직장 동료 등 다양한 사람들과 사회적 관계를 형성한다(Crotty & Kulys, 1985). 한 명의 개인을 둘러싼 사회적 관계는 크게 가족 구성원과의 관계, 직장 구성원과의 관계, 그리고 친구와 지인 관계로 분류될 수 있다. 각각의 관계는 서로 다른 특성을 띠며, 관계에 따라 소통 방식에서도 차이가 있다. 예를 들어, 가족관계는 부부, 부모와 자녀, 형제자매 등 다양한 소통 대상과 소통 유형이 존재한다. 직장의 경우, 상사와 동료, 고객, 관계기관 등 다양한 소통 대상이 있으며, 이들과의 소통 방식 또한 상이하다. 코로나19는 이러한 사회적 관계와 소통 방식에 따라 상이한 영향을 미쳤을 가능성이 있다. 이러한 이유로 코로나19가 개인 간 소통에 미친 영향을 파악하기 위해서는 코로나19로 인한 소통 변화를 소통 대상별로 세분화하여 살펴볼 필요가 있다. 본고는 코로나19로 인한 개인 간 소통 변화를 가족, 직장, 친구 관계로 분류하여 관계 구성원별로 어떠한 소통 변화가 발생했는지를 파악하고자 한다. 이를 위해 본 연구진이 시행한 설문조사 결과를 중심으로 코로나19로 인한 소통 변화를 살펴보고, 포스트코로나 시대의 한국 사회 모습과 향후 개인 간 소통 방식에 대해 전망하고자 한다.

# Ⅱ
# 코로나19로 인한 개인 간 소통 변화의 경험들

## 1. 코로나19로 인한 가족관계 및 소통의 변화

코로나19 확진자 수가 8,000명을 상회하는 등 전국적인 확산세를 보이자 한국 정부는 감염자와 비감염자의 접촉을 최소화함으로써 전염병 확산을 저지하고자 사회적 거리두기(social distancing) 조치를 시행하였다(보건복지부, 2020. 3. 22). 사회적 거리두기가 시행되면서 초·중·고등학생을 대상으로 온라인 원격수업이 진행되었고(방영덕, 2021), 직장인들의 재택근무 비중이 증가함에 따라 가족이 함께 보내는 시간도 증가한 것으로 나타났다(서울특별시, 2020). 그러나 모임 및 이동에 제약이 생기면서 부모님, 친척과 함께하는 시간은 감소한 것으로 나타났다(구동환, 2021). 이처럼 코로나19는 가족관계 및 가족생활에 영향을 미쳤고, 가족 구성원들 간의 소통에도 영향을 미쳤을 것으로 추측된다.

가족은 개인이 속한 최초의 사회적 집단으로, 사회적 규범 형성 과정에 영향을 미치는 것으로 알려져 있다(Edwards & Graham, 2009). 가족 구성원 간의 소통은 개인의 정체성 형성과 사회화 과정에 중요한 역할을 담당한다(Koerner & Fitzpatrick, 2002). 즉, 가족 간 소통은 개인이 사회적 관계를 형성하고 유지하며, 문제를 해결할 수 있는 수단으로 작용한다는 것이다(Galvin & Brommel, 1982; Shimanoff, 2009; Vangelisti, 2013).

가족 간 소통은 개인의 심리적 행복감에도 영향을 미치는 것으로 알려져 있다(Noller, 1995). 부모-자녀 간 소통에 관한 연구들은 부모와 청소년 자녀의 소통이 자녀의 행복감에 가장 큰 영향을 미침을 밝힌 바 있다(김태선·도현심, 2017; 윤기봉 외, 2018; 이진숙·김은주, 2013). 부부 관계에서도 소통은 결혼 생활의 성공 여부를 판단할 수 있는 요소로 작용한다(류성진, 2015; Burleson & Denton, 1997; Meeks et al., 1998). 이와 관련하여 나은영(2015)은 부부간 소통의 질에 따라 결혼 생활에 대한 만족도가 달라질 수 있으므로, 부부만을 위한 소통의 시간이 중요하다고 언급하였다. 부부간 소통은 부모와 자녀 등 다른 가족 구성원, 더 나아가 사회적 관계에도 영향을 미친다(이선영, 2015). 개인 간 소통은 정보와 메시지의 전달 및 교환 기능을 수행할 뿐만 아니라 소통 대상과의 관계에도 영향을 미친다. 즉, 개인 간 소통이 소통 대상에 대한 친밀감, 소통 대상과의 관계에 대한 만족감 등 타인과의 관계에 대한 지각에 영향을 미치며, 타인과의 관계에 대한 만족감과 타인에 대한 친밀감이 개인의 행복감을 결정하는 주요 요소로 작용한다는 것이다(나은영, 2015). 타인과의 관계에 대한 지각에 영향을 미치는 요인

중 하나는 타인과의 소통 빈도다(Trenhom & Jensen, 2013). 이러한 점에서 우리는 사회적 거리두기가 가족 구성원 간의 소통 빈도와 소통 만족감에 어떤 영향을 미쳤는지, 이로 인해 가족 구성원들과의 친밀감이 어떻게 변화했는지를 살펴볼 필요가 있다.

현대 사회에서 가족은 핵가족, 확대가족, 1인 가구, 비혈연(비친족) 가구 등 다양한 형태로 존재한다(박종서 외, 2020).[1] 통상적으로 가족은 '부부를 중심으로 한, 친족관계에 있는 사람들의 집단 또는 그 구성원'을 의미한다(국립국어원 표준국어대사전). 즉, 가족은 이성 간의 결합을 전제로 하며, 배우자와 자녀, 손자녀, 본인과 배우자의 부모, 본인과 배우자의 형제자매 등이 가족 구성원에 속한다. 본고는 코로나19로 인한 팬데믹 상황에서 가족 구성원들 간의 대면, 비대면 소통 변화를 살펴보고자 한다. 이를 위해 본 연구진은 2021년 8월, 전국에 거주하고 있는 성인(만 20세 ~ 만 69세) 723명을 대상으로 온라인 설문조사를 실시하였다.[2] 설문조사는 한 여론조사 기관에 의뢰하여 진행했으며, 인구 비율에 따라 성별과 연령, 지역별로 할당하여 설문하였다. 이 중 가족 구성원들과의 소통에 관한 설문조사에는 총 348명이 참여했다(성별: 남성 = 169명, 여성 = 179명; 나이: $M$ = 44.83, $SD$ = 13.52).

---

1) 핵가족은 부부(15.8%), 부부와 자녀(31.4%), 한부모와 자녀(10.2%) 등 1세대 또는 1세대와 2세대가 함께 거주하는 형태를 의미하며, 확대가족 혹은 대가족은 3세대 이상이 함께 거주하는 형태(4.5%)를 의미한다(통계청, 2019).

2) 설문조사 결과의 일부는 학술논문의 형태로 자세히 보고되었다(정다은·장혜정·정성은, 2022).

본 연구진은 다양한 유형의 가족 구성원을 제시하고, 응답자가 생각하는 코로나19 발생 전/후의 가족 구성원별 소통 빈도(대면, 비대면)의 변화 정도를 표시하도록 했다. 또한 코로나19 발생 전/후 가족 구성원들과의 소통 만족도와 관계 친밀감 변화 정도를 질문하여 코로나19로 인한 가족 구성원들과의 소통 빈도 변화에 따른 소통 만족도, 관계 친밀감의 변화를 확인했다. 구체적으로, 각 문항에 대해 매우 감소[−3]부터 매우 증가[+3]까지 총 7단계로 응답자가 변화 정도를 표시하도록 했다. 가족 구성원과의 소통에 관한 주요 조사 결과는 다음과 같다(〈그림 1〉, 〈그림 2〉 참고).

응답자들은 코로나19 발생 후 배우자($N$ = 187)와의 대면 소통 빈도는 증가했으나, 비대면 소통 빈도는 변화가 없다고 답변했다. 코로나19로 인한 배우자와의 소통 빈도는 부부의 연령이 높은 경우(예, 60대 부부: $M = -0.08$, $SD = 0.97$)보다 부부의 연령이 낮은 경우(예, 20대 부부: $M = 1.20$, $SD = 1.64$)에 더 크게 증가한 것으로 나타났다. 또한 코로나19 발생 후 배우자와의 소통에 대한 만족도가 증가하였고, 관계 친밀감도 증가한 것으로 확인되었다. 부부의 연령이 높은 경우에 비해 부부의 연령이 낮은 경우(예, 20대 부부: $M = 2.00$, $SD = 1.23$), 배우자와의 관계 친밀감 증가 정도가 더 크게 나타났다(예, 60대 부부: $M = 0.19$, $SD = 1.01$). 그리고 배우자와의 관계 친밀감 증가 정도는 여성($M = 0.26$, $SD = 1.11$)에 비해 남성($M = 0.47$, $SD = 1.05$)이 더 큰 것으로 확인되었다($F[1,169] = 3.06$, $\eta_p^2 = .02$, $p = .082$).

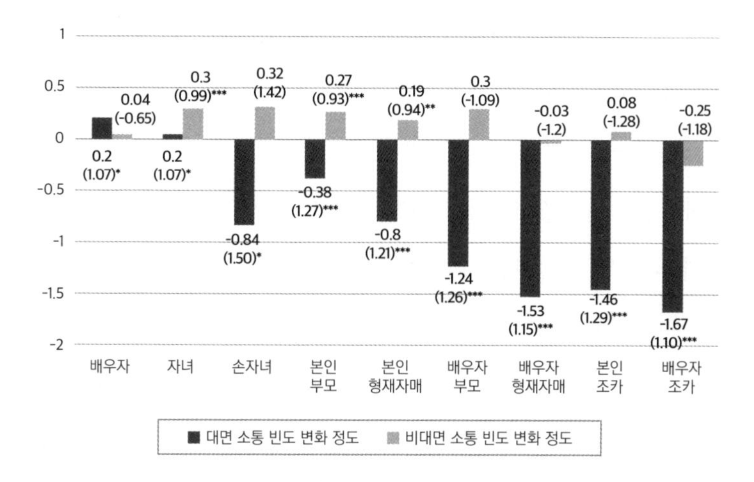


※ 가족 구성원별 소통 빈도 변화 정도는 7단계(−3 = 매우 감소, 3 = 매우 증가)로 측정되었음. 괄호 안 수치는 표준편차를 의미함. *N* = 348. **p* 〈 .05. ***p* 〈 .01. ****p* 〈 .001.

**〈그림 1〉 가족 구성원별 코로나19 발생 전/후의 소통 빈도 변화 정도**

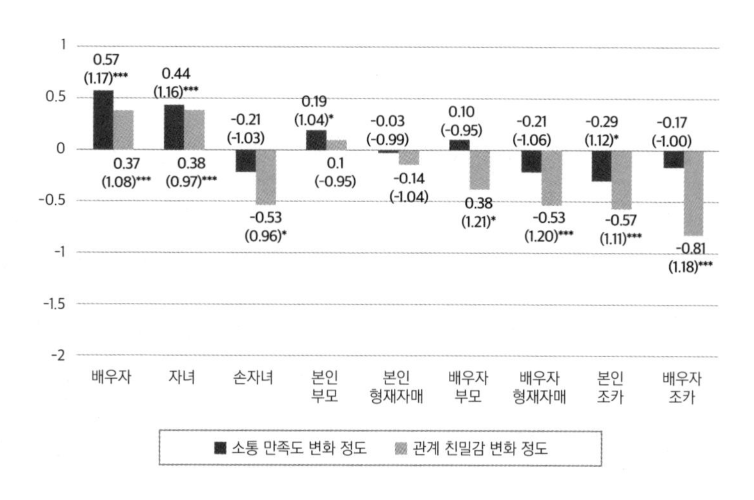


※ 가족 구성원별 소통 만족도, 관계 친밀감 변화 정도는 7단계(−3 = 매우 감소, 3 = 매우 증가)로 측정되었음. 괄호 안 수치는 표준편차를 의미함. *N* = 348. **p* 〈 .05. ***p* 〈 .01. ****p* 〈 .001.

**〈그림 2〉 가족 구성원별 코로나19 발생 전/후의 소통 만족도, 관계 친밀감 변화 정도**

이상의 결과는 코로나19 확산으로 인해 직장인들의 재택근무 비중이 증가하면서 부부간 대면 소통의 빈도와 양이 증가했음을 보여준다. 또한 가족과의 대면 소통 빈도가 증가하면서 소통의 만족감과 관계 친밀감 향상에 영향을 미쳤음이 확인되었다. 이와 관련하여 최근 김지현과 최영준의 연구(2021)도 코로나19 확산 후 가족들과 함께하는 시간이 증가함에 따라 가족관계에 대한 만족도가 증가했음을 밝힌 바 있다. 이러한 결과는 본 설문조사의 결과와 동일한 맥락에서 해석될 수 있다. 반면, 재택근무 시행으로 인해 부부가 함께 하는 시간이 증가하면서 이전에 비해 부부 갈등이 심화되었다는 인터뷰를 정리한 연구(주국희, 2020)도 있다. 그러나 본 설문조사에서는 코로나19로 인한 부부간 대면 소통의 빈도 증가가 부부간 친밀감을 높였음이 확인되었다.

코로나 발생 전/후를 비교했을 때, 부모와 자녀($n$ = 185) 간 대면 소통 빈도는 큰 차이를 보이지 않았다. 반면 비대면 소통 빈도는 증가했고, 소통에 대한 만족감과 관계에 대한 친밀감 또한 증가한 것으로 확인되었다. 이는 코로나19의 장기화로 부모-자녀 간 소통에 영상 기술이 활용된 결과로 해석된다. 부모와 자녀 간 소통 역시 소통의 내용과는 별개로 대면 소통의 빈도가 증가함에 따라 소통의 만족도, 관계의 친밀감이 증가함이 확인되었다. 한편 자녀가 있는 남성(즉, 아버지)의 경우, 자녀가 있는 여성(즉, 어머니)에 비해 코로나 발생 후 자녀와의 대면 소통 빈도 증가량이 더 큰 것으로 나타났다(아버지: $n$ = 91, $M$ = 0.19, $SD$ = 1.07; 어머니: $n$ = 94, $M$ = −0.10, $SD$ = 1.29). 그리고 전업주부가 아닌 여성

($M$ = 0.51, $SD$ = 0.99)은 전업주부($M$ = 0.08, $SD$ = 0.91)인 여성에 비해 자녀와의 친밀감 증가 정도가 더 큰 것으로 확인되었다, $t(92) = 2.19$, $p = .031$. 이러한 결과는 코로나19로 인해 직장인 부모가 재택근무를 하게 됨에 따라 자녀와 소통할 수 있는 기회가 증가했고, 이로 인해 서로에 대한 소통 만족도와 관계 친밀감이 증가한 것으로 해석될 수 있다.

조부모와 손자녀($N$ = 19)의 대면 소통 빈도는 상당 부분 감소한 것으로 나타났다. 손자녀와의 비대면 소통 빈도는 일정 부분 증가했으나, 대면 소통의 감소량을 상쇄하지 못했다. 비대면 소통이 보완하지 못한 대면 소통량의 감소는 소통 만족도, 특히 관계 친밀감의 감소로 이어졌다. 이처럼 코로나19로 인해 조부모와 손자녀 간의 관계가 약해졌으며, 핵가족화가 더욱 가속화되었음이 확인되었다.

응답자와 부모($N$ = 186) 간 대면 소통 빈도는 일정 부분 감소했으나, 비대면 소통 빈도는 증가한 것으로 나타났다. 반면 부모와의 소통 만족감은 일정 부분 증가했고, 관계 친밀감은 감소하지 않았다. 이러한 결과는 비대면 소통이 대면 소통의 기능을 일부 대체하거나 보완할 수 있음을 시사한다. 코로나19로 인해 응답자와 형제자매($N$ = 167) 간 대면 소통 빈도는 감소했으나, 비대면 소통 빈도는 오히려 증가한 것으로 확인되었다. 또한 형제자매와의 소통 만족감, 관계 친밀감의 감소도 나타나지 않았다. 이는 형제자매 간의 소통과 관계의 특수성이 반영되었을 가능성이 있으며, 부모와의 소통처럼 형제자매와의 소통에서도 비대면 소통이 대면 소통을 일정 부분 보완했음을 의미한다. 응답자와 배우자의 부모($N$ = 50), 응답자와 배우자의 형제자매($N$ = 70) 간 대면 소통 빈도는 크게 감소한 것으로 나타났다.

응답자 본인의 조카($N$ = 92), 그리고 배우자 조카($N$ = 48)와의 소통에서는 대면 소통 빈도가 현저히 감소했고, 비대면 소통이 이를 대체하지 못한 것으로 확인되었다. 이들과의 관계에서도 관계 친밀감이 현저히 낮게 나타났다.

이상의 결과를 종합하면, 코로나19는 응답자와 함께 거주하는 가족 구성원들과의 소통 빈도를 증가시켰고, 이들과 더욱 친밀한 관계를 형성할 수 있는 계기로 작용했다. 그러나 자신과 함께 거주하지 않는 가족 구성원들과의 소통 빈도를 더욱 감소시킴으로써 소통의 양극화를 야기했다. 본인의 부모나 형제자매의 경우, 대면 소통 빈도가 감소하더라도 이를 비대면 소통이 보완했기에 관계 친밀감이 감소하지 않았지만, 배우자의 부모나 형제자매의 경우에는 비대면 소통이 대면 소통을 보완하지 못했기에 이들에 대한 관계 친밀감이 현저히 감소한 것으로 해석될 수 있다.

전반적으로 설문 응답자들은 코로나19 발생 후 자신과 함께 생활하는 가족 구성원들과의 대면 소통 빈도, 관계에 대한 친밀감이 증가한 것으로 확인되었다. 부모, 형제자매와 함께 거주하지 않는 경우가 많기에 이들과의 대면 소통 빈도는 감소했으나, 영상 통화 등을 활용한 비대면 소통이 이를 보완했고 그 결과, 관계에 대한 친밀감이 크게 변하지 않은 것으로 확인되었다. 그러나 대면 소통 빈도의 감소가 비대면 소통의 증가로 보완되지 않을 경우, 대화

상대와의 관계 친밀감이 상당 부분 감소한 것으로 나타났다. 이는 대면 소통뿐만 아니라 비대면 소통도 관계의 친밀감 유지에 상당 부분 기여함을 시사한다. 이상의 결과는 포스트코로나 시대의 개인 간 소통 방식 변화와 이로 인한 인간관계를 전망하는 데 중요한 단서로 작용할 것으로 보인다.

## 2. 코로나19로 인한 직장에서의 관계 및 소통 변화

코로나19로 인해 가족관계 및 가족 간 소통에 변화가 발생했다면, 직장에서의 관계와 소통에는 어떠한 변화가 발생했을까? 직장은 개인이 소속된 사회적 조직 중 하나로, 개인은 직장 내/외부 구성원들과의 소통을 통해 상호작용한다(황상재, 2006). 직장 내에서의 소통은 조직 구성원들이 조직의 활동에 관한 정보를 상호 교환함으로써 공동의 과제를 수행, 목적을 달성함으로써 조직을 유지하는 것을 목표로 한다. 개인적 차원에서 조직 내부의 소통은 구성원의 필요 또는 욕구를 충족시키는 과정으로 정의될 수 있다(Miller, 2002/2006). 조직 내부의 소통은 정보나 메시지의 방향성에 따라 하향식, 상향식, 그리고 수평적 소통으로 분류된다(Shockley-Zalabak, 2014).

조직 행동 연구자들은 소통을 기반으로 조직 구성원 간의 상호작용이 이루어지므로, 조직 행동에서 구성원 간의 소통이 가장 중요하다고 주장한다(Katz & Khan, 1978; Simon, 1997). 구성원의 다양성이 증가하고, 소통 수단 및 기술이 빠르게 발전함에 따라 기업은 급격한 변화를 맞이하고 있으며, 이러한 상황에서 조직 내 소통이 더욱 중요해지고 있다. 조직 구성원들 간의 소통은 조직의 효율성을 증대시키므로, 조직의 성공을 예측할 수 있는 주요 요소로 알려져 있다(신호창, 2013). 구성원 간 소통이 원활할 경우, 개인의 업무 효율성과 성취도가 높아지며, 이는 조직의 효율성으로 연결된다. 이를 통해 조직은 공동의 목표를 달성할 수 있다(Miller, 2002/2006). 또한 조직 구성원 간의 소통은 개인의 소통 능력을 향상시킬 수 있는 기회로 작용하며, 이를 통해 기업 및 조직문화의 개선이 이루어질 수도 있다(신호창, 2013). 이처럼 조직 내에서의 소통은 조직의 가치와 문화를 구성원들에게 공유하는 수단으로 작용함으로써 조직의 성공과 변화, 혁신에 중요한 역할을 담당하고 있다(황상재, 2006).

직장에서의 소통은 기업의 혁신과 생존뿐만 아니라 구성원의 직무 및 직장 만족도를 결정하는 요인으로 알려져 있다(김효숙, 2007). 조직문화는 내부 구성원 간 소통을 통해 형성되며, 구성원의 직무 만족도에 긍정적인 영향을 미친다(주영하·선민정, 2018). 이와 관련하여 손정민(2019) 등 다수의 연구들이 조직 내 소통 빈도가 잦을수록 구성원의 직무 만족도, 직무에 대한 태도가 긍정적임을 밝혔다. 또한 고객, 협력사 직원 등 조직 외부인과의 소통도 조직 구성원의 직무 만족도에 영향을 미치는 것으로 알려져 있다(우종무·이명천, 2017).

직장에서의 주요 소통 대상으로는 상사, 같은 부서 직원(동기, 부하직원), 다른 부서 직원(동기, 부하직원) 등 조직 내부 구성원과 고객, 관계기관 종사자 등 조직 외부 구성원이 있다. 이들과의 소통은 크게 공적 성격의 소통과 사적 성격의 소통으로 분류될 수 있다. 본고는 코로나19로 인해 직장 관계자들과의 공적, 사적 소통(대면, 비대면) 빈도가 어떻게 변화했는지 살펴보고, 포스트코로나 시대의 소통 변화를 전망하고자 한다.

전 세계적으로 코로나19가 확산되면서 각국 정부는 여행경보, 자가격리, 다중이용시설 방문 자제, 집합 금지 등의 조치를 시행했으며, 직장 업무와 관련하여 원격근무의 일종인 재택근무 방식을 적극적으로 권장했다(박시진, 2020). 한국 정부 또한 코로나19 감염을 최소화하기 위해 공무원들의 원격근무를 시행했으며(보건복지부, 2020. 3. 14; 인사혁신처, 2020), 대기업의 60.9%, 중견기업의 50.9%가 재택근무를 시행하였다(유철규, 2020; 한국지능정보사회진흥원, 2021). 포스트코로나 시대 직장에서의 소통과 관계 변화를 전망하기 위해서는 사람들이 코로나19 상황에서의 직장 관련 소통 변화, 직장 구성원들과의 관계에 대해 어떻게 생각하는지를 살펴볼 필요가 있다.

이를 위해 본 연구진은 2021년 8월 여론조사 기관에 의뢰하여 수도권 지역에 위치하며, 상시 근로자 수가 10인 이상인 직장/사업장에 근무하는 성인(만 20세 ~ 만 69세)들을 대상으로 설문조사를 실시했다. 직장 내 소통에 관한 조사에는 375명이 참여했다(성별: 남성 189명, 여성 186명; 연령: $M$ = 44.12, $SD$ = 12.83). 본 연구진은 내/외부 구성원 유형을 제시하고, 응답자가 생각하는 코로나19 발생 전/후 구성원별 소통 빈도(대면, 비대면) 변화 정도, 소통 만족감과 관계 친밀감 등을 표시하게 했다. 설문 문항은 가족 구성원과의 소통을 조사할 때 사용했던 질문과 동일한 형태로 구성했다. 직장 관계자들과의 소통에 관한 주요 조사 결과는 다음과 같다(〈그림 3〉, 〈그림 4〉, 〈그림 5〉 참고).

코로나19 발생 후, 응답자와 직장 상사($N$ = 332) 간 공적, 사적 성격의 대면 소통 빈도는 모두 감소한 것으로 나타났다. 반면 상사와의 공적 비대면 소통 빈도는 증가했으나, 사적 비대면 소통 빈도는 감소한 것으로 나타났다. 이는 실제로 사적 성격의 비대면 소통 빈도가 감소했을 수도 있지만, 공적 성격의 비대면 소통 빈도가 증가함에 따라 상대적으로 사적 비대면 소통 빈도가 감소했다고 지각했을 가능성도 있다. 이처럼 상사와의 소통에 변화가 발생하면서, 직장 상사와의 소통 만족감은 이전에 비해 증가한 것으로 확인되었다. 이러한 결과는 응답자가 공적 사안에 대해서는 상사와의 비대면 소통을 선호하는 경향이 있음을 간접적으로 보여준다. 반면, 상사와의 관계 친밀감은 코로나19 발생 전에 비해 감소한 것으로 나타났다.

같은 팀 동료($N$ = 340), 후배($N$ = 224)의 경우도 직장 상사와 유사한 결과를 보였다. 공적/사적 성격의 대면 소통 빈도가 모두 감소했고, 공적 성격의 비대면 소통 빈도가 증가한 것으로 나타났다. 그러나 같은 팀 동료, 후배와의 소통 만족감은 크게 감소하지 않았고, 관계 친밀감이 감소한 것으로 나타났다. 이는 직장 구성원들과의 친밀감 형성 과정에 사적 소통이 중요함을 시사한다. 특히 대면 소통의 감소는 관계의 친밀감을 약화시킬 수 있음을 보여준다.

다른 팀 동료($N$ = 280)와 후배($N$ = 184) 또한 공적/사적 성격의 대면 소통 빈도가 모두 감소한 것으로 나타났다. 반면 공적 성격의 비대면 소통 빈도는 증가했으나, 사적 성격의 비대면 소통 빈도는 감소한 것으로 나타났다. 그리고 이들과의 관계 친밀감 또한 감소한 것으로 확인되었다.

고객($N$ = 179)과 관계 기관 종사자($N$ = 182)의 경우, 소통의 만족감과 관계 친밀감이 모두 감소한 것으로 나타났다. 이는 비대면 소통 방식이 대면 소통을 일정 부분 대체했으나, 외부 관계자들과의 친밀감 형성 및 유지에는 영향을 미치지 못했음을 의미한다. 따라서 이들과의 관계에서는 대면 소통 방식이 보다 중요함을 알 수 있다.

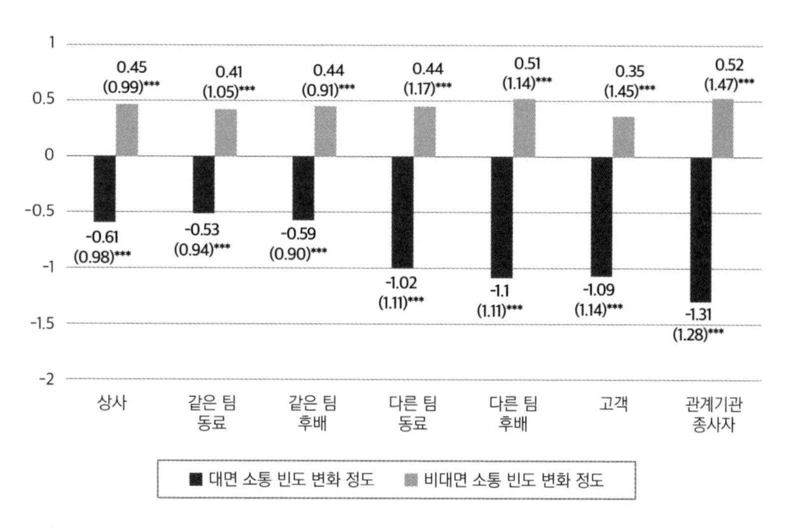


※ 직장 관계자별 공적 소통 빈도 변화 정도는 7단계(–3 = 매우 감소, 3 = 매우 증가)로 측정되었음. 괄호 안 수치는 표준편차를 의미함. $N = 375$. $^{*}p < .05$. $^{**}p < .01$. $^{***}p < .001$.

**〈그림 3〉 직장 관계자별 코로나19 발생 전/후의 공적 소통 빈도 변화 정도**

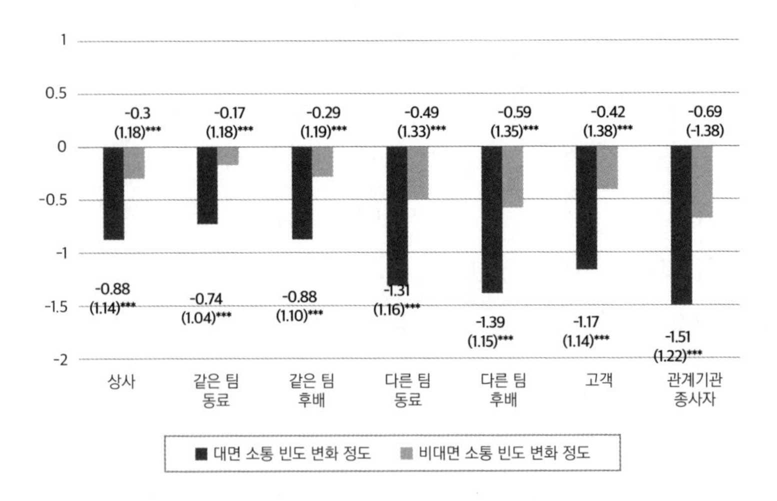


※ 직장 관계자별 사적 소통 빈도 변화 정도는 7단계(-3 = 매우 감소, 3 = 매우 증가)로 측정되었음. 괄호 안 수치는 표준편차를 의미함. $N$ = 375. *$p$ < .05. **$p$ < .01. ***$p$ < .001.

**〈그림 4〉 직장 관계자별 코로나19 발생 전/후의 사적 소통 빈도 변화 정도**

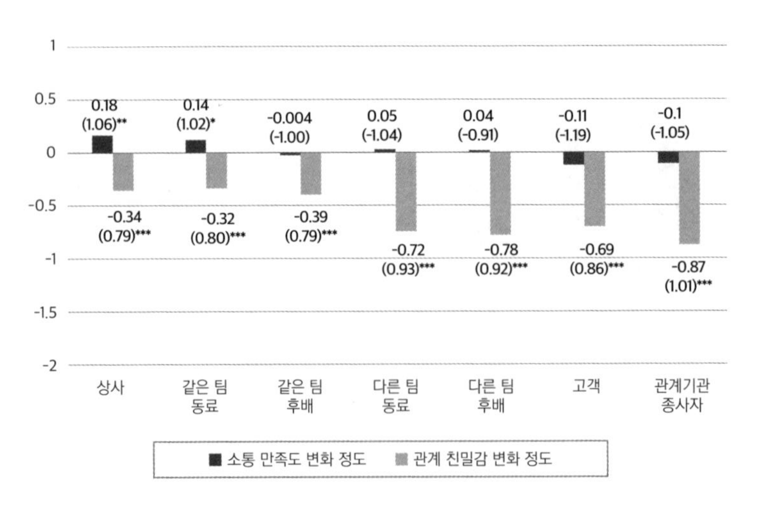


※ 직장 관계자별 사적 소통 만족도, 관계 친밀감 변화 정도는 7단계(-3 = 매우 감소, 3 = 매우 증가)로 측정되었음. 괄호 안 수치는 표준편차를 의미함. $N$ = 375. *$p$ < .05. **$p$ < .01. ***$p$ < .00

**〈그림 5〉 직장 관계자별 코로나19 발생 전/후의 사적 소통 만족도, 관계 친밀감 변화 정도**

## 3. 코로나19로 인한 친구·지인 관계 및 소통 변화

친구 관계는 가족, 직장 구성원들과의 관계처럼 유전적이거나 제도적으로 결속된 형태가 아니라, 자발적으로 형성된 사회적 관계를 의미한다(Bryant & Marmo, 2012). 이러한 특징으로 인해 소통은 친구 관계의 형성 및 유지 과정에서 중요한 역할을 담당하고 있다(Alder & Proctor, 2015; Becker et al., 2009). 친구 관계에서 소통은 관계 유지에 필요한 요소 중 하나인 자기 노출과 정서적 지지를 형성하며, 이를 확인하는 수단으로 작용한다(Parker & Gottman, 1989). 사람들은 타인에 대해 아는 것이 많을수록 그에 대한 친밀감이 높아지며, 타인에게 자신을 더 많이 노출할수록 관계가 더욱 친밀해지는 경향을 보인다. 또한 상대방에 대한 격려와 칭찬, 공감과 위안 등의 정서적 교류를 통해 친구 관계가 지속되거나 심화되기도 한다(김효창, 2017). 이처럼 소통은 친구 관계의 핵심적인 역할을 담당하고 있다.

친구라는 단어는 다양한 관계를 포괄하므로, 친구와의 관계에 따라 개인의 의사소통 형태가 달라지는 경향을 보인다(Alder & Proctor, 2015). 유아의 친구 관계는 놀이를 위한 한시적인 친구로 설명될 수 있으며, 상대와의 친밀감 혹은 공감보다 자신의 욕구 충족에 중점을 둔다(Blieszner & Roberto, 2009). 반면 청소년기의 친구 관계는 사회성, 자아정체성 등 개인의 성장 및 발달 과정에 영향을 미치며, 가족 이상의 영향을 행사할 수 있는 것으로 알려져 있다(이민아 외, 2018; Baumeister & Leary, 1995; Wilkinson, 2004;

Wright, 1984). 또한 청소년기의 친구 관계는 개인의 자존감과 행복감, 만족감, 학업 동기 및 성취도를 높이는 주요 요인으로 작용하기도 한다(임수경·이형실, 2007; Wilkinson, 2004). 이처럼 친구와의 소통은 청소년기에 발생할 수 있는 심리/행동 문제 해결에 기여할 수 있으므로 다수의 연구자들이 청소년기의 친구 관계 및 소통에 주목해왔다(추상엽·임성문, 2010; Helsen et al., 2000).

친구 관계는 다양한 형태로 분류될 수 있으나, 본고는 관계의 강도와 질에 따라 친한 친구와 친구, 지인의 세 유형으로 분류하였다(Bryant & Marmo, 2012; Hays, 1989; Jehn & Shah, 1997). 친한 친구는 상대에 대한 친밀감과 상호의존성, 자기 노출 정도 및 관여도가 높은 관계를 의미하며(Sillars & Scott, 1983), 서로에 대한 정서적 지지와 공감이 강하게 형성되어 있으므로 유대를 끊기 어려운 관계를 의미한다(Wellman & Wortly, 1990). 친한 친구는 서로의 행복에 깊이 관여하며, 공동의 목표를 달성하기 위해 노력한다는 특징이 있다(Hays, 1989; Wright, 1984). 그러나 친구는 친한 친구와 달리 서로에 대한 친밀감이나 공동의 유대감이 형성되지 않은 관계를 의미한다(Bryant & Marmo, 2012). 친구와도 상호작용이 가능하며, 정서적 지지가 일부 수반되지만, 친구 관계는 친한 친구와의 관계에 비해 서로에 대한 친밀감이 부족하며 개인적인 부분이 드러나는 것을 꺼리는 경향이 있다(Berger & Roloff, 1982). 지인 관계는 서로에 대해 막연하게 알고 있으며, 공유하고 있는 역사나 개인적인 연결이 부족한 관계를 의미한다(Jehn & Shah, 1997). 지인과의 관계에서는 친밀감이나 상호작용이 거의 발생하지 않으며,

정서적 지지를 받지 못하는 경우가 많다(Baym et al., 2004).

포스트코로나 시대 친구 및 지인과의 소통, 관계 변화를 전망하기 위해서는 사람들이 코로나19 상황에서 친구 및 지인과의 소통 빈도 변화, 관계 변화에 대해 어떻게 생각하는지를 살펴볼 필요가 있다. 본 연구진은 가족 간 소통에 관한 설문조사($N$ = 348)와 직장에서의 소통에 관한 설문조사($N$ = 375)에 참여한 723명의 응답자들을 친구 및 지인과의 소통에 대해 질문하였다(성별: 남성 358명, 여성 365명; 연령: $M$ = 44.45, $SD$ = 13.16). 구체적으로, 소통 대상을 친한 친구와 친구, 지인으로 구분해 제시하였고, 응답자가 생각하는 코로나 발생 전/후 대상별 소통 빈도(대면/비대면) 변화 정도, 소통 만족감과 관계 친밀감 등을 표시하게 했다. 설문 문항은 가족 구성원, 직장 관계자들과의 소통을 조사할 때 사용했던 질문과 동일한 형태로 구성하였다. 주요 결과는 다음과 같다(〈그림 6〉, 〈그림 7〉 참고).

코로나19가 장기간 지속되면서 친한 친구, 친구, 지인과의 대면 소통 빈도가 크게 감소한 것으로 확인되었다. 친한 친구와의 비대면 소통 빈도는 증가했고, 친구 및 지인과의 비대면 소통 빈도는 감소한 것으로 나타났다. 친구 및 지인과의 비대면 소통 빈도 변화는 비대면 소통 빈도의 실질적 감소를 의미할 수도 있고, 대면 소통 빈도가 감소하면서 서로에 대한 친밀감이 낮아지고 이로 인해 비대면 소통 빈도에도 영향을 미쳤을 가능성을 의미하기도 한다. 또한 수업, 예배, 회의 등이 비대면 방식으로 전환되면서 친구 및 지인과의 비대면 소통 빈도가 상대적으로 감소했다고 지각할 가능성도 있다. 친한 친구와 친구, 지인과의 소통 만족감은 모두 감소했고, 관계 친밀감은 지인, 친구, 친한 친구 순으로 감소한 것으로 확인되었다. 지인과의 대면 소통 빈도가 감소하면서 이들과의 관계 친밀감 또한 감소했고, 친한 친구와는 비대면 소통을 통해 대면 소통을 보완함으로써 상대적으로 친밀감의 감소량이 적게 나타났다.

친구와의 대면 소통 빈도 변화를 추가 분석한 결과 여성($M$ = −1.85, $SD$ = 1.23)이 남성($M$ = −1.68, $SD$ = 1.02)에 비해 친구와의 대면 소통 빈도가 상대적으로 크게 감소한 것으로 나타났다, $F(1,703) = 4.14$, $\eta_p^2 = .01$, $p = .042$. 지인과의 대면 소통 빈도 변화 또한 여성($M$ = −2.03, $SD$=1.11)이 남성(M = −1.73, $SD$= 1.15)에 비해 상대적으로 크게 감소한 것으로 나타났다, $F(1,703) = 12.06$, $\eta_p^2 = .02$, $p = .001$. 지인과의 친밀감 변화 역시 여성($M$ = −1.18, $SD$ = 1.14)이 남성($M$ = −0.91, $SD$ = 1.06)에 비해 상대적으로 더 크게 감소한 것으로 나타났다, $F[1,703] = 8.37$, $\eta_p^2 = .01$, $p = .004$). 이는 여성 응답자가 남성 응답자에 비해 상대적으로 친구나 지인과의 소통, 관계에 민감함을 보여주는 것으로 해석될 수 있다.

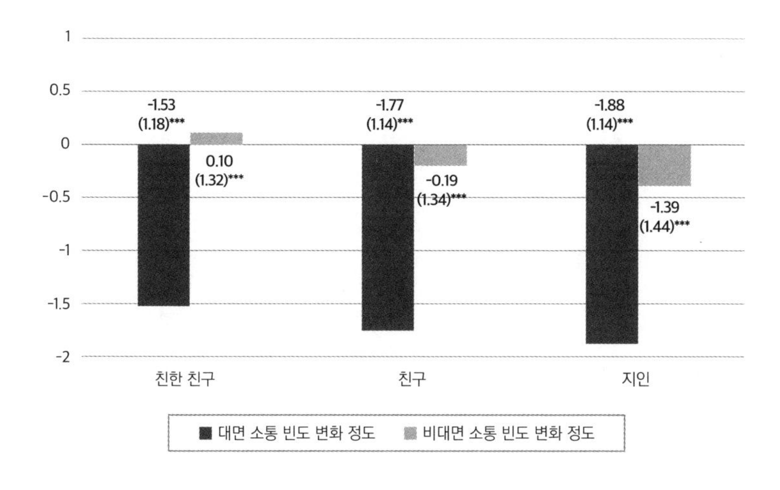


※ 친구 및 지인과의 소통 빈도 변화 정도는 7단계(–3 = 매우 감소, 3 = 매우 증가)로 측정되었음. 괄호 안 수치는 표준편차를 의미함. $N$ = 723. *$p$ 〈 .05. **$p$ 〈 .01. ***$p$ 〈 .001.

**〈그림 6〉 친구 및 지인과의 코로나19 발생 전/후의 소통 빈도 변화 정도**

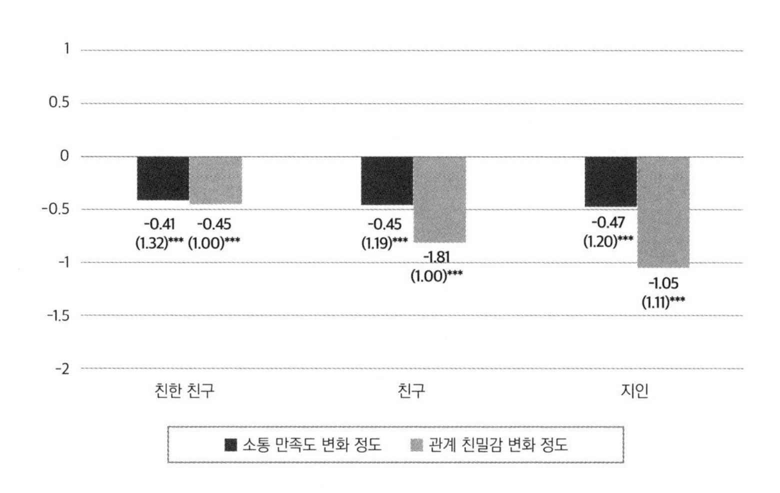


※ 친구 및 지인과의 소통 만족도, 친밀감 변화 정도는 7단계(–3 = 매우 감소, 3 = 매우 증가)로 측정되었음. 괄호 안 수치는 표준편차를 의미함. $N$ = 723. *$p$ 〈 .05. **$p$ 〈 .01. ***$p$ 〈 .001.

**〈그림 7〉 친구 및 지인과의 코로나19 발생 전/후의 소통 만족도, 친밀감 변화 정도**

## 4. 코로나19로 인한 미디어 이용 변화

지금까지 우리는 코로나19로 인해 발생한 일상생활에서의 변화, 특히 개인 간 소통 및 관계 변화를 중점적으로 살펴보았다. 이러한 변화는 미디어 이용 측면에서의 변화 또한 수반했을 가능성이 있다. 미디어 이용은 개인의 여가뿐만 아니라 야외 활동 시간에도 영향을 받는다(김명중, 2020; 최세정, 2020). 사회적 거리두기로 인해 재택근무와 온라인 교육이 시행되면서 외부 활동이 감소했고, 이동시간이 단축되면서 개인의 여가시간이 증가했다. 이로 인해 미디어 이용의 변화가 발생했을 가능성이 있다. 실제로 닐슨미디어코리아(2020)가 발간한 보고서에 따르면 코로나19 팬데믹 시기에 TV, PC, 모바일 이용 시간이 크게 증가한 것으로 확인되었다. 코로나19로 인한 미디어 이용 변화는 미디어의 유형에 따라 다르게 나타날 수 있다. 예를 들어, 영화 관람의 경우, 사회적 거리두기로 영화관에서의 관람 빈도와 온라인 동영상 서비스(OTT)를 이용한 관람 빈도의 증감 정도에 차이가 있을 수 있다. 현재 한국 사회에서 빈번히 이용되고 있는 미디어는 지상파 TV, 종합편성채널, OTT, 라디오, 종이신문, PC, 모바일, 영화관, 카카오톡/카카오스토리, 밴드, 페이스북, 인스타그램, 트위터, 유튜브 등이 있다. 미디어별로 코로나19 발생 전과 발생 후 이용 시간에 어떠한 변화가 있는지를 살펴볼 필요가 있다.

이와 관련하여 본 연구진은 가족, 직장 구성원들과의 소통에 관한 조사를 진행하면서 코로나19 발생 전/후 미디어 이용 빈도 변화를 질문하였다. 성인 723명을 대상으로 '코로나19 발생 전과 현재를 비교했을 때, 귀하께서 미디어를 이용하시는 빈도는 어떠한지'를 질문(−3 = 매우 감소, +3 = 매우 증가)하여 코로나 발생 전/후 미디어 이용 빈도 변화를 측정하였다. 코로나19 발생 전/후 미디어 이용 빈도 변화 정도는 〈표 1〉과 같다.

**〈표 1〉 코로나19 발생 전/후의 미디어 이용 빈도 변화**

| 미디어 유형 | *N* | 미디어 이용 빈도 변화 | 미디어 유형 | *N* | 미디어 이용 빈도 변화 |
|---|---|---|---|---|---|
| 지상파 채널 | 630 | 0.44*** | 영화관 | 460 | -2.43*** |
| 종합편성채널 | 554 | 0.50*** | 카카오톡 | 548 | 0.80*** |
| 온라인 서비스 (OTT) | 347 | 1.27*** | 밴드 | 225 | 0.21* |
| 라디오 | 208 | 0.04* | 페이스북 | 237 | 0.40*** |
| 종이신문 | 84 | -0.32* | 인스타그램 | 311 | 0.87*** |
| PC | 518 | 0.86*** | 트위터 | 71 | 0.62*** |
| 모바일 | 595 | 1.41*** | 유튜브 | 521 | 1.64*** |

코로나19 발생 후, 영화관에서의 영화 관람과 종이 신문을 제외한 모든 미디어 유형의 이용 빈도가 증가한 것으로 나타났다. 유튜브($M$ = 1.64), OTT($M$ = 1.27), 모바일을 통한 콘텐츠 이용 빈도($M$ = 1.41)가 현저히 증가한 것으로 확인되었고, 영화관에서의 영화 관람 빈도는 '매우 감소'에 가까웠다($M$ = −2.43). 코로나19로 인해 실내에서 체류하는 시간이 증가하면서 개인적으로 이용할 수 있는 미디어, 즉 모바일 기기를 통한 콘텐츠와 유튜브 이용

빈도가 크게 증가했다. 페이스북과 트위터, 밴드, 카카오톡 등 소셜 네트워크 서비스(SNS) 이용 빈도도 전반적으로 증가했으며, 특히 카카오톡과 인스타그램의 이용 빈도가 잦았다. 이는 인스타그램이 이미지를 중점적으로 사용하기에 페이스북 등 다른 서비스에 비해 글의 비중이 작고, 일상 소식 및 정보 교환이 용이하기 때문인 것으로 파악된다. 즉, 코로나19 시기에는 보다 가벼운 메시지와 정보 교환이 이루어졌음을 의미한다.

# Ⅲ
# 포스트코로나 시대 한국 사회의 개인 간 소통 변화에 대한 전망

## 1. 포스트코로나 시대 가족 간 소통 및 관계 변화 전망

현재 우리나라의 코로나19 백신 접종률이 82%를 상회하지만(질병관리청, 2021. 12. 26), 변이 바이러스의 출현 등으로 코로나19 팬데믹 상황이 지속되고 있다. 코로나19는 정치, 경제, 사회, 문화 그리고 우리의 일상생활에 이르기까지 많은 변화를 야기했다. 팬데믹이 장기화될 경우, 이러한 변화가 더욱 가속화되며 변화된 일상이 새로운 생활 방식으로 정착될 수 있다. 코로나19로 인해 가족 및 직장 관계자, 지인과의 소통이 어떻게 변화했고, 향후에는 어떠할 것인가? 본고는 코로나19 시기의 개인 간 소통 변화에 대한 설문조사 결과를 토대로 향후 한국 사회에서 개인 간 소통 변화에 대한 전망을 논의하고자 한다.

가족 구성원과의 코로나19 발생 전/후 소통 빈도에 관한 주요 조사 결과는 다음과 같다. 코로나19 발생 후, 배우자와의 소통 빈도가 증가했고, 소통에 대한 만족도와 관계 친밀감이 증가한 것은 부부간 친밀감에 대한 대면 소통이 중요함을 시사한다. 재택근무 등으로 부부간 상호작용이 증가했고, 이러한 변화는 의견의 불일치로 인한 갈등의 요인이 되거나 서로를 이해하고 감정을 공유하면서 친밀감이 증대되는 계기가 될 수도 있다. 본 연구진이 수행한 설문조사 결과는 부부간 접촉 및 소통 빈도의 증가가 갈등을 야기하기보다는 서로에 대한 친밀감 증대에 더 큰 영향이 있음을 보여준다. 우리가 현재 경험하고 있는 부부간 소통 빈도 증가와 이로 인한 친밀감 증대, 부부간 새로운 소통 양상은 향후 일상적인 생활 방식으로 정착될 가능성이 있다. 즉, 코로나19가 종식되고 자유롭게 사회적 모임을 할 수 있는 상황이 되더라도 부부 간 소통이 예전과는 다른 형태, 다른 수준으로 이루어질 수 있다는 것이다. 현재 우리가 경험하고 있는 부부간 소통, 그리고 가족에 관한 관심과 참여를 추후에도 요구하거나 기대할 수 있다. 즉, 포스트코로나 시대에는 코로나19 발생 전과 비교하여 부부들이 보다 '가정적인 모습'을 보일 가능성이 크고, 가정적인 생활 방식이 새로운 규범으로 정착될 가능성이 있다.

본 연구진이 수행한 설문조사 결과, 연령이 낮은 부부의 소통 빈도가 증가했고 이들의 관계 친밀감이 더 증대되었다. 이들의 경우, 부부간 생활 규칙을 형성하는 시기이므로 코로나19 팬데믹을 경험하면서 이전 세대와 다른 형태의 생활 규범이 형성될 가능성이 크다. 조사 결과 중 흥미로운 부분은 남성과 여성 모두 소통 빈도의 증가로 인해 소통 만족감과 관계 친밀감이 증가했지만, 남성이 느낀 배우자에 대한 소통 만족감과 관계 친밀감이 높아졌다는 점이다.

한국 사회에서는 육아, 교육, 가사 활동 등 가정에 관한 일의 상당 부분을 여성이 담당하고 있다. 여성이 남성에게 가사 활동에 적극적으로 참여할 것을 요구하는 모습이 드라마나 영화에 빈번히 등장할 정도로 이전부터 남성의 가사 참여에 대한 요구가 존재했다. 코로나19를 경험하면서 남성 배우자에 대한 여성 배우자의 기대, 요구와는 별개로 남성 배우자들이 부부간 소통, 관계 친밀감의 증가를 체감했다는 점에 주목할 필요가 있다. 남성 배우자들이 직접 경험하고, 체감하면서 가족, 가정에 대한 관념과 태도가 변화했을 가능성이 있기 때문이다.

이번 설문에서는 조사되지 않았지만, 코로나19로 인해 직장에 출근해 근무하던 배우자의 가사 분담 비율이 이전에 비해 증가했을 것으로 예상된다. 김지현과 최영준(2021)의 연구는 코로나19 시기에 남성의 가사 분담 비율이 증가한 경우, 가족관계에 대한 만족도가 높음을 보여주었다. 코로나19의 장기화로 인해 배우자 간의 가사 분담 조정은 일시적인 변화를 넘어 하나의 규범으로 정착될 가능성이 있다. 이러한 점에 비추어 볼 때 직장인 부부의 경우, 코로나19 종식 이후에도 코로나19 발생 전과는 다른 수준으로 가족 및 부부 관계에 시간과 노력을 투자할 가능성이 있다고 볼 수 있다. 즉, 코로나19 시기에 경험한 부부간 소통 방식으로 인해 추후 포스트코로나 시대에는 남성 배우자들이 가사에 더 많이 참여하는 형태로 변화할 가능성이 크다고 할 수 있다.

또한 설문조사 결과는 코로나19 발생 전/후 자녀와의 소통에 대한 만족감과 친밀감이 증가했음을 보여준다. 이러한 경향은 아버지, 그리고 전업주부가 아닌 어머니의 경우에 두드러졌다. 이는 재택근무와 원격수업으로 부모-자녀 간 접촉 빈도가 증가한 결과로 볼 수 있다. 즉, 자녀와의 소통에서도 함께 하는 시간(즉, 접촉 빈도)이 증가할수록 소통의 만족감과 관계의 친밀감이 증가한다는 것이다. 자녀와의 소통 빈도 증가로 인한 친밀감 증대 경험은 한국 사회의 부모, 특히 아버지와 자녀 간 소통에 대한 태도 및 관념 변화를 야기할 수 있다. 특히 연령대가 낮은 아버지들이 자녀와의 소통, 친밀감 증대를 경험하면서 아버지의 역할에 대한 인식 변화와 행동 변화를 가져올 가능성이 크다. 코로나19 팬데믹 시기에 변화된 자녀와의 소통 양식이 포스트코로나 시대의 새로운 규범으로 정착될 가능성도 있다. 이번 조사에서는 자녀들의 부모에 대한 소통 만족도와 친밀감 변화가 조사되지 않았기에 자녀들이 부모와의 소통을 어떻게 평가하는지를 확인하지 못했다. 자녀 역시 지난 2년 간 부모와의 친밀감이 지속적으로 증가했다면, 부모와의 소통에 대한 기대가 예전에 비해 높은 수준으로 형성되어 향후 부모와 자녀 간 소통 변화를 추동하는 계기로 작용할 가능성이 있다.

코로나19로 인해 발생한 개인 간 소통에서의 중요한 특징은 영상 통화 등 비대면 소통 방식이 확산되었다는 것이다. 특히 사회적 거리 두기로 대면 접촉이 감소한 가족관계(예, 조부모-손자녀 간 소통, 성인 자녀-부모 간 소통, 성인 형제자매와의 소통 등)에서 비대면 소통 빈도가 현저히 증가했다. 성인 자녀와 부모, 형제자매 간 소통의 경우, 대면 소통 빈도는 매우 감소했으나 비대면 소통 빈도가 증가했다. 그리고 이러한 관계에서는 관계 친밀감의 감소가 나타나지 않았다. 즉, 대면 소통이 비대면 소통으로 대체 또는 보완되는 현상이 발생한 것이다. 부모, 형제자매 관계는 가족 관계 중 가장 유대가 깊은, 근본적인 관계에 해당한다. 혈연관계와 공동생활로 인해 구성원 간 신뢰와 유대가 형성된 경우, 비대면 소통 방식 또한 관계 친밀감 유지에 효과가 있음을 시사한다.

한편 배우자의 부모 및 형제자매와의 대면 소통 빈도가 감소하면서 이들과의 관계 친밀감 또한 감소했다. 대면 소통의 감소를 비대면 소통을 통해 보완하려는 노력이 부족했고, 비대면 소통이 대면 소통을 대체하는 효과도 발견되지 않았다. 본인의 부모, 형제자매와 달리, 배우자의 부모, 배우자의 형제자매는 결혼을 통해 형성된 간접적인 관계이므로, 이들과의 친밀감이 유지되기 위해서는 지속적이고 의도적인 소통이 필요하다. 코로나19 이전에는 친밀감 유지를 위한 관례, 관습들이 존재했으나, 사회적 거리두기가 시행되면서 이러한 관례를 수행하기 어렵고, 그 결과 배우자 가족들과의 관계 친밀감이 약해졌음을 시사한다. 본인과 배우자 조카와의 관계 또한 대면 소통 빈도가 크게 감소하면서 친밀감 또한 약화되었음을 보여준다. 코로나19 시기의 경험은 배우자의 가족에 대한 관계 인식에 변화를 가져올 가능성이 크다. 즉, 이전에 비해 배우자의 가족들에 대한 심리적 거리가 멀어지고, 이렇게 멀어진 심리적 거리가 새로운 가족 개념으로 정착될 가능성이 있다. 이와 유사하게 조부모와 손자녀 간의 대면 소통 빈도도 크게 감소하였고, 비대면 소통으로 이를 보완하지 못하면서 관계 친밀감이 크게 감소한 것 또한 코로나19로 인한 가족관계의 주요 변화 중 하나로 볼 수 있다. 코로나19로 인한 가족 간 소통 변화의 핵심 양상은 함께 생활하는 가족 구성원들과는 소통 빈도가 증가하고 관계 친밀감이 증가하지만, 그렇지 않은 가족 구성원들과는 소통 빈도가 감소하며 관계에 대한 친밀감이 약화되는 '양극화 현상'으로 볼 수 있다. 성인 자녀와 부모, 형제자매는 비대면 소통 방식을 통해 서로에 대한 친밀감을 유지할 수 있지만, 이러한 노력이 전제되지 않는다면 가족관계가 약화될 것으로 전망할 수 있다.

## 2. 포스트코로나 시대 직장에서의 소통 및 관계 변화 전망

코로나19로 인한 직장에서의 소통 변화는 직장 구성원들과의 관계가 가족관계와는 사뭇 다른 두 가지 특징이 있음을 보여준다. 첫째, 직장에서의 공적 소통은 대면 소통 빈도의 감소와 비대면 소통 빈도의 증가라는, 재택근무의 전형적인 영향을 받은 것으로 나타났다. 반면 사적 소통의 경우, 대면 소통 빈도와 비대면 소통 빈도가 동시에 감소한 것으로 나타났다. 이는 대면 소통 빈도가 감소하면서 구성원들과의 관계 친밀감이 약화되었고, 비대면 소통 빈도 또한 감소한 것으로 볼 수 있다. 직장 구성원들과의 계약적 관계는 지속적인 대면 소통을 통해 유지될 수 있으므로,

재택근무 시행 등으로 구성원들과의 대면 접촉 기회가 감소하면서 관계 친밀감이 감소했음을 알 수 있다. 직장 관계자들과의 비대면 소통은 구성원들과의 친밀감 유지에 크게 도움이 되지 못했고, 이는 비대면 소통이 대면 소통의 대체재나 보완재로 기능하지 못함을 시사한다. 둘째, 직장 상사 그리고 동료 등 직장 내 주요 소통 대상과의 공적 대면 소통 빈도가 감소했으며, 사적 비대면 소통 빈도, 소통에 대한 만족감이 증가했다는 것이다. 이는 직장 내에서의 소통에 대한 만족도 측면으로만 판단했을 때, 직장인들이 대면 소통보다는 비대면 소통에 더욱 만족한다는 것을 의미한다. 즉, 자택, 카페 등 자신이 원하는 장소에서 구성원들과 소통할 수 있고, 자신이 원하는 부분만 노출하는 등 비대면 소통의 장점이 직장 구성원들과의 소통 만족감에 영향을 미침을 알 수 있다. 이는 향후 직장에서 비대면 소통 방식이 더욱 활성화될 수 있다는 예측을 가능케 한다. 즉, 코로나19 상황에서 직장인들이 공적 성격의 비대면 소통 방식의 장점을 지속적으로 경험했기에, 이에 대한 개인 및 조직 차원에서의 요구가 강화될 것으로 예상할 수 있다. 셋째, 직장 구성원에 대한 소통 만족도와 관계 친밀감이 독립적으로 작용했다는 점이다. 코로나19 시기에 직장 상사, 같은 팀 동료와의 소통 만족도는 증가했으나, 관계 친밀감은 감소한 것으로 나타났다. 가족의 경우, 소통 만족도와 관계 친밀감 변화가 높은 상관관계를 보인 반면(예, 부부: .54, 부모-자녀: .53, 조부모-손자녀: .72), 직장의 경우에는 소통의 만족도와 관계 친밀감 변화 간 상관관계가 상대적으로 낮게 나타났다(예, 직장 상사: .29, 동료:

.34, 후배: .39). 이는 직장 구성원들과의 소통의 특징을 보여준다. 일반적으로는 소통의 만족감이 관계 친밀감 형성에 영향을 미치지만, 직장에서는 공적 소통의 비중이 크기에 소통에 대한 만족감이 상대방에 대한 친밀감 형성으로 쉽게 연결되지 않는다는 것이다. 직장 구성원에 대한 친밀감이 잘 형성되어 있는 경우, 구성원들의 회사, 직무에 대한 만족감이 높을 가능성이 있고, 더 나아가 조직 전체의 활동과 목표 달성에도 도움이 될 수 있다. 본 조사 결과를 토대로 해석한다면, 직장 관계자들과의 친밀감을 형성하기 위해서는 이들과의 사적 소통을 진행하는 등 관계 형성 및 유지에 대한 의식적인 노력이 필요하다. 그러나 코로나19 상황에서 비대면 소통 방식이 확산되고, 공적 소통을 위한 비대면 소통 방식의 효율성과 장점 등을 지속적으로 경험하게 되면서 친밀감보다는 소통의 효율성이 보다 중시되고, 이러한 소통이 향후 일반화, 제도화될 가능성이 크다고 볼 수 있다. 직장 구성원들과 회식 등을 통해 친밀감을 높이고, 이를 토대로 업무를 수행하던 관행이 향후에는 변화될 가능성이 크다.

## 3. 포스트코로나 시대 친구·지인 간 소통 및 관계 변화 전망

코로나19로 인해 친구 및 지인과의 소통에서도 변화가 발생했다. 사회적 거리 두기 시행으로 인해 친구, 지인뿐만 아니라 친한 친구와의 대면 소통 빈도 또한 크게 감소하였다. 친한 친구의 경우, 일정 부분 비대면 소통 빈도가 증가했지만, 소통 만족도가 감소했고 친밀감 또한 감소했다. 대면 소통 빈도는 지인, 친구, 친한 친구 등 친밀감이 약한 관계일수록 더 많이 감소했고, 소통의 만족감과 관계 친밀감 또한 지인, 친구, 친한 친구 순으로 감소했다. 이는 코로나19로 인해 '친구'라는 자발적인 사회적 관계가 전반적으로 약화되었고, 그중에서도 결속력이 약한 관계(weak ties)에서 이러한 경향이 두드러짐을 보여준다. 친구 및 지인과의 소통은 대면 소통뿐만 아니라 비대면 소통 빈도 또한 감소했다는 특징이 있다. 친구, 지인과의 비대면 소통 빈도가 감소했다는 인식은 직장이나 학교 등에서 시행된 비대면 소통 빈도의 증가로 인한 상대적인 인식일 수 있다. 이러한 결과는 친구라는 자발적인 사회적 관계에서 친밀감을 형성하기 위해서는 대면 소통이 결정적이며, 대면 소통의 빈도가 감소할 경우 친밀감이 약화되고, 이로 인해 비대면 소통 빈도 또한 감소하는 역학관계를 보여주는 것으로도 해석될 수 있다.

코로나19 상황에서 친구 관계의 대면/비대면 소통 빈도 변화와 소통 만족감, 관계 친밀감에 대한 연구들은 대면 소통과 비대면 소통 방식이 친구에 대한 소통 만족감과 관계 친밀감에 기여함을 보여주었다. 그러나 친한 친구의 경우처럼, 비대면 소통 빈도의 증가가 대면 소통 빈도의 감소를 대체하거나 보완하기 어려운 부분이 있다. 이러한 결과는 추후 포스트코로나 시대의 친구 관계가 어떻게 변화할 것인지를 예측할 수 있게 한다. 친한 친구와는 비대면 소통 방식이 더욱 강화될 가능성이 있다. 친한 친구는 이미 친밀감이 형성된 관계이기에 이들과의 소통에 대한 욕구가 강하고, 이로 인해 다양한 비대면 소통 기술들을 활용하여 소통할 가능성이 있기 때문이다. 그러나 친구 및 지인과의 만남, 소통은 코로나19 발생 전 수준을 회복하기는 어려울 것으로 보인다. 코로나19로 인해 우리 사회는 더욱 개인화되었고, 개인의 사회적 네트워크가 보다 위축될 가능성이 크다. 향후 등장할 새로운 비대면 소통 기술들은 친구 및 지인과의 새로운 소통 기회를 제공할 수 있을 것이다. 그러나 배우자의 부모 및 형제자매 등의 경우처럼, 코로나19 상황을 겪으며 변화된 개인의 소통 네트워크가 친구 관계에도 적용될 가능성이 있다. 사람들은 결속력이 강한 관계뿐만 아니라 결속력이 약한 관계에서도 다양한 혜택을 얻을 수 있다. 친구 및 지인처럼 상대적으로 결속력이 약한 관계를 보다 활성화하고, 그로 인한 혜택을 누리기 위해서는 소통에 대한 의식적인 노력이 필요하다. 포스트코로나 시대에는 이를 위한 개인 또는 사회적 차원의 노력이 시도될 가능성이 있다.

## 4. 포스트코로나 시대 미디어 이용 변화에 대한 전망

코로나19 발생 후, 개인화된 미디어 이용과 PC/모바일을 통한 콘텐츠 소비가 급격히 증가했다. 특히 PC/모바일을 사용한 유튜브 이용 빈도가 가장 크게 증가한 것으로 확인되었다. 유튜브는 알고리즘을 활용해 개인의 관심, 수요에 부합하는 다양한 미디어 콘텐츠를 동시에 제시하므로 개인에게 최적화된 미디어로 간주될 수 있다. 개인화된 미디어 및 유튜브 이용 빈도의 증가는 코로나

19 이전부터 나타난 현상이지만, 코로나19로 인해 실내에서 체류하는 시간이 증가하면서 이용량이 더욱 증가한 것으로 확인되었다. 코로나19 시기의 미디어 이용 경험은 일종의 패턴으로 정착하여, 포스트코로나 시대에도 이러한 경향이 지속적으로 유지되거나 확산될 가능성이 크다.

코로나19로 인해 친구 및 지인과의 물리적 접촉이 제한된 상황에서 인터넷을 이용한 소셜 네트워크 서비스(SNS)의 이용량도 증가했다. 코로나19 시기에는 SNS를 통한 간접적인 소통이 직접적인 소통을 대체하거나 보완하는 역할을 수행했을 것으로 추정된다. 포스트코로나 시대에도 인터넷을 통한 간접적인 모임 및 소통이 가속화될 것이며, 직접적인 사회적 모임의 효과를 대체하기 위한 기술적인 노력도 지속될 것이다. 간접적인 소통을 위해 인터넷이 구현하는 가상적 환경은 실제 환경과 더욱 유사해질 것이며, 이러한 흐름 속에서 메타버스 인터넷 플랫폼 등을 활용한 개인 간 가상 접촉 및 소통이 실질적인 접촉 또는 소통과 근접해질 것이다.

# Ⅳ
# 맺음말

사람들은 타인과 다양한 방식으로 소통하고, 관계를 형성한다. 사람들은 타인과 직접 대면하여 소통하기도 하고, 편지나 전화, 컴퓨터 등 미디어를 통해 간접적인 방식으로 소통하기도 한다. 미디어 기술과 인터넷의 발달은 미디어를 이용한 간접적인 소통 능력을 월등히 향상시켰다. 미디어를 통한 간접적인 소통은 시간과 장소의 한계를 초월한 소통을 가능케 했고, 다수의 사람들이 동시에 정보를 교환할 수 있는 기반이 되었다. 최근 빈번히 이용되고 있는 개인화된 소통 미디어(영상 통화, 화상 회의 등)는 대면 소통의 상당 부분을 대체, 보완하고 있다. 그러나 개인 간 소통은 정보 교환이라는 기능적 결과뿐만 아니라 인간관계의 형성 및 유지, 인간관계에 대한 개인적인 욕구를 충족시킨다. 인간은 소통을 통해 사회적 관계를 형성하고, 이러한 사회적 관계에서의 친밀감은 개인의 행복감을 결정하는 주요 요소이다. 팬데믹은 개인 간의 직접적인 소통에 영향을 미치므로 인간관계, 더 나아가 개인의 행복에도 영향을 미친다. 최근 2년 간 지속된 코로나19로 인해 사회적 거리두기가 장기간 시행되었고, 이전의 팬데믹 상황과 달리 이번 코로나19는 간접적인 소통 기술 기반이 구축된 상황에서 발생했다는 점에서 이전과는 질적으로 다른 부분이 있다. 코로나19의 사회적 영향을 이해하고, 포스트코로나 시대의 한국 사회를 전망하기 위해 우리가 파악해야 할 부분은 새로운 소통 기술을 활용한 간접적인 비대면 소통이 얼마나 확대되었는지, 그리고 이러한 간접적인 소통이 직접 소통의 기능과 역할을 얼마나 대체했는지에 관한 것이다.

본 연구진이 수행한 설문조사는 첫째, 비대면 소통이 대면 소통, 특히 회사에서의 대면 소통 기능을 상당 부분 대체했음을 보여준다. 정보의 교환을 통한 공동의 목표 달성이라는 소통의 기능적 역할은 비대면 소통 방식으로 상당 부분 대체되었다. 코로나19 시기에 직장 상사, 동료와의 대면 소통 빈도는 상당 부분 감소했고, 공적 성격의 비대면 소통 빈도가 크게 증가했다. 그러나 소통에 대한 만족감은 코로나19 발생 전에 비해 오히려 증가한 것으로 확인되었다. 둘째, 비대면 소통 빈도의 증가는 관계의 친밀감 형성 및 유지에 영향을 미치지 못했다. 이로 인해 코로나19 시기에 직장 구성원들에 대한 관계 친밀감이 크게 감소했다. 셋째, 비대면 소통은 친밀감이 충분히 형성되어 있는 사회적 관계에 한해 소통의 만족감이나 관계 친밀감 증가에 도움이 되는 것으로 확인되었다. 성인의 경우, 부모와의 직접적인 대면 소통 빈도가 크게 감소했고, 비대면 소통 빈도가 증가했다. 그럼에도 불구하고 부모와의 관계 친밀감이 유지되었다. 이는 비대면 소통을 잘 활용할 경우, 관계의 친밀감과 행복감 증진에 도움이 될 수 있음을 시사한다. 그러나 친밀감이 형성되지 않은 친족이나 지인 등의 관계에서는 대면 접촉 빈도가 감소하면서 이들에 대한 관계 친밀감이 감소했고, 비대면 소통에 대한 요구를 충족하지 못해 친밀감이 감소하는 결과를 낳았다. 그리고 가족관계와 달리, 친구 관계에서는 친한 친구라 할지라도 관계 친밀감과 관련하여 비대면 소통이 대면 소통을 대체하지 못했다. 이는 친구 관계에서도 비대면 소통이 일정 부분 한계가 있음을 시사한다.

코로나19로 인해 개인 간의 직접적인 대면 소통과 간접적인 비대면 소통은 상당한 변화를 겪었다. 이러한 변화는 대면 소통의 중요성과 비대면 소통의 잠재력, 그리고 한계를 보여준다. 향후 비대면 상황에서의 소통 기술은 더욱 발전할 것이며, 이러한 기술이 우리의 삶에 더욱 깊숙이 파고들 것이다. 그럼에도 불구하고 비대면 소통의 발전은 대면 소통의 소중함을 우리에게 각인시킬 것이다.

## 참고문헌


구동환. (2021, 4, 26). '코로나19 이후...' 달라진 가정의 달 신풍속도. 〈일요시사〉. https://www.ilyosisa.co.kr/news/article.html?no=228777

국립국어원 표준국어대사전. (2021). 가족.

https://www.korean.go.kr/front/onlineQna/onlineQnaView.do?mn_id=216&qna_seq=214609

김명중. (2020). 코로나19로 바뀐 일상과 미디어 소비 행태: 새로운 기회와 보이지 않는 위협 사이에서. 이영한 (기획), 〈포스트코로나 대한민국: 집단지성 27인의 성찰과 전망〉 (244-237쪽). 한울.

김지현·최영준. (2021). 코로나19 시기 가족관계 만족도 변화는 어떻게 설명할 수 있는가? 남성 가사분담의 역할을 중심으로. 〈비판사회정책〉, 70권, 101-132.

김태선·도현심. (2017). 부-자녀 및 모-자녀 의사소통이 남녀 청소년의 행복감에 미치는 영향: 신체상의 매개적 역할. 〈청소년학연구〉, 24권 10호, 107-138.

김효숙. (2007). 조직-사원 관계성의 선행요인으로서의 조직 구조와 내부 커뮤니케이션. 〈한국광고학보〉, 9권 2호, 61-95.

김효창. (2017). 〈인간관계론〉. 교육과학사.

나은영. (2015). 〈인간 커뮤니케이션과 미디어: 소통 공간의 확장〉. 한나래.

남궁석. (2021). 〈바이러스, 사회를 감염하다〉. 바이오스펙테이터.

닐슨미디어코리아. (2020). 2020 닐슨 코리아 뉴스 미디어 리포트.

류성진. (2015). 가족 커뮤니케이션. 이준웅·박종민·백혜진 (편), 〈커뮤니케이션 과학의 지평〉 (101-153쪽). 나남.

박시진. (2020). 포스트 코로나 시대의 인사관리: 원격근무제를 중심으로. 〈한국인사행정학회보〉, 19권 4호, 363-373.

박종서·최선영·김유경·변수정·조성호·김주현·노현주·염아림. (2020). 한국 가족의 변동 특성과 정책적 함의: 1997년 외환위기 이후 변화를 중심으로. (한국보건사회연구원 연구보고서, 2020-54). http://repository.kihasa.re.kr/bitstream/201002/37800/1/%EC%97%B0%EA%B5%AC%EB%B3%B4%EA%B3%A0%EC%84%9C%20 2020-54.pdf

방영덕. (2021, 7, 13). "내일은 또 어쩌나…하루하루가 살얼음판 됐다" 벼락 원격수업에 학부모 교사 '멘붕'. 〈매일경제〉. https://www.mk.co.kr/news/society/view/2021/07/676538/

보건복지부. (2020, 3, 14). 코로나바이러스감염증-19 중앙재난안전대책본부 정례브리핑. http://ncov.mohw.go.kr/tcmBoardView.do?contSeq=353549

보건복지부. (2020, 3, 22). 15일간 강력한 사회적 거리 두기, 정부부터 앞장서 실천한다! [보도자료]. http://www.mohw.go.kr/react/al/sal0301vw.jsp?PAR_MENU_ID=04&MENU_ID=0403&page=1&CONT_SEQ=353673

서울특별시. (2020). 2021 도시정책지표조사 보고서. https://data.seoul.go.kr/dataList/OA-15564/F/1/datasetView.do

손정민. (2019). 공무원의 조직커뮤니케이션이 직무태도에 미치는 영향: 긍정심리자본의 매개효과를 중심으로. 〈행정논총〉, 57권 4호, 349-382.

신호창. (2013). 〈사내 커뮤니케이션〉. 커뮤니케이션북스.

우종무·이명천. (2017). 소통 만족과 정부 조직 성과: 공무원의 내·외부 소통 만족, 직무 만족, 조직 몰입, 조직 시민 행동, 공공 봉사 동기를 중심으로. 〈홍보학연구〉, 21권 6호, 33-68.

유철규. (2020). '코로나-19'가 바꾼 노동 공간: 재택근무 확산. 〈월간 공공정책〉, 174권, 8-9.

윤기봉·김민주·이운경. (2018). 부모-자녀 간 의사소통이 청소년의 행복감에 미치는 영향: 온라인 친구관계 질의 중재효과. 〈사회과학연구논총〉, 34권 1호, 173-202.

윤지호. (2020, 3, 17). 전염병이 바꾼 인류의 역사. 〈월간중앙〉, 202004호. http://jmagazine.joins.com/monthly/view/329426

이민아·신철균·강정한. (2018). 친구는 많을수록 좋은가? 친구 연결망의 크기가 중학생의 친구관계의 질에 미치는 영향. 〈아시아교육연구〉, 19권 3호, 627-649.

이선영. (2015). 결혼 이주 여성의 결혼 만족에 대한 부부 커뮤니케이션, 부부의 문화 적응 및 성 역할 인식의 영향. 〈한국언론학보〉, 59권 6호, 41-68.

이진숙·김은주. (2013). 아동의 기질, 부모자녀 의사소통, 또래관계가 아동의 행복감에 미치는 영향. 〈한국생활과학회지〉, 22권 5호, 433-445.

인사혁신처. (2020). 2020년 공무원 근무혁신 지침. https://www.mpm.go.kr/mpm/open/openData/openDataList/?boardId=bbs_0000000000000043&mode=view&cntId=435

임수경·이형실. (2007). 청소년의 자아존중감, 부모와의 관계, 친구관계가 학교생활적응에 미치는 영향. 〈한국가정과교육학회지〉, 19권 3호, 169-183.

정다은·장혜정·정성은. (2022). 팬데믹 시기의 대인 소통과 관계 친밀감 변화. 〈한국소통학보〉, 21권 1호, 203-252.

주국희. (2020). 코로나19에서 겪는 가족갈등, 가족 내 성평등, 나아가 소통. 〈여성우리〉, 64호, 10-13.

주영하·선민정. (2018). 조직문화가 종사자의 직무만족도에 미치는 영향: 의사소통의 매개효과를 중심으로. 〈디지털융복합연구〉, 16권 7호, 153-164.

질병관리청. (2021, 11, 1). 단계적 일상회복 이행계획 발표 단계적·점진적, 포용적, 국민과 함께하는 일상회복 추진. [보도자료]. http://ncov.mohw.go.kr/tcmBoardView.

do?contSeq=368300

질병관리청. (2021, 12, 26). 코로나19 예방접종 및 국내 발생 현황. [보도자료]. http://ncov.mohw.go.kr/tcmBoardView.do?brdId=3&brdGubun=31&dataGubun=&ncvContSeq=6227&contSeq=6227&board_id=312&gubun=ALL

최세정. (2020). 코로나19로 인한 집콕시대, 미디어 커머스 플랫폼 시장의 생태계 변화. (미디어 산업 보고서 시즌4: 1인 미디어 산업 동향, Vol. 1, 5월호). 한국전파진흥협회. http://old.atic.ac/sub10/view.php?s_category=1%EC%9D%B8%EB%AF%B8%EB%94%94%EC%96%B4%EC%B0%BD%EC%9E%91%EC%9E%90%EC%96%91%EC%84%B1%EC%84%BC%ED%84%B0&number=26&table_name=notice2&num=14

추상엽·임성문. (2010). 고등학생의 친구관계와 우울 간 자기회귀 교차지연 효과 검증. 〈청소년학연구〉, 17권 11호, 335–357.

통계청. (2019, 12, 16). 장래가구추계 시도편: 2017~2047년. [보도자료]. https://kostat.go.kr/portal/korea/kor_nw/1/1/index.board?bmode=read&aSeq=379314

한국지능정보사회진흥원. (2021). 2020년 스마트워크 실태조사 보고서. https://www.nia.or.kr/site/nia_kor/ex/bbs/View.do?cbIdx=95618&bcIdx=22958&parentSeq=22958

황상재. (2006). 〈조직커뮤니케이션 이해〉. 법문사.

Alder, R. B., & Proctor, R. F. (2015). *Looking out looking in* (14th ed.). Cengage Learing. 정태연 (역) (2015). 〈인간관계와 의사소통의 심리학〉. 교육과학사.

Baumeister, R. F., & Leary, M. R. (1995). The need to belong: Desire for interpersonal attachments as a fundamental human motivation. *Psychological Bulletin, 117*(3), 497529. https://doi.org/10.1037/0033-2909.117.3.497

Baym, N. K., Zhang, Y. B., & Lin, M. (2004). Social interactions across media: Interpersonal communication on the Internet, telephone, and face-to-face. *New Media & Society*, *6*(3), 299–318. https://doi.org/10.1177/1461444804041438

Becker, J. A. H., Johnson, A. J., Craig, E. A., Gilchrist, E. S., Haigh, M. M., & Lane, L. T. (2009). Friendships are flexible, not fragile: Turning points in geographically-close and long-distance friendships. *Journal of Social and Personal Relationships, 26*(4), 347–369. https://doi.org/10.1177/0265407509344310

Berger, C. R., & Roloff, M. E. (1982). Thinking about friends and lovers. In M. E. Roloff & C. R. Berger (Eds.), *Social cognition and communication* (pp. 151–192). Sage.

Blieszner, R., & Roberto, K. A. (2009). Friendship across the life span: Reciprocity in the individual and relationship development. In F. Lang & K. Fingerman, K. Fingerman (Eds.), *Growing together: Personal relationships across the life span* (pp. 159–182). Cambridge University Press. https://doi.org/10.1017/

CBO9780511499852.007

Bryant, E. M., & Marmo, J. (2012). The rules of Facebook friendship: A two-stage examination of interaction rules in close, casual, and acquaintance friendships. *Journal of Social and Personal Relationships, 29*(8), 1013-1035. https://doi.org/10.1177/0265407512443616

Burleson, B. R., & Denton, W. H. (1997). The relationship between communication skill and marital satisfaction: Some moderating effects. *Journal of Marriage and Family, 59*(4), 884-902. https://www.jstor.org/stable/pdf/353790

Crotty, P., & Kulys, R. (1985). Social Support Networks: The Views of Schizophrenic Clients and Their Significant Others. *Social Work, 30*(4), 301-309. https://www.jstor.org/stable/23714497

Edwards, A. P., & Graham, E. E. (2009). The relationship between individuals' definitions of family and implicit personal theories of communication. *Journal of Family Communication, 9*(4), 191-208. https://doi.org/10.1080/15267430903070147

Galvin, K. M., & Brommel, B. J. (1982). *Family communication: Cohesion and change.* Foresman.

Hays, R. B. (1989). The day-to-day functioning of close versus casual friendships. *Journal of Social and Personal Relationships, 6*(1), 21-37. https://doi.org/10.1177/026540758900600102

Helsen, M., Vollebergh, W., & Meeus, W. (2000). Social support from parents and friends and emotional problems in adolescence. *Journal of Youth and Adolescence, 29*, 319-335. https://doi.org/10.1023/A:1005147708827

Jehn, K. A., & Shah, P. P. (1997). Interpersonal relationships and task performance: An examination of mediating processes in friendship and acquaintance groups. *Journal of Personality and Social Psychology, 72*(4), 775-790. https://doi.org/10.1037/0022-3514.72.4.775

Johnson, C. Y., Sun, L., Freedman, A. (2020, March 10). Social distancing could buy U.S. valuable time against coronavirus. *The Washington Post*. https://www.washingtonpost.com/health/2020/03/10/social-distancing-coronavirus/

Katz, D., & Khan, R (1978). *The social psychology of organizations* (2nd ed.). Wiley.

Koerner, A. F., & Fitzpatrick, M. A. (2002). Toward a theory of family communication. *Communication Theory, 12*(1), 70-91. https://doi.org/10.1111/j.1468-2885.2002.tb00260.x

Meeks, B. S., Hendrick, S. S., & Hendrick C. (1998). Communication, love and relationship satisfaction. *Journal of Social and Personal Relationships, 15*(6), 755-773. https://journals.sagepub.com/doi/pdf/10.1177/0265407598156003

Miller, K. (2002). *Organizational communication: Approaches and processes* (3rd ed.). Cengage Learding. 안주아·신명희·이희복 (역) (2006). 〈조직커뮤니케이션: 접근과 과정〉. 커뮤니케이션북스.

Noller, P. (1995). Parent–adolescent relationships. In M. A. Fitzpatrick & A. L. Vangelisti (Eds.), *Explaining family interactions* (pp. 77–111). Sage.

Our World in Data (2021). *Coronavirus Pandemic (COVID–19) – the data*. https://ourworldindata.org/coronavirus–data

Parker, J. G., & Gottman, J. M. (1989). Social and emotional development in a relational context: Friendship interaction from early childhood to adolescence. In T. J. Berndt & G. W. Ladd (Eds.), *Peer relationships in child development* (pp. 95–131). Wiley.

Shimanoff, S. B. (2009). Rules governing the verbal expression of emotions between married couples. *Western Journal of Speech Communication*, *49*(3), 147–165. https://doi.org/10.1080/10570318509374191

Shockley-Zalabak, P. S. (2014). *Fundamentals of organizational communication: Knowledge, sensitivity, skills, values* (9th ed.). Pearson.

Sillars, A. L., & Scott, M. D. (1983). Interpersonal perception between intimates: An integrative review. *Human Communication Research*, *10*(1), 153–176. https://doi.org/10.1111/j.1468–2958.1983.tb00009.x

Simon, H. (1997). Administrative behavior (4th ed.). Free Press.

Trenhom, S., & Jensen, A. (2013). *Interpersonal communication* (7th ed.). Oxford University Press.

Vangelisti, A. L. (2013). *The Routledge handbook of family communication*. Routledge.

Wellman, B., & Wortly, S. (1990). Different strokes from different folks: Community ties and social support. *American Journal of Sociology*, *96*(3), 558–588. https://www.jstor.org/stable/2781064

Wilkinson, R. B. (2004). The role of parental and peer attachment in the psychological health and self–esteem of adolescents. *Journal of Youth and Adolescence*, *33*, 479–493. https://doi.org/10.1023/B:JOYO.0000048063.59425.20

Wright, P. H. (1984). Self–referent motivation and the intrinsic quality of friendship. *Journal of Social and Personal Relationships*, *1*(1), 115–130. https://doi.org/10.1177/0265407584011007

제4장

# COVID-19 팬데믹, 아동 돌봄과 교육 생태계의 변화와 미래 교육

**성지현** 아동 · 청소년학과 교수

코로나바이러스감염증-19(Coronavirus Disease-19; COVID-19; 이하 코로나19)는 중국 우한에서 집단 '바이러스성 폐렴' 사례가 보고된 후, 2019년 12월 31일에 세계보건기구(World Health Organization, 이하 WHO)가 새로운 코로나 바이러스를 확인하여 보고하면서 세상에 처음 알려지게 된 감염병이다. 2020년 3월 11일 세계보건기구(WHO)가 세계적인 유행을 의미하는 팬데믹(pandemic)을 선포한 이후 국경 폐쇄, 여행 금지, 의료체계 붕괴, 어린이집·유치원·학교 등교 중지, 자가 격리 등 전례 없던 변화와 제약들의 연속으로 전 세계인은 혼란과 마비 상태에 빠졌다. 우리의 일상생활은 여러 가지 방역계획과 행동수칙에 의해 제한되기 시작하면서, 이전과 다른 일상으로의 큰 변화를 맞이하였다. 2021년 12월까지 코로나19로 인하여 세계적으로 2억 7천 명 이상의 확진자와 535만 명 이상의 사망자가 발생하였다(WHO, 2021). 전 세계인이 코로나19의 종식을 기다리고 있으나 현재 많은 국가들은 '포스트 코로나(post-COVID-19)'로 코로나19가 종식되어 다시 예전과 같은 일상을 되찾기보다는 바뀐 새로운 일상 속 '뉴노멀(new normal)'[1]을 논의하며 '위드 코로나(with COVID-19)'로 대응책을 마련하고 있다. 본 장에서는 코로나19 팬데믹으로 인해 한국 아동 돌봄과 교육 생태계에서 달라진 변화들을 여러 측면에서 살펴보고, 적응과 대응의 이슈들을 논의하였다. 이를 통해 아동의 교육과 보호를 위한 미래 대응 방향과 주요 과제들을 모색해 보고자 한다.

---

1) 시대 변화에 따라 새롭게 떠오르는 기준 또는 표준

# I

# 코로나19로 인한 가정의 사회경제적 변화와 자녀 양육 및 돌봄

학교, 유치원, 어린이집의 개학 연기, 휴교/휴원, 일시 폐쇄 등은 감염병 예방을 위해 필요한 조치였음에도 불구하고, 자녀를 양육하고 교육하는 책임을 1차적으로 맡고 있는 개별 가정에서는 고용 상태의 불안정과 근로 형태 변화로 일과 가정의 양립과 돌봄 공백 등 여러 가지 어려움을 겪었다. 육아정책연구소에서 2020년 3월 말(564명)과 7월 초(349명) 2차례에 걸쳐 '코로나19 육아분야 대응체계 점검 및 돌봄 공백 지원 방안'을 연구한 보고서(최윤경 외, 2020)에 따르면 가정 내 사회경제적인 변화, 가족관계 및 생활시간의 변화, 자녀 양육 및 돌봄에 대한 크고 작은 변화가 있었던 것으로 나타났다.

## 1. 가정 내 사회경제적 변화

초등학교 3학년 이하의 자녀를 양육하는 가구의 가정 내 사회경제적인 변화를 살펴보면, 소득과 근로시간 및 고용상 변화가 있었다(최윤경 외, 2020). 가계소득이 낮을수록 가계소득 감소에 대한 체감이 컸고, 부모 학력에 따른 아버지의 경제활동 상태에 대한 응답에 유의한 차이가 있었다. 가계소득은 '약간 또는 상당히 줄어들었다'고 보고한 응답자가 32.1%로 가장 많았고, 아버지와 어머니 모두 각각 19%가 '근로시간이 줄어들었다'고 보고하였다. 경제활동 상태가 나빠졌다고 보고한 응답은 아버지 20.7%, 어머니 16.9%로 나타났다. 가구별 지출이 늘어났다고 보고한 응답이 36.3%, 자녀양육비 지출이 늘어났다고 보고한 응답이 29.8%였다.

특히 특별재난지역(대구, 청도, 경산 등)에서는 다른 지역에 비해 경제활동 상태가 나빠졌다는 응답이 상대적으로 많았다. 예를 들어, 가구소득의 감소 비율이 더 높았고, 아버지의 경제활동 상태가 나빠졌다는 응답이 조금 더 많았다. 또한 부모의 학력수준이 낮을수록 아버지의 경제활동 상태가 나빠졌다는 응답비율이 더 많았다. 2020년 7월 2차 조사 결과 3월 1차 조사 결과와 비교하여 가구소득에 변화가 있었다는 응답은 39.8%였고, 근로시간은 1차 조사 결과와 큰 차이가 없는 것으로 나타났다.

## 2. 가족관계 및 생활시간

가족관계 및 생활시간을 살펴본 결과, 2020년 3월 1차 조사 시 부모의 근로시간이 다소 줄고 집 안에 있는 시간(85.5%), 자녀와 보내는 시간(72.2%), TV/미디어 사용(77.8%)이 크게 증가한 것으로 나타났다(최윤경 외, 2020). 이에 따라 부모-자녀 관계와 부부관계가 좋아졌다는 긍정 응답이 각각 38.7%, 20.9%로 보고된 반면, 관계가 나빠졌다는 부정 응답은 부모-자녀관계가 6.6%, 부부관계 10.3%로 나타났다. 2차 조사에서는 집 안에 있는 시간, 자녀와 보내는 시간, 온라인/미디어 이용시간이 다소 줄어든 것으로 나타나 시기별, 지역별 감염대응과 지침이 일상생활의 변화에 영향을 미치는 것을 볼 수 있었다. 특히, 기초생활수급/차상위계층 가정이나 한부모 가정, 장애와 같은 취약특성이 있는 가구의 경우, 그렇지 않은 가구와 비교하였을 때 코로나 팬데믹 이후 부모-자녀관계와 부부관계가 나빠졌다는 부정적 응답이 더 많은 것으로 나타났다. 즉, 가구소득을 포함하여 취약특성을 가진 자녀양육 가구의 사회경제적 어려움이 가중되고, 부모-자녀관계와 부부관계 또한 부정적으로 바뀐 것으로 응답하여, 빈곤 및 취약가구에 대한 더 체계적인 자녀 돌봄 지원과 사회경제적 지원이 필요함을 보여주었다.

## 3. 자녀 양육 및 돌봄

교육부(2020)의 1차 긴급돌봄(2020. 3. 2.~2020. 3. 6) 수요조사에 의하면, 전체 초등학교 학생의 긴급돌봄 참여 비율이 1.8%인 것에 비하여 전체 유치원 유아의 긴급돌봄 참여 비율은 11.6%로 돌봄 수요가 크게 높았다. 자녀 양육 및 돌봄 경험에 대한 조사결과(최윤경 외, 2020), 코로나19 확산초기(2020년 3월) 유아교육기관의 휴원/휴업으로 인해 '돌봄공백'을 경험했다고 응답한 비율이 1차 조사 결과 36.2%로 나타났고, 2차 조사 결과(2020년 7월)에서는 37.5%로 코로나19가 장기화되면서 '돌봄공백'을 경험한 사람들이 증가했음을 보여주었다. 맞벌이가구의 약 절반인 49.4%, 외벌이가구의 약 21.2%가 돌봄공백으로 인한 어려움을 경험했다고 보고하였다. 직장 내 자녀돌봄지원제도는 유급휴가(49.2%), 재택근무(36.1%), 유연근무제(31.9%), 무급휴가(22.4%), 근로시간단축(21.9%), 육아간 지원(18.3%), 가족돌봄휴가(15.8%)순으로 사용한 것으로 나타났으며, 이러한 자녀돌봄지원제도는 외벌이 가구보다 맞벌이 가구의 이용빈도가 높았고, 유급휴가를 제외하고 다른 돌봄지원제도의 경우 아버지보다 어머니의 이용률이 높았다. 그리고 특별재난구역과 취약특성이 있는 가구에서 돌봄공백 경험 응답률이 상대적으로 높았다.

코로나19 상황으로 인해 자녀양육을 위한 서비스 이용에 변화가 있었다고 응답한 가구가 59%였다. 2020년 코로나19로 인한 휴원이나 휴업 동안 자녀 양육 및 돌봄을 위해 '가정 내 양육을 한다'

고 응답한 경우가 73.3%로 가장 많았으며, 다음으로 조부모/친인척에게 도움을 받은 경우 24%, 자녀가 다니던 기관 이용을 지속한 경우는 16.8%, 기존에 이용하던 곳을 그만두고 다른 곳을 이용한 경우 4.8%, 돌보는 사람 이용을 그만둔 경우는 2.7%로 나타났다. 만 0~2세 영아의 경우 어린이집, 사설놀이공간, 육아종합지원센터 등 모든 시설의 이용이 감소하였고, 만 3~5세 유아의 경우 어린이집이나 유치원 이용은 모두 큰 폭으로 감소하였고, 부모가 직접 돌보거나 조부모/친인척 돌봄이 큰 폭으로 증가하였다. 코로나19 팬데믹으로 맞벌이 가구와 취약특성을 가진 가구의 경우 자녀양육과 돌봄의 서비스를 더 필요로 하고, 이용에 어려움이 많았음을 보여주었다. 코로나19로 아동돌봄가구의 가장 큰 어려움에 대한 설문결과, 가계수입 변화가 18.6%로 가장 컸고, 사회적 교류/바깥활동 제약 12.0%, 자녀돌봄 공백 발생 11.7%, 어머니의 직장생활 유지 11.5%, 자녀 양육비 증가 11.2% 순으로 나타났으며, 1~3순위 다중응답한 결과에서 '불안/우울/스트레스'가 30.7%로 많은 비중을 차지하여 아동돌봄가구의 어려움은 돌봄 공백에 국한되는 것이 아니라 고용 상태나 소득, 사회활동 제약과 정신건강의 어려움을 함께 경험하고 있는 것으로 나타났다(최윤경, 2020).

위에서 살펴본 가정 내 사회경제적 변화와 자녀양육 돌봄에 대한 조사 결과는 코로나19가 확산되던 2020년 상반기 조사자료로, 코로나19가 2년 가까이 지속된 현재 시점에서의 후속 연구 결과는 아직 없다. 그러나 2020년 5월과 11월 2차례에 거쳐 온라인조사를 실시한 연구(손서희, 성미애, 유재언, 이재림, 장영은, 진미정, 2021)에 의하면 코로나19 기간 동안 가구소득이 유지되거나 개선된 가정은 주관적 행복은 높아지고, 가족 탄력성이나 양육스트레스, 일-가족 갈등을 포함한 스트레스는 변화가 거의 없었다. 그러나 가계소득이 악화된 가정의 경우 가족생활, 심리적 복지 등에 부정적 영향을 미치면서 코로나19 이후 경제가 K자형으로 양극화할 것이라는 전망(조대형, 김정주, 2020)과 같이 가계경제의 양극화는 가족생활과 심리적인 부분에서도 K자형 양극화를 초래하고 있는 것으로 보았다(손서희 외, 2021).

# Ⅱ

# 코로나19로 인한 보육·교육기관의 운영변화와 현장대응

국내 영유아들의 기관 취원율은 OECD국가 평균보다 약간 높은 편이다. 2020년 만 3~5세 유아들 중 어린이집에 다니는 유아는 543,506명, 유치원에 다니는 유아는 612,538명으로 전체 유아 중 92.5%의 취원율을 보이고 있었다(교육부 한국교육개발원, 2021). 만 3세 이하 영아들(2018~2020년생 901,835명)은 700,890명이 어린이집에 재원하며 77.7%의 취원율을 보이고 있다(보건복지부, 2021). 반면에 초등교육은 교육기본법 제8조에 의한 의무교육이므로 만 6세에 이른 아동은 모두 초등학교에서 무상으로 교육을 받아야 하고, 국가가 이를 위해 필요한 조치를 강구해야 한다. 따라서 코로나19로 인해 의무교육대상이 아닌 영유아가 이용하던 어린이집과 유치원의 운영현황과 지원은 의무교육대상인 초등·중학교의 운영현황 및 지원과 매우 달랐다. 아동에게 가정 다음으로 중요한 환경인 보육·교육기관은 코로나19로 인해 기관폐쇄나 개학 연기(등원 지연), 원격 수업 등 변화가 있었고, 이러한 변화는 영유아를 포함한 아동의 삶에 적지 않은 영향을 미쳤다.

## 1. 영유아 보육·교육기관의 코로나19 대응과 보육·교육과정 운영 현황

코로나19 감염병 예방에 대응하기 위해 개정된 소위 '코로나 3법(감염법의 예방 및 관리에 관한 법률, 검역법, 의료법)'(2020년 2월)을 바탕으로 사회적 거리두기 단계가 시행되고 있다. 이에 따라 휴원/휴교, 일시폐쇄, 외부인 출입관리 및 통원/등교, 출근 중단 등 운영상황이 시시각각 달라졌고, 돌봄 공백이 생겨나고 보육·교육과정의 정상적인 운영이 어려운 실정이다. 보건복지부는 전국 어린이집에 "코로나 바이러스 감염증-19 유행대비 어린이집용 대응지침"(IX판-2021년 11월 22일)을 배포하여 어린이집 영유아 보호자에게 예방접종 참여와 방역수칙 준수를 재차 독려하고 있다. 반면 교육부 관할 기관인 유치원은 초·중등학교와 함께 교육분야 코로나19 관련 지침 안내를 받고 있어서 '코로나19 대응을 위한 2021학년도 유치원 등원수업 및 원격수업 가이드라인(2021. 7)'과 '유·초중등 및 특수학교 코로나19 감염예방 관리 안내'(제5-2판, 2021. 11. 19)'에 따라 운영하고 있다.

교육부와 보건복지부에서 대응지침을 여러 차례에 걸쳐 갱신하여 배포하고 있지만 현장에서는 여전히 더 구체적인 내용을 필요로 하고 있었다(박영아, 조미현, 2020). 박영아, 조미현(2020) 연구의 인터뷰 사례를 보면, 낮잠 시간에 마스크를 착용하기 힘들고, 만 24개월 이하의 영아들은 마스크 착용이 오히려 건강에 해로울 수 있다고 하지만 학부모들이 원하는 경우도 있고, 반대로 만 3세 이상 유아들은 마스크를 써야 하지만 거부하는 유아들도 있었다. 또한 소독제 사용과 관련하여 '수시' 소독을 강조하지만 소독제 사용 후 영유아들이 만지거나 접근하는 것이 괜찮을지 걱정되어 교사들은 소독한 교구교재나 실외놀이기구를 다시 청소하는 경우도 있었다. 감염병 예방을 위한 지침은 영유아들의 연령별, 시간별, 장소별 상황에 따른 지침으로 구체화하고 소독이나 환기 등 대응에 대한 부분도 방법을 분명하게 안내해야 현장에서 혼란을 줄이고, 불필요한 갈등이나 일을 줄일 수 있다.

기관운영상의 어려운 점에 대한 설문조사 결과, 유치원(42.4%)과 어린이집(45%) 모두 '감염예방과 건강수칙의 준수'를 선택하였고(최윤경 외, 2020), 감염예방을 위해 교사들은 하루 2회 영유아들의 발열 체크와 교재교구의 수시소독, 환기, 공기청정기와 냉난방기의 사용 지침 준수, 마스크 종일 착용, 손씻기와 손 소독 지도 및 관리, 소독/위생/건강상태 모니터링, 각종 기록 등 업무 가중과 감염병 예방 및 관리의 어려움을 가장 크게 느끼고 있었다(박영아, 조미현, 2020). 기관 내에 코로나19 의심증상을 보이는 영유아가 있는 경우, 격리 통지를 받은 동거인이 있는 영유아가 등원을 희망할 경우, 진단검사를 실시한 교직원 또는 동거인이 있는 영유아의 경우 등 영유아와 교직원의 등원 중지 및 시설 이용제한 조치로 인해 기관 운영이 상시 비상상황에 놓여 있는 것을 알 수 있다. 또한 고위험군 유아나 특수교육 대상의 유아의 경우, 미등원 또는 결석 영유아들의 경우도 상황에 따라 다르게 출결관리가 요구되고 있고(교육부, 2021), 교사들과 기관에서는 코로나19의 유입 및 감염차단, 확산 방지를 위해 조치하고 대책을 세우다 보니, 보육·교육 계획에 의한 활동이 취소되거나 축소되는 경우도 비일비재한 상황이다.

코로나19시기 기관운영과 관련하여 2020년 3월 말 유치원과 어린이집을 대상으로 조사한 결과(최윤경 외, 2020), 유치원의 코로나 19 전후 학급 수나 원아의 수는 변화가 적은데 반해 어린이집, 특히 영아비율이 높았던 어린이집의 경우 학급 수와 영아의 수가 코로나 이후 많이 줄어든 것으로 나타났다. 조사시점은 휴원/휴업 조치가 이루어진 약 한 달 정도 경과한 시점으로, 학급 수의 감소폭과 영아 원아의 감소폭이 컸고, 이후 입학과 등록의 취소가 계속되었음을 고려할 때 전반적으로 운영상황이 어려워진 것을 알 수 있었다. 학급 수가 변하지 않았다고 보고한 기관은 전체 505개 기관 중 62.4%인 315개 기관이었으며, 32.7%가 1개 이상 학급 수가 줄어들었다고 보고하였는데, 유치원과 어린이집을 구분하여 살펴보면, 학급 수가 감소한 경우는 유치원(12.4%)보다 어린이집(44.5%)이 훨씬 더 많은 것으로 나타났다. 또한 원아 수의 감소 역시 유치원(43%)보다 어린이집(79.9%)이 크게 나타나 어린이집이 원아 수 감소에 의한 운영의 어려움을 겪고 있음을 알 수 있다. 하지만 상당 수의 기관이 원아 수가 감소하였음에도 불구하고, 학급 수를 유지하려고 했음을 짐작할 수 있다. 또한 교직원 수 역시 변화가 없다고 보고한 유치원이 60.2%, 어린이집이 46.4%였고, 1명 이상 교직원 수가 감소한 기관은 유치원이 19.4%인 것에 비하여 어린이집은 36%인 것으로 나타났다.

코로나19로 어린이집이 겪은 어려움과 대응에 관한 다른 연구들(박영아, 조미현, 2020; 박인숙, 배지현, 2020; 손희나, 2020; 신나리 외, 2021)에서도 기관이 소규모일수록 재정적 위기와 업무 과중으로 인한 어려움이 공통적으로 보고되었다. 특히 영아가 재원하는 어린이집의 경우 가정 내 양육이 증가하면서 영아의 가정에서 가정양육수당으로 수령을 전환하고 기관등원을 그만둔 비율이 높은 것으로 나타나 '원아 입학 취소'로 인한 영아 수의 감소, 학급 수의 감소, 교직원의 퇴사 등으로 유치원에 비해 어린이집 운영에 더 큰 어려움을 가져온 것을 알 수 있다. 또한 발열 또는 호흡기 증상으로 인해 업무에서 배재된 교사들은 유급휴가 대상으로 인정되고 대체교사 지원이 가능하지만, 실제로 교사들에게 증상이 나타나 출근하지 못하거나 귀가를 해야 할 경우, 현장에서는 대체교사를 바로 구하는 것이 현실적으로 어려워서 교사의 결원 시 기관에서는 큰 고충을 겪었다(박영아, 조미현, 2020).

코로나19는 2년 넘게 지속되고 있고, 2021년 8월 코로나19의 큰 확산으로 수도권의 사회적 거리두기가 4단계로 격상되면서 모든 어린이집이 휴원에 들어갔다. 하지만 어린이집과 유치원에서 맞벌이 가정 등 가정보육이 힘든 영유아를 위하여 긴급 돌봄 제도를 운영하였다. 다만 긴급보육에 대한 명확한 기준의 부재와 지침이 권고 수준에 머물러 있어, 상당수의 부모가 긴급보육으로 영유아들을 어린이집과 유치원에 보내고 있는 실정이다. 긴급 돌봄은 교실 내 10명 이하의 배치가 지침이지만 인력부족 등으로 10명 이상의 긴급 돌봄을 운영하는 유치원도 25.4%로 나타났다(한치원, 2020). 델타변이의 등장과 함께 감염증 확산이 증가하여 4단계가 한 달째 지속되던 8월 20일 기준 서울의 어린이집 등원율은 68.4%였고, 경기도 내 어린이집 등원율도 69.5%로 70%에 육박하고 있었다(최모란, 2021). 2021년 8월, 유치원 역시 밀집도를 조정하여 등교수업을 하는 기관이 99.2%이고, 원격수업을 하는 기관은 0.3%, 재량휴업을 한 기관이 0.5%로 나타났으며, 2021년 10월 92%의 유아들이 유치원 등교수업을 받고 있는 것으로 나타났다. 새로운 오미크론 변이가 무서운 기세로 확산되는 현재도 비슷한 상황이 이어지고 있다.

이와 같이 유아보육·교육기관의 행·재정적인 운영 측면에서는 불확실성과 불규칙성으로 인해 어려움이 존재하였다. 이러한 변화가 기관의 운영 측면에서는 부정적이었으나 아동 입장에서는 부정적인 측면만 있는 것은 아니었다. 만 2세 미만의 영아들은 기관보다 가정 내 돌봄을 받으며, 기관 체류시간은 감소하고 부모와 함께 보내는 시간과 상호작용할 기회를 더 많이 갖게 되어 발달적 측면이나 장기적인 부모-자녀 관계의 토대를 마련할 수 있다는 점에서 더 긍정적일 수 있다. 영유아들 자신의 신체 리듬에 따라 생활하게 되어 영유아들 입장에서는 더욱 편안하고 느긋해지고, 집단생활로 인한 질병이 감소하였다(서영숙, 2020). 실제로 가정 내 돌봄 현황에 대한 조사(최윤경 외, 2021)에서도 가정의 사회경제적 상황이 나빠지거나 취약특성을 갖지 않은 경우 부모들도 부모–자녀 관계가 좋아졌다고 응답하였다. 기관 내에서도 교사 대 아동 비율이 자연스럽게 감소하여 놀이공간에 여유가 생기고, 영유아 중심의 놀이가 증가하고, 특별활동 강사 등 외부인 출입금지나 제한으로 인해 특별활동이 줄어들어서 영유아가 주도하는 놀이시간이 길어진 긍정적 측면도 있다.

코로나19의 장기화로 인해 교육·보육과정의 정상적인 운영 또한 어렵고 개정된 유아교육과 보육과정의 놀이중심·유아중심 철학을 실천하는 데에도 한계가 있었다. 2020년 3월부터 만 3세 이상 취학전 유아들에게는 '2019개정 누리과정'을 실시하고, 2020년 9월부터 만 3세 이하 영아들을 대상으로 '제4차 표준보육과정'을 실시하는 등 새로 개정된 교육·보육과정을 적용하기 시작하였다. 그러나 코로나19로 인해 개학 전 교사들이 받아야 할 개정 누리과정 연수가 2020년 2월 전면 취소되기도 하였고, 이후 연수도 집합금지로 인해 원격수업으로 대체되었다. 현장에서는 교실 내 거리두기를 실천하고, 신체적 접촉이 발생할 수 있는 집단활동을 제한하고 개별놀이를 권장하고, 비말확산이 유발될 수 있는 음악활동이 금지되거나 놀이자료 사용의 제한 등 영유아들 간의 상호작용, 영유아–교사 간 상호작용이 여러 면에서 제한되어 지도나 놀이지원에도 어려움을 겪고 있는 것으로 나타났다.

교육부는 수차례 개학을 연기하다가 초·중·고등학교 및 특수학교에서 우선 온라인 개학을 실시하였다(교육부, 2020). 그러나 놀이 중심 교육과정인 2019 개정 누리과정의 특성과 유아의 발달 단계상 유치원은 온라인 개학 대신 휴업을 연장하였다. 휴업에 따른 유아의 교육 공백이 커지자 EBS는 이를 보완하기 위해 '2019개정 누리과정'에 맞추어 '우리집 유치원'을 2020년 4월 13일부터 7주간 특별 편성하여 방영하였다(정윤주, 2020). 코로나19의 장기화로 유아교육 현장에서도 결국 원격수업이 시작되자 EBS '우리집 유치원'은 시즌 2와 3으로 연장되었으며, 2021년 3월부터는 원격수업 질 제고를 위하여 교육부의 'i-아이누리(누리과정 포털사이트)', 시·도 교육청 및 유아교육진흥원의 개정누리과정과 연계한 교육 콘텐츠와 가정과 유치원이 연계하여 활용할 수 있는 학부모 놀이 지원자료(예: 놀이꾸러미) 제공, 유치원에서 자체 제작한 온라인 콘텐츠나 부모지원 자료를 배부하는 등 유아들이 다양한 놀이 활동을 경험할 수 있도록 노력을 기울이고 있다(교육부, 2021; 김민정 외, 2020).

## 2. 초등학교의 코로나19 대응과 교육과정 운영현황

아동의 안전 확보와 코로나19의 사회적 확산을 막기 위해 초등학교도 수차례의 개학을 연기한 끝에 2020년 4월 16일부터 초등 4~6학년, 4월 20일부터 초등 1~3학년 학생을 대상으로 제한적으로 온라인 개학을 시행하였다. 이후 2020년 5월 27일 '사회적 거리두기'가 완화되면서 밀집도를 최소화한 단계적 등교수업이 진행되었다. 각 학교별로 차이는 있지만 학교 및 학급의 밀집도를 고려하여 초등학생들은 주 1~2회 등교수업을 하였고, 2021년 1

학기에는 '사회적 거리두기' 단계에 따라 밀집도 방침을 준수하여 운영되었다. 2021년 2학기에는 단계적 일상회복과 함께 11월 22일 전국 유치원과 초·중·고등학교가 전면등교를 시작했다. 그러나 2021년 12월 전면 등교가 시작된 지 한 달도 채 되지 않아 확진자 급증으로 전면등교가 철회되고, 초등학교는 다시 밀집도를 조정하여 등교하고 있다. 등교에 대한 방침은 교육부, 학부모, 학생 등 각각의 입장과 요구가 다 다르고 여론이 제각각이다. 어느 한 쪽에서는 학습결손과 기초학력의 저하를 우려하며 등교를 찬성하는 한편, 다른 쪽에서는 건강과 안전이 우선이며 학교에 등교해도 여러 방역수칙(예: 친구와 이야기하지 않기, 친구들과 충분한 거리두기 등) 때문에 사회성을 기른다는 것은 어렵지 않겠냐는 의견도 있다. 하지만 여러 연구나 조사들의 증거를 바탕으로 볼 때, 등교 수업이 실보다 득이 많은 상황이다.

이처럼 원활한 등교 수업이 여의치 않자 학습공백을 최소화하기 위해, 교사, 학생, 학부모 모두가 경험해보지 못한 등교 수업(오프라인 수업)과 원격 수업(온라인 수업)을 병행하는 새로운 형태의 블렌디드(blended) 수업을 제공하였다. 원격수업을 위해 "정부·민간·교사 주도의 온라인 학급 콘텐츠 제작, 보급, 활용(예: EBS 방송, e학습터, 위두랑), 실시간 수업을 위한 화상회의 플랫폼 가용 매뉴얼 안내, 학교내 무선 와이파이망 확충 및 포터블 디지털 기기(노트북, 태블릿) 보급 확대, 온라인 학습을 위한 스마트 기기 대여, 온라인 수업 학습꾸러미 제작, 학급별 온라인 학습터 개설(예: EBS 온라인 클래스) 등 다양한 노력이 이루어졌다(임수현, 2020,

p.3).” 초등학교를 다니다 진급한 아동들은 학교생활에도 적응했고 ‘학교’라는 공간에 대한 개념과 의미가 나름 생겼겠지만, 2020년 3월 2일에 행정적으로 초등학교 1학년이 된 학생들에게는 개학이 연기되는 동안 학교 생활과 사회적 관계를 배울 수 있는 기회를 잃었다. 이후 블렌디드 수업과 통제된 방식의 학교생활을 처음 시작한 1학년 아동들은 코로나19 이전에 초등학교 전이를 마친 아동들과 비교 시 학교에 대해 갖게 된 생각이나 의미는 다를 것으로 예상된다. 학교나 학급에서의 소속감이나 초등학생으로서의 정체성을 어떻게 갖고 있는지 첫 학교 생활의 적응과 경험이 이후 어떤 결과를 가져올지 예상하기 어렵다.

초등교육과정 역시 온라인 개학을 시작으로 현재는 원격수업과 등교 수업이 혼합된 형태로 운영 중이다. 초등학교의 경우 여러 가지 형태의 원격 수업 형태 중 이미 제작된 콘텐츠 활용, 과제 중심형 형태의 수업을 가장 많이 실시한 것으로 나타났으며, 저학년의 경우, EBS방송, e학습터와 같이 교육부와 교육청 차원에서 지원하는 학습 콘텐츠를 가장 많이 활용한 것으로 나타났다(임수현, 2020).

# Ⅲ
# 코로나19 시기의 아동

아동기(childhood)는 출생 후 사춘기 이전까지의 시기를 말한다(Harris et al., 2014). 다른 연령군과 비교했을 때 아동들은 코로나19로 인한 이환율(morbidity)[2]과 사망률(mortality)이 낮지만, 소아다기관 염증증후군(Multisystem Inflammatory Syndrome in children, MIS-C)[3] 비율이 높다는 보고(Choe et al., 2021; Ludvigsson, 2020; Riphagen et al., 2020)가 증가하고 있다. 또한 아동기는 뇌발달과 더불어 모든 발달이 빠르게 진행되는 중요한 시기이고 환경에 매우 민감한 시기라는 점을 고려할 때, 코로나19로 인한 감염에 의해 또는 코로나19로 인한 여러 상황과 변화들에 의해 영유아들

---

2) 병에 걸리는 비율. 일정 기간 동안 일정 지역 또는 일정 집단에 발생한 질병 또는 환자의 발생 빈도이다. 일반적으로 인구 10만 명에 대하여 1년간 발생 비율로 나타낸다.

3) 심장, 폐, 신장, 뇌, 피부, 눈 또는 위장 기관 등 신체 여러 부위에 염증이 발생할 수 있는 증상

의 생활방식도 크게 영향을 받고, 자극이 부족하거나 절대적인 학습량이 감소하고, 각종 위험에 처하는 등 장단기적으로 부정적인 영향이 있을 수 있다(Benner & Mistry, 2020; Yoshikawa et al., 2020; Keeley, 2021).

생애과정이론(Life course theory)은 인간의 발달을 일대기적 사건과 사회적 사건의 상호작용 결과로 설명한다(Elder, 1998). 즉, 전 생애에 걸쳐 역사적, 문화적, 사회적인 사건은 그것을 경험하는 사람의 시기와 장소에 따라 그 사람의 삶을 변화시킬 수 있고, 개인은 이 변화 속에서 발달의 경로를 형성한다. 생애과정이론에 따르면 코로나19 팬데믹에 대응하는 국가적 정책과 사회적 분위기는 국가와 문화, 지역에 따라 다르며, 이에 속하여 팬데믹을 경험하는 사람들의 나이와 그 시기의 생애적 과제와 경험에 영향을 미치기 때문에 가족과 아동의 발달과 삶에 영향을 받게 된다(Benner & Mistry, 2020). 이러한 관점에서 코로나19가 아동의 여러 발달 영역과 학습 측면에 어떠한 영향을 미치고 있는지 살펴보고자 한다.

## 1. 코로나19 시기 아동의 발달과 학습

현장의 교사들과 부모들 모두 코로나19로 달라진 교육과 돌봄 환경으로 인해 여러 영역에 걸쳐 아동들의 실질적 경험이 부족해졌고, 이로 인해 학습과 발달지연으로 이어지는 것을 체감한다고 한다. 비대면 또는 언택트(untact)의 가장 큰 부작용은 '단절'로, 세상에 태어나 많은 사람들과 환경에 연결되고, 확장되어야 하는 아동기, 특히 영유아기 아이들에게 비대면은 부정적 영향을 미치며 당연히 누려야 할 경험과 모든 배움의 과정을 박탈하고 있다. 인간은 사회적 상호작용을 통해 사회적 기술을 발달시키고, 감정과 정서를 교류하면서 다른 사람의 존재와 개인의 다양성을 배우게 된다. 이러한 사회적 교류 속에서 자신에 대해 더 잘 알아가게 되고, 사회의 가치, 기대와 규범에 대해 이해하게 되며, 다른 사람과 교감하고 점차 사회적 존재로서 자신의 역할을 습득하게 된다. 하지만 비대면 교육을 통해서는 이러한 인간다운 성장을 자연스럽게 유도하기 어려울 뿐만 아니라, 연령이 낮은 아동일수록 이러한 비대면 환경이 길어진다면 그 발달적 격차와 배움의 기회 박탈이 장단기적으로 더 부정적인 결과를 초래할 수 있으며, 때로는 그 결과가 치명적일 수 있다.

이러한 이유로 코로나19 팬데믹 속에서도 전 세계는 학교의 문을 열기 위해 노력했고, 덴마크, 노르웨이, 프랑스, 네덜란드 등 교육선진국들은 어린 저학년 학생부터 등교를 시켰다(OECD, 2020 교육지표). 이는 아동의 인지, 사회·정서 발달과 원격수업 적응의 어려움을 고려한 방안인 것이다. 유치원과 초등 1~2학년의 경우 보호자가 곁에서 도움을 주지 않으면 스스로 원격학습을 하는 것이 사실상 어렵기 때문이다. 반면, 한국은 고3 학생들을 가장 먼저 등교시켰다. 이어 3단계에 걸쳐 유·초·중·고 학생들을 학년별로 안배하여 순차적으로 등교시켰다. 지금도 이어지고 있는 밀집도 완화 정책에서도 고3은 예외로 하여 매일 등교하고 있다.

이는 한국 사회가 아동교육에 대해 갖고 있는 교육의 정체성과 목적을 보여주는 결정적 사례라 할 수 있다.

상호작용과 놀이 기회의 부족은 아동의 인지와 언어발달의 큰 저해 요인이 된다. 인간의 뇌는 생후 3년 동안 뇌의 크기와 무게가 증가하고, 신경세포끼리 연결되는 연결신경망 발달이 최고조에 이르는 시기이며, 만 5세 이전에 신경망의 약 90%가 완성된다. 또한 뇌의 구조와 기능을 단순하게 나누어 보면 3개의 층으로 구성되어 있는데, 태어날 때 완성된 뇌는 생존기능을 담당하는 뇌간이 있는 1층뿐이다. 감정과 동기, 학습, 기억을 담당하는 변연계는 뇌의 2층에 있고, 인간의 사고, 인지, 판단을 담당하는 대뇌가 3층에 있다. 변연계와 대뇌의 발달은 다양한 경험, 즉 영유아기 특유의 시각, 촉각 등 다양한 감각과 몸으로 체득하는 경험을 통해 이루어지는데, 코로나19는 아동들의 실외활동을 비롯한 다양한 활동과 경험의 기회를 제한하거나 줄어들게 했다.

실제로 많은 교사들과 학부모들이 전반적인 아동의 발달과 학습지연을 우려하고 있다(양신영, 2021. 6. 8). 서울과 경기지역 국공립 어린이집 원장 및 교사 709명과 학부모 742명에게 '코로나 감염 위기 상황으로 인해 기관의 아동들에게 발달상 변화'가 있는지 조사한 결과, 원장 및 교사의 71.6%, 학부모의 68.1%가 코로나19의 영향이 있다고 응답했다. 그러한 변화를 가져온 상황이 무엇인지 물은 결과, 원장 및 교사들은 바깥놀이 위축으로 인한 '신체운동시간 및 대·소근육 발달기회 감소(77%)', '마스크 사용으로 인한 언어 노출 및 발달 기회 감소(74.9%)' '실내생활로 인한 스트레스, 짜증, 공격적 행동 빈도 증가(63.7%)' 순으로 응답했다. 학부모들은 '과도한 실내생활로 인한 미디어 노출시간 증가(83.5%)', '바깥놀이 위축으로 인한 신체운동시간 및 대소근육 발달 기회 감소(76%)', '과도한 실내생활로 인한 스트레스, 짜증, 공격적 행동 빈도 증가(60.9%)', '마스크 사용으로 인한 언어 노출 및 발달 기회 감소(52.7%)' 순으로 변화를 보고하였다. 등교 제한과 실외 활동 제한으로 실내 생활 증가, 앉아 있는 시간 증가, 미디어 노출시간 증가, 수면 변화 등 영유아뿐만 아니라 초등학생이나 청소년들도 심리적 어려움을 겪고 있는 것으로 나타났다(최준섭, 2021; 김영선 외, 2021; Engzell et al., 2021; Esposito et al., 2021; Graber et al., 2021; Keeley, 2021; Villadsen et al., 2020).

발달과 학습의 민감기이자 기초를 형성하는 영유아기의 상호작용과 다양한 놀이와 경험의 부족은 이후 발달과 학습에 부정적 영향을 초래하기 때문에 더욱 심각하다. 최근 코로나19 팬데믹 기간에 태어난 유아들이 언어, 운동 및 전반적 인지능력의 표준검사에서 현저하게 낮은 점수를 받았다는 보고가 있었다(Deoni et al., 2021). 2018년과 2019년 팬데믹 전에 태어난 38명의 유아, 2020년 3월 이전에 출생한 605명, 2020년 3월부터 2021년 6월 사이에 출생한 118명의 생후 3개월~만 3세 미만 영아의 언어, 비언어, 전반적 인지발달 등을 반복 측정하여 2011년부터 2019년 이전에 출생한 영아들과 비교한 결과, 팬데믹 기간 자라거나 태어난 영아들의 평균 점수가 27~37점 정도 낮았다. 코로나19 발생 이전 10년간 3개월~3세 아이 평균 지능지수(IQ) 점수(98.5~107.3점)와 비교하면 인지발달 수준이 큰 폭으로 떨어진 것이다. 특히, 남아와 저소득층 가정의 영아들이 코로나19로 인해 큰 영향을 받은 것으로 나타났다. 연구대상에서는 코로나19 양성판정을 받은 산모나 영아는 분석에서 제외하여 바이러스의 직접적인 영향은 없었다고 보았고, 부모와의 상호작용 감소, 교육적인 기회, 자극이나 창의적인 놀이가 줄어든 것이 영아의 뇌발달에 영향을 준 것으로 보았다.

아동들은 학교를 등원/등교하는 경우에도 마스크 착용의 의무화, 대화 제한, 그룹 활동 제한, 수업 시간 및 식사 시간에 거리두기, 바깥 활동 제한, 책상마다 있는 칸막이 등의 방역지침들이 우선시되어, 학생들은 다양한 학습 기회를 갖지 못할 뿐만 아니라 신체적으로 불편함을 호소하고, 사회적 관계와 신체활동의 제한 등에 스트레스를 받고 있었다. 기관에서는 마스크를 쓰고 생활하다 보니, 말을 한창 배우는 영아들과 소통에 필요한 발음을 할 때의 입모양이나 얼굴의 미세한 표정이나 감정 전달이 마스크에 가려 언어발달뿐만 아니라 사회적 상호작용, 공감 능력, 상대방의 정서를 인식하고 읽어내는 능력 발달에 부정적 영향을 미치고 있는 것으로 나타났다. 이는 음성인식이 시각과 청각 간의 상호작용을 보여주는 지각현상인 맥거크 효과(McGurk Effect) 때문이다(Boersma, 2012; Calvert et al., 2004; Nath, & Beauchamp, 2012). 시각 정보가 청각 정보보다 빨리 들어오기 때문에 눈으로 보이는 입모양이 실제 들리는 것에 우선한다. 입모양만 볼 때 인식하는 소리와 눈을 감고 소리만 들을 때의 소리는 다르게 인식되며, 실제 우리가 듣는 소리는 시각과 청각 정보가 합해진 소리인 경우가 많다.

또한 감정을 읽는 데 마스크가 미치는 영향을 테스트한 연구(Carbon, 2020)를 보면, 감정에 대한 자기 평가에서 정확도가 낮고, 자신감이 낮은 사람의 경우 감정읽기 과제가 마스크의 존재로 짜증이 났다고 보고하였다. 또한 역겨워하는 표정의 얼굴을 화난 것으로 대부분 잘못 해석했고 행복, 슬픔, 화와 같은 많은 감정을 중립으로 평가하는 특정 혼란 패턴이 두드러지게 감지되었다. 어른들을 대상으로 한 연구에서도 이와 같은데, 아직 발달적으로 배우는 과정에 있고 상호작용 경험이 상대적으로 적은 아동의 경우 타인의 감정을 읽고 그에 맞게 적절하게 표현하는 것이 어려워졌다는 것을 의미한다. 이렇게 한창 성장하는 영유아와 아동들이 몇 년 후 마스크를 벗는 상황이 왔을 때, 타인의 얼굴 표정이나 감정을 읽는 능력이 덜 발달하여 소통하는 데 어려움을 겪거나 왜곡된 해석을 하여 갈등이 생길 수 있다.

이러한 영향인지 최근 보고된 '2021년 1차 학교폭력실태조사(교육부, 2021)'의 결과발표에 의하면, 초등학생의 경우 '언어폭력(41.7%)'이 2020년 조사(33.5%)와 비교해 크게 증가하였다. 이에 대해 한국교육개발원 교육지표 연구실장은 "코로나19에 따른 학생 간 대면 상호작용 축소로 인한 교우관계 형성과 갈등 관리의 어려움이 지난해 9월 등교 수업확대와 함께 표출된 결과"라고 하였고, 유스메이트 아동청소년문제연구소 대표는 "코로나19로 인해 초등학생이 사회생활의 첫 단추를 잘못 끼워서 더 영향을 미친 것"이라고 하였다(최예나, 2021).

2년 동안 정상적인 학교 수업이 어려운 상황에서 초·중·고교의 기초학력 문제가 심화되고 있다는 우려가 계속 나오고 있다. 전국의 초등교사 815명을 대상으로 온라인 설문조사를 한 결과(조가현, 2021. 4. 15), 응답자의 81%인 665명의 교사들 중 443명(54%)의 교사가 '중위권 학생들의 성취 수준이 낮아져 양극화가 심해졌다'고 하였고, 222명(27%)의 교사는 '전체적으로 성취수준이 떨어졌다'고 응답하며 초등학생의 수학 교과 성취도가 낮아졌다고 보고하였다. 2020년 코로나19 초반 설문이기는 하지만 초등학교 4~6학년의 과반수 이상(53%)이 하루 평균 2시간 미만의 온라인 학습을 한다고 응답하여 원격수업은 등교수업에 비해 절대적인 학습량 감소를 가져온다는 것을 확인하였다(임수현, 2020). 결석, 여름방학, 학교 폐쇄로 인한 수업결손과 학생의 학력과의 상관관계를 탐색한 선행연구를 종합하여 코로나19가 학생의 학력에 미칠 영향에 대한 예측 연구에 의하면, 초·중등학생의 경우 정상적으로 운영된 학사년도와 비교했을 때 63-68%의 읽기 학업성취 수준, 37-50% 수준의 수학 학업성취 수준을 가지고 2020년 가을학기 수업을 받게 될 것이라고 예측을 제시한 바 있다(Kuhfeld et al., 2020). 코로나19가 국내뿐 아니라 전 세계적으로 교육에 심각한 영향을 주었다는 것은 여러 국제보고서에서 보고되고 있다(Human Rights Watch, 2021; OMEP Executive Committee, 2020; Jalongo, 2021; Keeley, 2020; United Nations, 2020).

교육계가 오랫동안 공통적으로 심각하게 보고 있는 문제인 교육불평등과 교육격차는 코로나19로 인해 교육접근권과 질적인 측면에서 더 커졌다는 것이 큰 문제이다(김위정, 2020; 이덕영, 2020;

이유진, 2020). 원격수업 실시로 인하여 사회취약계층 가정의 학생들은 디지털 기기 접근 한계, 학습공간 부족, 학습 도우미 부재 등으로 인해 학습권을 확보하는 데 어려움을 겪고 있었다(임수현, 2020). 또한 교사와 부모 모두 원격수업은 자녀의 예체능과목 수업에 도움이 되지 않는다고 보았으며, 사교육을 통해 그 필요를 채우는 학생들에 비해서 그렇지 않은 학생들은 체육, 음악, 미술 영역에 대한 학습결손이 발생할 가능성이 있다고 보았다. 원격수업이 지식 전달에는 효과적일 수 있지만 대면 수업에 비해 고차원적 사고, 실습이나 실기활동의 교육적 목적을 달성하는 데 제한이 있다고 하였다(임수현, 2020). 또한 초등학생의 디지털 리터러시[4] 수준보다 자기주도 학습능력이 높을수록 원격교육 만족도가 더 높았고, 수업할 때 모르는 것에 바로 도움을 받을 수 있는 쌍방향 수업이나 학습을 돌봐 줄 수 있는 사람이 가정에 있는 경우 만족도가 높았다(임수현, 2020). 이러한 교육격차를 얼마나 빠르게 회복하느냐가 코로나 이후 시기의 국가경쟁력에 상당한 영향을 미치게 될 것이다.

## 2. 온라인에 갇힌 아이들

코로나19로 외부 활동이 제한되고 집에서 지내는 시간이 길

4) 디지털 리터러시(Digital literacy) 또는 디지털 문해력은 디지털 플랫폼의 다양한 미디어를 접하면서 명확한 정보를 찾고, 평가하고, 조합하는 개인의 능력을 뜻한다.

어지고, 온라인 수업으로 많은 교육활동이 대체되면서 영유아부터 성인에 이르기까지 게임이나 인터넷 사용 시간이 증가하여 불규칙한 생활과 과도한 미디어 노출이 하나의 중요한 문제가 되었다. 한국언론진흥재단의 '2020 어린이 미디어 이용조사'에 의하면, 2020년에 3~4세였던 국내 유아들은 6~12개월부터 TV를, 12~18개월부터 스마트폰을 이용하기 시작하였으며, 게임 역시 3~4세부터 시작한 비율이 높은 것으로 나타났다(김영주 외, 2020). 어린 유아들이 과거보다 다양한 미디어를 더 빨리 접하고 있음을 보여 주는 결과이다. 매년 육아정책연구소가 발간하는 한국아동패널보고서에 따르면 아동 연령이 높아질수록 스마트폰 소지율과 이용시간이 증가하고 있는 것으로 나타났다(김은설 외, 2016; 김은설 외, 2019; 도남희 외, 2017; 도남희 외, 2018). 최근 과학기술정보통신부와 한국정보화진흥원이 발표한 아동의 스마트폰 중독 실태에 따르면, 만 3~9세 아동 중 스마트폰 과의존 위험군에 속하는 비율은 22.9%에 이르는 것으로 나타났다(과학기술정보통신부, 한국정보화진흥원, 스마트쉼센터, 2020). 스마트폰을 비롯한 미디어기기 중독 정도를 조사한 결과, 초등학교 4학년(만 10세) 아동 중 미디어 사용 고위험군 집단에 속하는 비율이 25.3%, 잠재적 위험군은 6.9%로 나타나 32.2%가 미디어 중독 위험집단에 속하는 것으로 나타났고, 패널 아동이 초등 3학년(만 9세)이었던 이전 연도 조사 시 위험집단 비율이 약 24.5%로 7.7% 증가한 결과로 연령이 높아질수록 급격하게 위험군 비율이 확대되고 있었다(김은설 외, 2019; 도남희 외, 2018).

미디어 이용 시간도 아동의 연령이 증가하면서 더 길어지는데, 미디어 이용시간의 증가는 학령기 이후 아동의 문제행동과 학교 부적응에 영향을 주는 요인으로 여겨지고 있다. 아동의 미디어 이용시간의 증가는 의사소통능력에 부정적 영향을 주며, 책 읽기 시간이 긍정적 영향을 주는 것과 대조되는 결과이다(김지연 외, 2021). 스마트폰 과의존 사용자는 생활에서 자기 조절력이 감소하고, 스마트폰을 이용하고 싶은 충동을 강하게 느끼며, 다른 일에 집중하기 어려운 '현저성'이 나타나며, 학업수행에 어려움이 생기거나 가족 또는 친구와 같은 사회적 관계에서 갈등과 같은 '문제적 결과'를 초래하게 되는 상태가 나타나는 등 아동의 신체, 사회 및 정서, 뇌 발달에 부정적 영향을 미친다(과학기술정보통신부 외, 2020). 스마트폰 중독은 수면 장애, 안구 건조증, 시력 저하, 기억력 감소, 손목터널증후군, 소음성 난청, 거북목 증후군, 척추 측만증과 같은 신체적인 문제를 가져온다(과학기술정보통신부 외, 2020).

미디어 사용과 관련한 다른 이슈는 사이버비행이다. 미디어에 노출되는 시간이 많을수록 사이버 공간의 익명성과 비대면성으로 인해 악성 댓글, 혐오 영상 확산 등 사이버 폭력의 노출빈도도 높아지고, 사이버비행의 위험에 대해 둔감해질 수 있다(김은설, 2020). 특히 코로나19 팬데믹 동안, 미디어를 통해 학교나 유치원, 어린이집 내에서 발생하는 확진자나 자가격리자에 대한 부정적 인식을 키우기도 하고, 감염자나 특정 집단에 대한 비난과 혐오를 조장하는 사례도 있었다(최지욱, 2021). 2019년 사이버폭력 실태조사에 의하면 초·중·고생의 사이버폭력 경험률은 26.9%로 나타났고, 사이버폭력의 결과를 생각하지 않고 행한 경우도 38.2%에 이른 것으로 보고되어(방송통신위원회, 한국정보화진흥원, 2019), 코로나로 미디어 사용시간이 증가한 지금 더 많은 아동들이 사이버폭력에 잦은 빈도로 노출되고, 사이버비행이 나쁜 일이라고 인식하는 민감성이 떨어질 우려가 있다. 따라서 사이버 공간에서 타인에 대한 여러 형태의 침해에 대해 문제로 인식할 수 있도록 사이버비행에 대한 감수성 교육이 필요하며, 아동의 연령과 성별 특성에 적합한 교육이 필요하다(김은설, 2020).

## 3. 아동의 정신 건강

코로나19로 각 가정에서는 부모가 자녀와 함께 있는 시간이 증가하였다. 가족 간 대화와 교류가 많아지고 긍정적인 상호작용을 통해 만들어진 응집력은 앞으로 아이들이 평생을 살아가는 데 필요한 회복탄력성의 바탕이 될 수 있다. 아동의 회복탄력성은 아동 개인의 인지 능력, 공감 능력, 긍정적인 성격이 영향을 미친다. 또한 양육자와의 좋은 관계, 교사와의 긍정적인 관계, 친구나 주변 성인들의 사회적 지지, 지역 사회의 결속력 또는 문화적 정체성과의 연결 등도 이러한 개인의 회복탄력성에 긍정적인 영향을 미친다. 코로나19 이전보다 학교에서 학습해야 할 양과 속도가 줄어들어 학업 스트레스가 줄고, 학생 간 상호작용이 줄어들면서 또래 간 갈등이나 왕따 등의 부정적인 외부 스트레스도 함께 완화되어,

학교 생활을 좋아하지 않거나 적응이 느린 아이들에게는 천천히 따라갈 수 있는 기회가 되어 학교 이탈률 감소로 이어졌다(최지욱, 2021).

이처럼 가족과 많은 시간을 보내고, 느슨해진 일상으로 개인적인 시간이 많아진 것에 대해 긍정적 경험을 보고하기도 하지만, 코로나19의 장기화로 많은 사람들의 부정적 감정이나 심리적인 어려움에 대한 보고도 증가하고 있다. 보이지 않는 바이러스 전염병 상황은 스트레스를 높이는 불확실성과 조절 불가능성을 모두 가지고 있기 때문이다. 특히 아동들은 팬데믹 상황의 정신건강 위험 요인들이 직접·간접적으로 축적되어 정신건강 문제 발생에 취약할 수 있는 대상이다(최지욱, 2021). 연령이 어린 아동일수록 부모의 관심을 끌려는 행동이 늘었고, 가족 중 누군가가 감염될 것에 대한 공포와 부모에 대한 의존도가 증가하는 양상을 보이기도 하였다(Singh et al., 2020). 또한 수면 및 식욕 장애, 집착 또는 분리불안이 있거나 어두움을 두려워하거나 악몽을 꾸고 퇴행적 행동이 나타나는 등의 행동 변화가 있을 수 있다고 하였다(Keeley, 2021; Parsons, 2020). 특히 영아나 어린 유아들은 자신의 감정을 말로 표현하지 못하여 그림이나 놀이에서 불안을 표현할 가능성이 높다(조소담, 박수경, 2021; Parsons, 2020). 학령기 아동들은 집중력이 떨어지고 코로나19에 대해 계속 물어보는 태도를 보였다(Singh et al., 2020). 각성 및 과잉경계가 증가하고, 신체적 증상을 경험하거나 혼란스러운 행동을 보이는 경우도 보고되었다(Parsons, 2020). 아동은 청소년기를 거치면서 성인과 유사하게 불안, 우울, 죄책

감, 분노, 환멸 및 제한된 미래에 대한 두려움을 경험할 수 있다. 이에 대한 결과로, 학업보다는 단기적인 쾌락을 선호하고, 위험을 감수하는 행동이나 약물 남용에 빠지기도 한다.

UNICEF의 '세계아동현황 보고서(The state of the world's children)'는 코로나19의 봉쇄와 고립으로 고통받는 아동·청소년의 정신건강을 다루었는데, 전 세계적으로 최소 7명 중 1명의 아동청소년은 코로나19의 봉쇄조치로 직접적인 영향을 받았으며, 16억 명 이상이 교육기회를 잃은 것으로 나타났다(Keeley, 2021). 21개국 아동청소년을 대상으로 한 이 조사에서 아동청소년 5명 중 1명은 종종 우울함을 느끼거나 무언가를 하는 데에 조금의 흥미도 느끼지 않는다고 했다. 미국의 질병통제예방센터(CDC)에서는 2020년 4월부터 10월까지 만 5~11세 미국 아동이 정신건강 문제로 응급센터를 방문하는 비율이 24% 증가했고, 12~17세 청소년의 경우 31%까지 늘어났다고 하였다. 영국 국립의료제도(NHS)도 2020년 10월 5~16세 아동·청소년이 정신건강상 문제를 겪는 비율이 10.8%에서 16.0%로 5.2%p 증가했다고 발표했다. 성인뿐 아니라 아동청소년들도 일상, 교육, 여가 활동의 제약과 가정소득의 감소, 감염과 백신접종 등에 건강에 대한 우려로 인해 분노와 좌절감, 미래에 대한 두려움 등 정신적 고통을 느끼고 있는 것으로 나타났다(Keeley, 2021).

그러나 국내에는 코로나19가 영유아를 포함한 아동청소년의 정신건강에 미친 영향에 대한 포괄적인 조사결과가 아직 없다. 그나마 청소년의 경우는 2005년도부터 청소년의 건강행태 현황을 파악하기 위해 매해 온라인 조사를 하고 있는데, 2020년 4월 실시한 '청소년건강행태조사'에서 국내 청소년의 정신건강 지표 중 우울감을 느낀 비율은 전년 대비 3%p 하락하고 스트레스 인지율은 5.7%p, 우울감 경험률은 3.0%p, 자살생각률 및 시도율은 2.2%p 감소하여 1년 사이 정신건강 지수가 개선되었다고 보고하였다(교육부 외, 2021). 이 자료를 보면 코로나19 팬데믹 초기 국내 청소년들의 정신건강은 전년 대비 오히려 양호해진 듯 보이나 2021년 9월 통계청 자료에 따르면, 2020년 한국의 자살률은 인구 10만 명당 23.5명으로 OECD 국가 중 1위였고, 특히 아동청소년의 자살률이 급증한 것(10대 9.4%, 20대 12.8%)으로 나타났다(통계청, 2021). 또한 '청소년 1388'에 접수된 정신건강 관련 상담 건수 역시 2021년 8월 기준 14만 1,464건(월평균 1만 7,683건)으로 코로나19 팬데믹 전인 2019년에 비해 30%나 증가했다(조희경, 2021).

코로나19에 감염되거나 의심환자로 분류되어 격리된 경우, 높은 스트레스, 범불안장애의 증상, 우울 증상 등 외상후스트레스 증상들을 보였다는 보고가 있지만(최지욱, 2021; Liang et al., 2020; Nkire et al., 2021; Zhang et al., 2020), 대부분의 아동들이 겪고 있는 급성 스트레스 증상은 만성 스트레스 반응이나 외상 후 스트레스 장애와 같은 더 심각한 상태로 진행되지 않는다(Parsons, 2020). 하지만 정신건강 부분에서도 특히 취약한 아동들은 우리가 세심한 관심과 지원을 기울여야 한다. 가정의 돌봄이 어려워 양육시설에서 보호받는 시설보호 아동의 경우 사회적 관심의 사각지대에 놓여 있다(장영인, 2021; 조해람 등, 2021). '코로나바이러스감염증-19유행대비 사회복지시설 대응지침'이 2020년 2월(1판)부터 2021년 7월(8판)까지 개정되는 동안 시설 보호 아동의 면회, 외출, 외박이 원칙적으로 금지되었고, 이로 인해 시설 보호 아동의 외부 활동과 소통이 1년 넘게 불가능하여 아동의 기본권을 침해했다는 지적이 나왔다(조해람 외, 2021. 7. 21). 이로 인해 시설 아동은 건강한 발달에 필요한 놀이나 외부활동이 제한되고, 지역사회와의 교류가 단절되어 일반가정 아동과 달리 차별을 받는 느낌을 받았다고 하였고(장영인, 2021), 무기력증, 우울감 등 정서적 어려움을 겪은 것으로 보고하였다(뉴시스, 2020. 11.7).

이처럼 국내를 비롯하여 전 세계 아동들의 정신건강이 위협받고 있다는 보고가 계속 나오는 상황은 그만큼 가정과 사회가 아동청소년을 심리적으로 지지해 줄 시스템이 흔들리고 있다는 의미이다. 특히 많은 아동들의 사회적 연계망 역할을 해 왔던 학교 등교의 연기와 감소는 아동들의 존재감이나 소속감이 사라지게 하거나 느슨해진 것에 대한 불안감과 우울을 가져올 수 있다. 코로나19가 아동의 정신건강에 미친 영향과 변화에 대해 다각적인 시각에서 조사와 연구가 필요하다. 또한 아동의 정신건강 문제는 이후 평생에 걸쳐 다양한 신체적, 정신적 질환은 물론 삶의 질에 영향을 미치게 되므로 장기적인 관점에서 바라볼 필요가 있다. 단순히 개인과 가정이 해결해야 하는 문제가 아니라 정부와 지자체, 여러 관련 전문가들이 아동의 정신건강 증진과 제도적 지원을 보완해야 한다. 또한 아동의 관점에서 문제를 바라보고 아동의 의견이 반영되도록 소통하고 행동해야 한다.

# Ⅳ
# 코로나19 시기의 부모와 교사

부모와 교사는 아동의 중요한 인적환경으로 아동에게 영향력이 매우 큰 존재들이다. 또한 아동은 부모를 통해 세상을 보게 되고, 교사를 통해 세상을 확장해 간다. 부모와 교사와의 직접적인 상호작용을 통해 사회적 지식을 얻고 어떻게 사회적 관계를 맺는지 알게 되고, 사회적 가치에 대해 배우게 되며, 심리정서적 기반으로서 부모와 교사의 기대와 관심, 사랑과 칭찬을 더 받기 위해 동기화된다. 따라서 부모와 교사의 기분 상태와 스트레스는 아동과 상호작용할 때 언어와 표정, 감정, 분위기, 몸짓(제스처), 행동으로 반영되기 쉬우며, 아동은 이를 보고 느끼며 영향을 받고, 사회적 상호작용 방법과 기술로서 배우게 된다. 부모와 교사들이 코로나19 시기에 어떤 경험을 겪고, 느꼈는지 알아보고, 아동에게 미치는 영향은 무엇인지 살펴보고자 한다.

## 1. 부모의 양육스트레스와 아동학대

코로나19의 유행으로 전 세계의 많은 가족이 건강과 안전, 경제적인 안정 등 많은 영역에서 위협을 받게 되었고, 이로 인해 그동안 경험하지 못했던 새로운 유형의 스트레스를 경험하고 있다(김성현, 2021; Brown et al., 2020; Humphreys et al., 2020). 양육환경의 변화와 경제적인 요인, 코로나19 관련 요인들이 더해질수록 부모의 스트레스가 증가하고, 가족 간의 관계 질을 악화시키며, 아이들의 행복에도 부정적인 영향을 미친다(Prime et al., 2020). 어머니가 코로나19 감염에 대한 두려움, 사회적 거리두기로 인한 두려움을 느낄수록 양육스트레스도 높아진 것으로 나타났다(김성현, 2021; 이지영, 최림, 성지현, 2022). 특히, 전면적으로 봉쇄하여 집 밖에 나가지 못하는 규제는 부모에게 큰 부담을 주게 되고, 스트레스와 부정적인 감정을 유발시키며 아이들의 정신 건강에도 악영향을 미칠 수 있다(Sprang & Silman, 2013). 중국 어머니들의 경우, 전면봉쇄가 실시된 기간에 양육스트레스를 측정한 결과, 대부분 어머니가 임상 집단을 기준으로 상위 20% 이내에 해당하여 극심한 양육스트레스를 겪은 것으로 보고되었다(Tchimtchoua Tamo, 2020). 코로나19 유행 시기 동안 어머니들의 양육스트레스 수준이 휴교하기 전보다 휴교한 후에 유의하게 더 높은 것으로 나타났다(Halayem et al., 2020). 코로나19 유행 시기, 어머니들의 개인적 스트레스는 7~18세 자녀들의 우울증과 연관이 있으며 어머니들의 양육스트레스가 유아의 심리적 적응에 중요한 역할을 한다는 것을 강조하였다(Babore et al., 2021).

코로나19로 인해 부모들은 가정에서 교사의 역할까지 동시에 감당해야 했다. 일부 부모들 중엔 자녀의 돌봄과 학습공백을 해소하기 위해 직장을 그만두거나 육아휴직을 연장했고(정정호 외, 2021), 학령기 자녀를 둔 부모들은 원격수업에 필요한 디지털 기술 역량과 자원이 부족하여 자녀들의 원격수업을 보조하는 데 어려움을 겪거나 온종일 자녀의 양육을 책임지기 위해 고군분투하였다(Cluver et al., 2020; Moscardino et al., 2021). 코로나19로 가정에서 자녀들을 교육하는 홈스쿨링이 부모-자녀 상호작용의 질을 낮추고, 자녀와 부모의 정서적인 행복감을 낮추었다는 보고도 있다(Thorell et al., 2021). 유치원, 어린이집, 학교에서 놀이꾸러미나 학습꾸러미를 집으로 제공하지만 어떤 내용을 어떻게 가르쳐야 하는지에 대한 정보나 학습가이드가 제공되지 않아 지원이 어렵다고 느끼거나 가정에서 부모가 교사 역할을 하거나 돌봄을 하면서 유치원이나 어린이집에 교육비를 지불하는 것에 대한 불만을 가진 부모도 있었다(이성희, 2020. 9. 9; 김소라, 2021. 1. 11). 유치원이나 초등학교에 적응해야 할 시기에 교사나 친구들과 교류할 기회를 갖지 못하는 아동들을 보며 '교사와 교육의 의미'에 대해 재고하게 되었고, 적절한 상호작용과 교육의 기회를 얻지 못해 안타까웠다고 한다. 온라인 학습의 특성상 아이들이 교과 내용을 얼마나 이해하고 따라가고 있는지 불안감은 높아졌고, 온오프라인 수업이 병행된 후에도 수업이 연속적으로 이루어지지 못하는 것 같아 걱정되어 사교육을 시작하는 동기가 되었다고 하였다(김남영, 서형교, 2021; 임수현, 2020; 정정호 외, 2021). 부모들은 학교와 교사의 수업방식을 자연스럽게 보게 되면서 학교교육과 교사에 대해 크게 실망하는 경험을 한 경우도 있었다(임수현, 2020; 정계숙 외, 2021; 정정호 외, 2021).

사회 전반적으로 개인의 스트레스나 부정적 감정이 높아지면 이렇게 차오른 감정은 어디론가 흘러가야 한다. 부정적 감정, 분노, 짜증은 대상을 찾게 되고, 불행하게도, 내 주변의 약한 사람을 향하게 된다. 코로나19로 한껏 예민해진 부모들은 가정 내 최약자인 자녀들에게 부정적 감정을 분출하고, 조금이라도 실수를 하거나 성가신 마음이 들면 쉽게 짜증을 내고, 화를 내게 된다. 국제구호개발 NGO인 세이브더칠드런(Save the Children)에서 발표한 'Protect a generation: The impact of COVID-19 on children's lives(2020)'에 의하면, 37개국에서 8,069명의 아동을 대상으로 조사한 결과 코로나19로 인해 휴교 전에는 8%였던 가정폭력 경험 비율이 17%로 두 배 이상 증가했다. 한국 대검찰청 자료에 의하면 코로나19 이후 원격수업으로 집에 있는 시간이 늘면서 학교폭력은 감소하고, 아동학대 신고는 증가한 것으로 나타났다(손현수, 2021. 6. 14; 이유진, 2021. 9.13). 코로나19 발생 이후 아동이 경험한 폭력의 잠재유형을 확인하고 잠재유형별 결정요인 연구에 의하면, 아동에 대한 폭력 경험은 '정서학대·방임', '체벌·정서학대·다중폭력', '가정폭력목격', '정서학대', '저위험'의 5가지 잠재유형으로 구분되었다(이봉주, 장희선, 2021). 코로나19 발생 이후 변화요인 중 게임 및 스마트폰 장시간 사용으로 인한 가족 갈등, 낮은 부부관계 만족도, 아동 공간 및 물품의 높은 결핍수준, 보호자의 높은 불안, 양육스트레스 증가와 소득 감소, 나 홀로 아동일의 증가와 양육스트레스 증가, 가정의 소득 감소가 '정서학대·방임'과 '체벌·정서학대·다중폭력'의 잠재유형에 속할 확률을 높이는 것으로 나타났다. 이러한 학대유형에 속한 아동들은 다른 잠재유형에 속하는 아동들에 비해 행복감 수준은 보다 낮았고 불안함과 지루함, 외로움 수준이 더욱 높았다.

학교의 폐쇄가 교육 공백뿐 아니라 아동의 안전과 돌봄 체계까지 무너뜨렸다고 볼 수 있다. 가정에서 부모와 자녀가 함께 있는 시간이 길어지면서 부모에 의한 아동학대가 2019년 대비 1년 만에 11.8% 늘어났지만, 비대면 수업이 이어지면서 주요 신고의무자인 학교나 어린이집, 유치원 교사들의 신고 건수는 35%나 줄어들었다(이유진, 2021. 9.13). 특히 "취약계층의 경우 집이 좁고 공간 분리가 안 되는 데다 부모도 코로나로 인해 실직해 집에 있는 시간이 많아 아이들과 부딪히는 일이 늘어나고 체벌의 정도가 점점 세지다가 학대로 이어지는 사례들이 종종 있었다"고 하였다(이유진, 2021. 9.13). 정부가 '아동학대 대응체계 보완방안'을 제시하였지만 비대면 문화의 확산에 따라 아동학대의 증가에 대해 아동보호기관이나 아동학대전담공무원, 학대예방경찰과 같은 아동학대 의무신고자들의 활동만으로는 유의미한 예방효과를 기대하기 어렵다(김혁돈, 2021). 보호자의 심리적 지원체계와 소득 상실 및 취약 가정에 대한 다양한 돌봄 지원 체계와 경제적 보존 정책을 마련하고, 가정 내 폭력을 모니터링할 수 있는 보다 촘촘한 안전망을 구축해야 한다.

## 2. 교사의 새로운 업무와 정신건강

영유아 그리고 아동에게 중요한 또 다른 관계는 선생님이다. 교사는 부모가 아닌 어른 중에 가장 영향력이 있는 존재로, 선생님과 좋은 관계를 맺는 것은 매우 소중한 경험이다. 부모와 자녀와의 관계의 질을 이야기할 때 주로 언급되는 '애착(attachment)'은 교사와 학생 간의 관계에서도 적용된다(Hamre, 2014; Howes & Ritchie, 2002). 유아기와 아동기에 걸쳐 교사의 돌봄과 관계는 아동의 긍정적인 사회적 발달과 학업발달과 관련이 있다(Hamre & Pianta, 2005).

코로나19 팬데믹 동안, 교사들은 교사 자신과 영유아 감염에 대한 걱정이 늘고, 교사들도 가정 내 가족 구성원이 아프거나 격리되거나 자녀가 학교에 가지 못하면 자기 자녀를 돌봐 줄 사람을 구해야 하는 어려움을 경험하였다(박영아, 조미현, 2020; 서영숙, 2020). 또한 교사들도 '누군가의 엄마, 아내, 자녀'인 개인적 삶의 영역이 있는데, 기관 밖에서 교사들을 보면 학부모들이 사진을 찍어 '교사들이 ~에 있다'고 SNS에 올리며 교사의 동선을 밝히는 등의 사생활을 침해도 있었다(박영아, 조미현, 2020). 한편 기관 등원/등교 수업을 하게 되면, 교사, 학생, 학부모 모두 감염자가 있을 수 있는데, 유치원과 초·중·고등학교 교사는 예외로 하고 보육교사에게만 한 달에 한 번 코로나19 검사를 의무화하여 인권침해

여지를 불러일으키기도 하였다(방영덕, 2021. 4.1). 그러나 정부의 백신접종권고에 다른 직업군과 달리 교사들은 적극 협조하여 유치원, 어린이집, 초등학교 1~2학년 교사와 돌봄 인력의 접종률은 98.8%를 기록하였다(이도연, 2021. 7. 26).

코로나19 팬데믹으로 교사들은 열감 체크와 방역 관리, 출결관리와 평가, 온라인 수업 준비 등 새로운 업무와 익숙하지 않은 온라인 수업을 실시해야 하는 사실에 부담과 걱정이 컸다고 한다(김효원, 2020; 명준희 외, 2021; 임성만 외, 2021; 전중원, 2021; 황예원, 김낙홍, 2021). 초등학교 교사 중 교직경력이 많을수록 교직경력이 짧은 교사보다 온라인 수업 정책에 대한 만족도가 높았고, 학생들이 자신의 수업에 대해 만족한다고 느끼고 있었다(임성만 외, 2021). 다른 연구에서는 온라인 활용 수업의 만족도와 경험에 대한 교사의 인식은 연령에 의한 유의한 차이는 없었지만 온라인 활용 수업에 대한 준비에서는 젊은 교사들이 나이가 많은 교사에 비해 부담이 낮은 것으로 나타났다(전중원, 2021). 학부모들은 원격수업의 유형 중 쌍방향 수업에 대한 필요성에 동의하며 이를 요구하였으나 교사들은 개인정보 침해 우려, 학부모에게 수업을 공개하는 것에 대한 부담 등으로 심적 부담감이 높은 것으로 나타났다(고민서, 2021; 임수현, 2020). 지금은 교사들이 온라인 수업에 익숙해지고, 운영을 통해 온라인 교육의 가능성과 한계도 깨닫게 됨에 따라 이를 조화시켜 수업의 전체적인 흐름을 고려한 교사만의 콘텐츠를 개발하고 활용하려는 시도도 시작되었다.

코로나19 시기 교사들도 부모들과 마찬가지로 증가한 업무량과 방역에 대한 피로감, 원격수업, 급식, 돌봄 프로그램 등에 대한 학부모들의 요구와 불만에 응대하느라 직무 스트레스를 호소하고 있다. 초·중등학교와 같이 의무교육이 아닌 어린이집과 유치원의 경우 운영 자체의 어려움도 겪었고, 아동의 연령이 낮다 보니 돌봄 업무의 비중이 높아 스트레스는 더 컸을 것으로 예상된다. 그러나 아동이나 부모와 다르게 교사들의 정신건강에 대한 대규모 조사는 거의 찾아보기 어려웠다. 일부 인터뷰나 지역별로 이루어진 조사에서 교사의 스트레스가 증가했다는 보고가 있었을 뿐이다. 학교급별, 학교 유형별, 교사 경력과 개인적 요인에 따라 교사의 신체적, 정신적 건강에 대한 전반적인 파악이 필요하다. 부모와 마찬가지로 교사는 아동과 함께 있으며 소통하는 중요한 사람이므로 교사의 정신 건강은 매우 중요하다. 교사들이 상대하는 영유아와 아동들에게 미치는 영향을 고려하면, 교사의 정신건강과 심리적 안녕감을 위한 복지적 지원은 매우 중요한 과제이다.

# V

# 포스트 코로나 시대의 교육

코로나19 팬데믹으로 대부분의 학생이 학교와 교실을 벗어나 온라인으로 수업을 듣는 것이 새로운 일상, 즉 뉴노멀이 되었다. 이러한 변화는 코로나 이전에 온라인 교육의 주요 대상이었던 중·고교 및 대학생, 정규 및 비공식 교육 등을 떠나 초등학생과 유치원, 어린이집 유아들에게까지 확산되었다. 기술의 발전이 가속화되어 컴퓨터는 더 빨라지고, 스마트폰은 더 스마트해졌다. 코로나19 팬데믹에 대응하기 위해 시작된 교육환경과 교육방식의 변화를 통해 많은 사람들이 더 적극적으로 '스마트 미래학교'를 꿈꾸기 시작했다. 가르쳐야 할 내용을 온라인 수업자료로 만들어 영상을 활용하고 쌍방향용 교육플랫폼(예: Zoom)을 활용하여 학생들을 만나는 수업에 익숙해져 가고 있다. 코로나19 상황 자체만으로도 "원격수업이 필요한가?"에 대한 이유는 충분했기 때문에 어떻게 온라인 수업방식을 신속히 시도할 것인가에 집중하였고, 교사들도, 학생들도, 학부모들도 새로운 교육과 학습 환경에 적응하기 위해 많은 시간과 노력을 투자하면서 차츰 이러한 새로운 변화에 익숙해졌지만 교사와 학생, 학부모 모두 이러한 변화에 만족하지 못하고 있다. 코로나19로 인해 바뀐 교육환경의 뉴노멀을 살펴보고, 현재의 교육과 미래의 방향에서 우리가 생각해 보고 준비해야 할 사항에 대해 논의해 보고자 한다.

## 1. 뉴노멀을 이끄는 변화들

코로나19가 종식되어 포스트 코로나 시기가 오거나 새로운 변이 바이러스의 위협으로 위드코로나 시기를 맞이하던 온라인 교육은 계속될 것이고, 이를 활용한 교육이 뉴노멀이 될 것이다(박남기, 2021; 이영한 외, 2020; 정제영, 이선복, 2020; 안기순, 2021). 온라인 교육의 문제를 해결하기 위해 스마트(smart)교육과 아날로그(analogue)교육의 융합형태인 스마로그형(smarlogue) 교육(박남기, 임수진, 2015) 또는 온라인과 오프라인이 결합된 혼합교육 모델(hybrid education model)은 한동안 지속될 것이다. 코로나19 이전, 한국학술정보교육원(2020)의 보고서에 의하면, OECD 31개 국가 중 우리나라 가정의 디지털 기기 접근성은 28위, 학생 수 대비 PC 비율은 37개국 중 27위, 학교의 디지털 기기 접근성은 22위, 학교 내 디지털 기기 사용 빈도는 27위, 디지털 기기를 활용한 자율적 문제해결 지수는 31개국 중 31위였다. 이러한 우리나라 교육환경 현실은 코로나19 팬데믹 상황에 놓이자 학교 현장 일선에서 얼마나 혼란을 겪었을지 짐작하게 한다.

이에 2020년 10월 5일 교육부는 '코로나 이후, 미래교육 전환을 위한 10대 정책과제(안)'을 제시하였다. 코로나19 상황을 교육 패러다임 전환의 계기로 삼아 미래교육을 준비하겠다는 것이다. 이 중 유·초·중등 교육분야는 미래형 교육과정 마련, 새로운 교원제도 논의 추진, 학생이 주인이 되는 미래형 학교 조성, 학생성장을 지원하는 교육안전망 구축이 주요 전략 과제이다. 미래형 교육과정을 위해 2022 개정 교육과정 개편을 본격 추진하면서 교수학습과 평가를 개선하고, 교육과정의 분권화, 자율화, 원격수업 경험을 반영한 미래형 교육기반을 확대하겠다고 한다. 미래사회에 필요한 역량을 함양하고, 강화된 학습자 맞춤형 교육 체제를 만들기 위한 시작으로 보인다.

교육은 변화에 적응이 느리다는 평을 받아왔으나 불가피하게 에듀테크[5]가 교육에서 폭넓게 활용되면서 기술 및 공학은 기초 교육과정에서부터 포함해야 할 학문 영역이 되었다. 디지털 미디어 활용 역량 차이로 인한 교육격차를 줄이고 이를 예방하기 위한 디지털 리터러시 교육을 강화하는 방안을 미래교육 전환을 위한 10대 정책 과제로 제안하였다(교육부, 2020). 2022 개정 교육과정 개발 방향에서도 모든 교과교육과 AI·소프트웨어 교육 등 정보교과

5) 에듀테크: 교육(Education)과 기술(Technology)의 합성어로, 전통적 교육 방식에 VR·AR·AI·빅데이터 등 ICT 기술을 융합해 기존과 다른 새로운 학습경험을 제공하는 것

교육을 통해 디지털 리터러시와 컴퓨팅 사고력[6]을 포함한 디지털 기초소양을 강화하겠다고 하였다. 이를 위해 디지털 기초소양 함양을 위한 학교급별 기준을 마련하겠다고 하였는데, 초등교육의 교과수업 예시가 제시되어 있다. 그러나 미국과 영국, 에스토니아, 싱가포르와 같은 해외 국가들은 이미 유아기부터 디지털 리터러시와 컴퓨팅 사고력을 위해 컴퓨터 과학 관련 내용을 유아교육과정에 포함하고 있다(성지현 외, 2019). 유아기 발달에 적합한 방법으로 실물을 갖고 놀면서 문제해결력, 컴퓨팅 사고력과 관련된 기초개념들을 다른 교과내용과 연계하여 이해하고 배울 수 있도록 교구 및 교재를 제공하고, 핵심 개념을 구성하여 이를 위한 실천적 전략과 가이드, 지원을 명시하고 있다. 우리나라도 디지털 기초소양을 미래의 핵심역량으로 규정하였다면, 유아기부터 초·중·고로 연계되는 교육과정을 통해 기초부터 심화 학습을 내실화할 수 있는 지식체계와 핵심 개념의 재구조화가 필요하다. 기술적인 개념을 단순히 학습하게 하거나 경험을 통한 원리 이해만으로는 진정한 디지털 역량을 갖춘 인재를 양성하기 어렵다.

교육만이 가진 고유의 시각, 관점, 철학이 부재한 상태에서 수업을 혁신하는 방법론에만 치우쳐서는 안 된다. 기술적인 진보로 교육의 방법이 달라질 수는 있지만 우리가 왜 배우고 가르치는지, 교육을 통해 무엇을 얻고 깨우치는지 교육의 본질에 대해 더욱 고

---

6) 컴퓨팅 사고력(computational thinking)이란 컴퓨터가 문제를 해결하는 방식처럼 복잡한 문제를 단순화하고, 이를 논리적, 효율적으로 해결하는 능력을 말한다.

민해야 한다. 교육의 본질과 이에 대한 철학이 올바로 설 때, 기술 역시 그 역할을 충실히 할 수 있다. 통신기술과 빅데이터, 인공지능을 교육에 응용하여 아동 개개인에 맞는 학습을 지원할 수 있는 교육 시스템의 발전에 대한 기대가 빠르게 증가하고 있다(정제영, 이선복 역, 2020). 지능형 튜터링 시스템(intelligent tutoring system), 대화형 튜터링 시스템(dialogue-based tutoring system), 탐구학습 시스템(exploratory learning environment), 자동 서술형 평가(automatic writing evaluation), 증강현실(Augmented Reality), 가상현실(Virtual Reality), 챗봇(chatbot)과 같이 현재 이용되고 있는 교육분야의 인공지능 기술들은 학생을 가르치는 데 활용되거나 학생 스스로 학습하는 것을 지원하는 데 활용되고 있고, 교사의 교수 지원에도 활용되고 있다. 에듀테크 산업은 실감화, 연결화, 지능화, 융합화라는 강점이 있고 한국 교육의 새로운 변화와 혁신을 도모해야 한다는 의견과 함께 더욱 성장할 것으로 보인다. 그러나 이러한 교육에서의 기술도 방대한 양의 개인 데이터와 효율적인 알고리즘에 의존하고 있기 때문에 프라이버시와 윤리적 문제가 여전히 남아 있다(안기순, 2021). 또한 학교교육의 본질적 기능이라 여겼던 자연과 사람, 사람과 사람 간의 새로운 관계와 연결을 통해 시대적 요구에 맞는 공동체성을 회복하는데, 에듀테크가 어떻게 활용되어야 하는지에 대한 심도 있는 논의가 필요하다.

## 2. 미래교육의 한계와 고민

온라인 교육, 디지털 교육으로의 전환이 새로이 전개되는 미래 교육의 실체인 것처럼 여겨지며, 어떤 플랫폼이 더 유용한지 논의하고 있고 어떻게 수업내용을 온라인 콘텐츠로 구성하고 탑재할 것인가에 대해 고민하고 있다. 에듀테크 운동에 앞장섰던 Salman Khan(2011)은 테드 강연(Ted Talk)에서 영상으로 녹화된 온라인 교육을 통해 학생들이 수업 내용을 자신에게 맞는 속도로 학습할 수 있고, 교사가 보충수업을 집중적으로 실시하거나 잘 설계한 그룹 프로젝트를 통해 교육의 혁신을 가져올 수 있다며 세계적 관심 속에 칸 아카데미(Khan Academy)와 칸 실험학교(Khan Lab School)를 만들어 운영해왔다. 그러나 2019년 전통적인 교실교육에 대한 보완책으로 칸 아카데미를 활용하는 방법을 권고하며, 자신의 비전에 한계가 있음을 인정하였다(Brown, 2019). 이러한 혼합교육 모델은 1997년 Ken Koedinger와 동료들이 만든 반응형자기주도학습의 수업방식과 유사하며, 칸 아카데미가 2019년까지 발견한 성과의 상당 부분은 1990년대에 출간된 학술논문의 결과들과 유사하다(Reich, 2020). 온라인 교육의 선두였던 MOOC(Massive Open Online Courses)를 활용하여 구글사와 스탠퍼드대학이 협력하여 '인공지능개론' 강좌를 개설하고, 추후 Udacity를 설립한 Sebastian Thrun도 2013년 온라인 수업에 기본적인 한계(예: 강의실에 앉아 있지 않고 해당 강의를 이수한 사람은 거의 없음)가 있음을 이야기하며, 자신이 예상했던 만큼 사람들을 교육하지 못하고 있음을 인정하였다(Chafkin, 2013).

한국에서는 교육의 목표나 비전, 지표를 제시할 때 '역량'이라는 용어를 사용하며 이를 4차 산업혁명 시대의 미래교육의 새로운 능력이며 지식과 차원이 다른 능력인 것처럼 미화하고 있다(박제원, 2021). '역량'이라는 용어는 1959년에 Robert W. White라는 미국 심리학자가 수행동기에 대한 개념으로써 처음 사용한 이후 어떤 직업의 효율성이나 성과를 가능하게 하고 향상시키는 일련의 입증 가능한 특성 및 기술을 뜻하는 의미로 사용되었다. 그러나 역량은 직업영역뿐만 아니라 교육, 문화 등 삶의 모든 영역에서 요구되었고 학자마다 다양한 의미로 해석되었기 때문에 역량을 보편적 개념으로 정의하기 위해 OECD는 1997년부터 2003년까지 DeSeCo(The definition and selection of key competence) 프로젝트를 수행하였다(OECD, 2005). 이 프로젝트에서 역량이란 '지식, 기술, 태도, 감정, 가치, 동기 등을 활용하여 과제를 성공적으로 해결하는 능력'이라고 정의하였고, 이후 '21세기 기술 파트너십(The partnership for 21st century skills(2016)'에서 기초역량인 읽기(Reading), 쓰기(wRiting), 셈하기(aRithmetic)의 3R과 핵심역량인 비판적 사고(critical thinking), 창의력(creativity), 의사소통(communication), 협업(collaboration)의 4C를 제시하였다. 이를 참고하여 2016년 세계경제포럼인 다보스포럼에서 위기를 헤쳐나가기 위한 역량으로 핵심역량을 강조하였는데, 마치 우리는 4C를 기르는 역량중심 교육이 미래교육의 방향이자 목표인 것처럼 반기고 있다.

이렇다 보니 초등교육과정인 2015 개정 교육과정은 우리나라 학생들이 학교교육을 통해 교육받아야 할 핵심역량으로 '자기관리 역량', '지식정보처리 역량', '창의적 사고 역량', '심미적 감성 역량', '의사소통 역량', '공동체 역량'을 설정하였다. 서울시를 비롯한 각 교육청의 주요 업무계획에 나타난 교육 비전은 민주시민의 자질, 배려, 협력 등 태도를 중시하는 표현들이 두드러졌다(김유리, 김성식, 2019). 국가수준의 유아교육과정인 '2019개정 누리과정'에서도 건강한 사람, 자주적인 사람, 창의적인 사람, 감성이 풍부한 사람, 더불어 사는 사람으로 자라도록 돕기 위해 5개 영역의 경험을 통한 놀이 중심의 교육과정을 구성하였다. 그 5개 영역에서 경험에 대한 내용을 고루 담아 유아가 주도하는 놀이 중심으로의 자연스러운 배움을 강조하고 있지만 이 시기에 '무엇(what)'을 알아야 하는가에 대한 사실적, 개념적 지식의 내용은 매우 모호하다. 다만 '어떻게(how)'할 수 있는가? '어떻게' 배워야 하는가?와 관련된 절차적 지식을 더 중시하며 유아의 흥미, 공감, 협력, 의사소통 등 태도 역량을 강조하고 있다. 이를 보완하기 위해서인지 2022년 개정 교육과정 총론의 주요사항(시안)에 핵심 아이디어를 중심으로 학습 내용을 엄선하고, 교과 내 영역 간 내용 연계성을 강화하겠다고는 했으나, 아직 구체화되기 전이라 어떻게 학습과학의 원리에 따라 사실적, 개념적 지식 기반을 갖출지 지켜봐야 한다. 또한 초·중등학교 교육과정이 먼저 개정되고, 이후 유아교육과정인 누리과정이 개정되므로 유아기부터 지속적으로 하나의 연계된 교육을 받지 못하는 한계가 있다.

교육 방법은 학생의 연령, 교과의 특성과 내용에 따라 다양해야 한다. 예를 들어, 사회과 교육에서는 사회 현상에 대한 학문인 정치학, 경제학, 역사, 지리학의 기초적인 내용뿐 아니라 우리가 속한 사회가 추구하는 가치인 다양성, 평등과 정의 등에 대한 개념도 포함한다. 또한 영유아처럼 어린 학생들은 이러한 사회에 대한 지식과 경험 전에 먼저 자신에 대해 알고 자신의 감정이나 욕구를 조절할 수 있어야 하며, 친구를 사귀고 다른 사람과 소통하면서 사람마다 원하는 것과 필요한 것이 있다는 것을 알고, 같이 살아가는 것에 대해 배우고, 함께 의견을 모으고 결정하는 등 사회생활에 대한 수많은 경험과 실천적 지식이 필요하다. 이러한 지식을 Oakeshott(1991, p.15)는 정보와 판단이 연결된 실천적 지식(practical knowledge)이라고 하였고, Ryle(2002, p.27~32)은 방법적 지식(knowing how)이라 지칭하였다. 이는 우리가 학교수업에서 또는 온라인 수업에 탑재된 해당 교과의 이론과 원리, 내용을 아는 것과 이를 실제로 실천하고, 생활에 적용하는 일은 다르다는 것을 의미한다. 실제로 우리가 아는 것을 또는 배운 것을 행동에 적용하고, 현상을 이해하고 활용하기 위해서는 수많은 사고와 경험의 과정을 거쳐 체득되고, 체화되어야 한다. 그렇다면 언택트 시대의 과학수업과 음악, 미술 교육은 어떠해야 할까?

그동안 디지털 네이티브(digital native)인 지금의 학생들이 경험을 통해 학습하고, 스스로 지식을 구성할 수 있도록 자율, 놀이, 체험에서 방법을 찾으라고 교사들에게 주문했다. 결국 기초학력 미달로 학력이 저하되고 있다는 평가와 학업성취도 평가에 교과역량을 측정하는 문항이 도입되어야 한다는 의견이 지속적으로 제기되었고, 다각적인 측면에서의 시사점 도출이라는 명분 하에 교육과정의 핵심역량은 아니었던 교과역량을 국가수준 학업성취도 평가에 추가하였다(김희경, 2019). 태도역량이 중요하지 않은 것은 아니지만 이러한 역량이 실제로 학습되어 향상되었다는 구체적이고 객관적인 증거는 아직 찾아보기 어렵다(박제원, 2021). 오히려 학생 간 지식격차, 학력의 격차는 더 벌어지고, 학업중단율도 사교육비와 함께 늘었으며, 코로나19로 온라인 원격수업이 진행된 동안 학업수준에서 중위권이 줄어들고 학력 양극화가 심해지고 있다는 보도가 증가하였다(김영수, 강려원, 2020.09.18; 이덕영, 2020.10.10; 이유진, 2020.07.08; 전승엽, 김정후, 2020.08.22).

뇌발달에 관한 과학적 증거를 기반으로 볼 때, 뇌발달의 결정적 시기인 생후 10~12년 동안, 즉 초등학교 아동까지는 어휘, 수학적 개념 등 사실적, 개념적 지식을 가르치고, 기억하도록 하는 교육이 우선되어야 한다(박제원, 2021). 기억 교육은 주입식 교육과는 다르다. 인공지능이 기억을 대체할 수 있고, 정보디지털 사회에서 지식은 필요할 때 찾을 수만 있으면 된다고 지식을 저장하는 교육을 낡은 방식으로 치부하는 것은 학습격차에 따라 인지 발달을 더디게 하여 매우 위험할 수 있다. 우리가 기대하는 창의력이나 메타인지능력, 비판적 사고와 논리적 사고도 기억할 수 있는 지식이 많을 때 효과적으로 향상될 수 있다.

또한 미래 교육에서 중요하게 여기는 자신감, 가치, 흥미, 동기 등과 같은 태도 역량도 지식과 학력의 수준과 비례했고, 학교생활의 행복도도 지식과 학력과 비례했다(박제원, 2021). 2020년 EBS에서 방송된 〈다시 학교〉 2부 '교사의 고백' 편은 혁신 의지와 실제적인 결과의 격차를 보여 주고 있다. 핀란드 초등학교에서 역량 중심 교육과정을 만들며 학년과 교과를 통합하고, 최소한 한 학기에 한 번은 프로젝트 수업을 하도록 했지만 지식 수업이 제대로 이루어지지 않아 수단이 목적이 되어버린 사례(박제원, 2021)가 있다. 이는 미래 교육 또는 교육혁신이 에듀테크를 활용한 교육 또는 다양한 교수학습 방법을 적용한 혼합교육 모형을 실행하는 것이 아니라는 것을 보여 준다. 우리는 빠르게 변화하는 시대 속에서 실제로 아동들에게 배움이 일어나는지 아동들이 배우는 과정과 결과들을 제대로 평가하고 확인하고 있는지 책무감을 갖고 되돌아볼 필요가 있다.

### 3. 미래 교육의 과제

2021년 스위스 국제경영개발대학원(IMD)에서 발표한 국가 경쟁력 평가 순위를 보면 23위로 2016년과 비교했을 때 6단계 올라갔고, 인구 2천만 명 이상 국가 중 8위로 역대 최고수준으로 평가받았다(기획재정부, 2021. 6. 17). UN 산하기구인 세계지식재산기구(World Intellectual Property Organization, WIPO)가 2021년 9월 20일에 발표한 글로벌 혁신 지수에서 한국은 역대 최고인 5위(아시아 1위)를 차지했고(특허청 보도자료, 2021. 9.20), 세계 디지털 국가 경쟁력 순위도 12위이다(기획재정부, 2021. 6. 17). 산업통상자원부가 발표한 '2021년 12월 및 연간 수출입 동향'을 보면 2021년 수출액과 무역 총액이 사상최대를 기록하면서 세계수출 순위 7위, 세계 무역 순위 8위를 기록하는 등 상당한 국가 경쟁력을 보이고 있다. 그러나, 유럽경영대학원 INSEAD에서 세계 134개국을 대상으로 조사하여 발표한 세계 인적자원 경쟁력 지수(The global talent competitiveness index: 실현 여건, 매력도, 성장성, 지속성, 직업 기술, 글로벌 지식)는 27위, 유엔개발계획(UNDP)의 인간개발지수(기대수명, 1인당 실질국민소득, 평균 교육기간 등을 종합한 수치)는 2020년 23위로 상위권이기는 하나 세계적인 국가 경쟁력을 유지하기 위해서는 교육에서 더 노력해야 하는 상황임을 보여준다.

교육의 미래를 논하기 시작하면 '미래 교육'은 '현재 교육'과 매우 달라야 한다고 생각하는 경향이 있다. 하지만 미래는 언제나 현재와 과거에 뿌리를 두고 있고, 현재의 교육이 안고 있는 문제를 잘 해결하는 것에서 출발해야 한다. 교육은 "오랫동안 인간 사회의 변화에 기초적인 역할"을 해왔다(International Commission of the Futures of Education, 2021). 혁신은 희망적인 선언, 멋진 말들만으로 성공할 수 없다. 냉엄한 현실을 다각도에서 구체적으로 파악하고, 이를 학생의 연령, 경험, 상황, 요구와 필요에 따라 교육의 목적, 내용, 방법에 대한 계획과 방향이 설정되어야 할 것이다. 교직에 대한 더 나은 지원, 교육의 연계를 가로막는 장벽의 제거, 학생의 연령과 교육 내용에 적합한 디지털 기술의 적용과 투자, 유연한 학습 경로를 위한 교육 시스템의 개선을 통해 교육제도를 개혁해야 한다.

코로나19가 장기화되자 그동안 학업성취도 평가는 학력을 지식 위주로 평가하여 지성, 감성, 시민성을 함께 기르는 전인교육을 보여주지 못한다고 비판했던 사람들조차 기초학력을 보충하고, 학력 격차 해소를 위해 노력하고, 학교교육의 본질회복과 기능의 회복을 위해 힘을 모으자는 데 동의하고 있다. Putnam(2016)의 저서 〈우리 아이들: 빈부격차는 어떻게 미래 세대를 파괴하는가(Our kids: The American dream in crisis)〉에서는 오늘날 미국을 나누는 가장 중요한 요인은 인종이 아닌 '가정'에 의한 계급이며, 빈부격차가 점점 벌어지는 사회에서 '교육 사다리'가 사라졌을 때 일어나는 사회현상에 대해 적나라하게 보여주고 있다. 이와 같은 이야기는 한국에서도 진행되고 있다(김위정, 2020; 박미희, 2020; 홍석재, 2021. 5. 8). 유네스코(2020)에서 최근 발표한 '포스트 코로나 시대의 교육: 공공 조치를 위한 9가지 아이디어(Education in a post-COVID world: Nine ideas for public action)'에서도 "현 위기 상황은 사회, 지역사회, 그리고 개개인의 삶에 공교육이 미치는 중대한 영향에 대해 상기시킨다"고 하며 교육을 공공재로서 강화하고 '교육에 대한 권리'를 확장하며 교육직 및 교육자 간 협업을 중시할 것을 촉구하고 있다.

한국 교육에서 공교육이 개인의 다양한 교육 수요에 부응하지 못하는 것이 사교육이 번창하는 한 가지 이유가 된다(김민형, 2021; 박남기, 2021). 코로나19를 통해 공교육의 취약성이 더 부각되었고, 교육에 대한 불신은 공립학교보다는 사립학교, 학교보다는 사교육의 핵심인 학원이 더욱 활성화되고 있다(연합뉴스, 2022.

1. 8). 그러나 코로나19 위기상황에서 민간기업의 참여와 협력이 없었더라면 더 큰 참사를 맞았을 수 있다. 에듀테크 산업도 일종의 사교육기관인데도 불구하고, 온라인 개학으로 에듀테크 도입의 필요성을 절감하였으며, 딥러닝을 활용하여 학습자 중심의 맞춤형 학습 콘텐츠를 제공하는 '위즈스쿨', 실시간 쌍방향 온라인 교육 플랫폼인 '클라썸' 등 다양한 민간 온라인 교육 플랫폼이 공교육 울타리 안으로 들어왔다(박기은, 2020. 4. 23; 이고은, 2020). 실제로 학교 체제의 변화를 예측하는 관련 보고서에 의하면 배움에 대한 개념의 변화로 '학교의 구조 및 구성원 간의 관계, 교사의 역할, 교육과정'에 변화가 생길 것이라고 하였다(OECD, 2006).

또한 사회에서 일어나고 있는 변화를 교육에 반영하기 위해서는 유용한 학문, 분야, 과목, 주제 등이 추가되어야 한다. 기술 및 공학은 중고등학교 교육과정에 포함되어 있던 학문이지만 더욱 심화된 내용과 빠르게 축적되는 지식 내용이 많은 학문이므로 이를 위한 기초학습이 유아기부터 필요하고, 체계적으로 잘 연결하여 가르쳐야 하는 분야가 되었다. 또한 인터넷을 활용한 지 그리 오래되진 않았지만 점점 더 많은 사람들이 끊임없이 미디어를 소비하고, 창조하고 있으며, 우리 생활과 분리하기 어려운 상황이 되었다. 따라서 디지털 리터러시와 함께 미디어를 적절하고 건강하게 사용하는 법, 저널리즘, 미디어 활용과 창작에 대한 것도 이제는 학교교육에서 다루어져야 하는 내용이다. 또한 코로나19 팬데믹과 같은 위기는 살면서 어쩔 수 없이 마주하게 되는 현실일 수 있다. 평소에 학생들에게 정신적으로, 감정적으로, 그리고 신체적으로 스스로를 능동적으로 돌보는 방법을 가르치고, 자신의 신체적·정신적 건강(wellness)을 잘 유지할 수 있는 정보를 제공하고, 정신적 건강의 행복감을 어떻게 만들고 유지할 수 있는지 연습할 수 있는 기회를 제공해야 한다. 코로나19로 희박해진 학습공동체와 연대감을 극복하기 위해 미래 교육은 자연과 더불어 살아가는 인간의 존재를 이해하는 교육, 즉 공동체를 위한 교육이 되어야 한다.

부모들은 공교육과 사교육을 비교하고, 자녀들의 온라인 수업을 지켜보며 첫째 아이의 선생님과 둘째 아이의 선생님을 보고 교사들의 교수역량을 비교하면서 자연스럽게 교사의 역할과 전문적 역량에 대한 논의가 시작되었다. 온라인 시스템을 주저하던 교사들도 코로나19를 계기로 온라인 시스템 활용에 적응하였고, 온라인 교육의 가능성과 한계를 알게 되어 대면교육 상황에서 이를 어떻게 활용하면 좋을지에 대한 아이디어를 얻어가고 있다. 교사의 핵심 역할이 대면수업을 대체할 수업 동영상을 직접 제작하거나 관련 자료를 제공하는 것, 또는 온라인 실시간 수업을 하는 것이라고 생각한다면 일반 교사들이 만든 수업은 일명 일타강사[7]들의 수업과 퀄리티가 비교되며 일타강사들의 수업으로 대체하면 되고 더 이상 교사들이 필요 없다고 생각할 수도 있다. 하지만 코로나19로 교육에서 교사의 역할이 얼마나 크고 중요한지 알게 되었다. 유치원, 어린이집, 초등수업의 내용은 중고등학교 수업과 달리 누

---

7) '1등 스타강사의 줄임말'로 학원이라 온라인 강의에서 가장 인기 있는 강사.

구나 가르칠 수 있는 것처럼 보인다. 하지만 영유아와 아동을 제대로 평가하기 위해서는 영유아의 발달과 학습원리, 그리고 초등수업에 대한 이해와 전문적 지식이 필요하다. 교사들은 단순히 교과내용 학습을 돕는 것이 아니라 전인교육이 되도록 돕고 있으며, 특히 영유아를 비롯한 초등학교, 취약계층 자녀에게는 교사와 학교가 꼭 필요하다는 것이 입증되었다.

'교육의 질은 교사의 질을 뛰어넘을 수 없다'는 말은 상투적이지만 진리다. 코로나19로 교사의 전문적 역량은 더욱 중요해졌고, 사회가 원하는 교사의 역할과 교사상은 학교의 본질과 기능과 함께 새롭게 재조명되고 있다. 포스트 코로나 시대에 우리 사회가 원하는 교사의 전문적 역량과 교사상은 다음과 같다(조윤정, 박휴용, 2020). 교사들은 온라인 수업을 진행해오면서 디지털 리터러시가 이 시대의 교사에게 필요한 역량이라는 것에 공감하였다. 디지털 네이티브들을 담당하면서 지식경제와 정보화 시대의 흐름에 적응하지 못하는 교사는 무력해지고, 교사들도 뉴미디어 리터러시, 디지털 리터러시에 대한 적응 및 비판적 이해를 갖추어야 한다(Tyner, 2014). 교사는 지식전달자에서 학습하는 방법을 알려주는 안내자가 되어야 하므로 새로운 지식을 선별하고 해석하는 전문적 역량이 요구된다. 언택트(untact) 시대에는 과거보다 학생과의 정서적 교감과 소통에 집중하고, 학생의 성장을 돕기 위해 학습욕구와 학습목표를 연결시켜 주는 방법을 제시할 수 있는 역량도 필요하다. 이를 위해 학습자의 세계와 학습을 연결하는 콘텐츠 전문가에 머물러서는 안 되고, 학습자의 삶에 이 배움이 왜 필요한지 설명해 줄 수 있는 통역자이며 해석가가 되어 맥락(context) 전문가가 되어야 하고, 배움의 장면을 연출하는 큐레이터(curator)가 되어 학생들의 성향과 교실의 분위기에 맞게 교과 내용을 재구성하고 그것을 매개로 배움을 이끌어내는 역할을 해야 한다. 또한 학생들의 학습에 대한 평가 시 학습결과뿐 아니라 학급과정을 잘 지원하기 위한 개별 피드백을 제공할 수 있어야 하고, 디지털 미디어 시대에 학생들이 비판적 사고를 하고, 생활세계에서의 기초지식과 개념을 이해하고 문제해결 능력을 갖추었는지 평가할 수 있는 역량을 갖춰야 한다. 교사의 전문적 역량으로서 생태적 전환의 가치와 필요성에 대해 이해하여 학생들도 자연스럽게 생태적 삶을 살 수 있도록 돕는 역량도 필요하다. 마지막으로 교사의 네트워크 역량으로, 중요한 교사전문성은 이러한 역량을 통해 범분야 이슈를 통합적으로 협력하고 연계하기 위해 노력하는 것이 요구된다.

# Ⅵ
# 결론 및 제언

코로나19 팬데믹은 우리 사회에 많은 변화와 도전 과제를 한꺼번에 만들었다. 감염병 예방을 위한 조치들로 신체적 활동의 제한과 그동안 당연해서 느끼지 못했던 일상과 가족, 학교, 사회의 의미와 가치를 깨닫게 하였다. 또한 코로나19 유행이 장기화되면서 경제적·사회적 취약 계층의 아동, 장애아동, 다문화 가정의 아동들은 더 취약한 상황에 놓였다. 누구도 예상치 못했던 위기에서 가족의 건강성에 주목하게 되었다. 건강한 가정은 구성원 간의 원활한 소통, 가족 내 세심한 돌봄과 배려, 위기극복 및 문제해결 능력의 여부로 특징지을 수 있다. 즉, 건강한 가족이란 갈등이 없는 가족이 아니라 갈등을 잘 해결하는 가족이다. 우선적으로 우리 사회 구성원인 아동, 부모, 교사가 코로나19로 인한 스트레스를 덜어내고 신체적·정신적 건강을 잘 유지할 수 있도록 증거 및 데이터를 기반으로 한 보건, 교육 및 사회 보호 분야 프로그램을 확대하고, 정신건강 증진을 위한 양질의 서비스 프로그램을 지원해야 한다.

Human Rights Watch(2021)에서 코로나19 팬데믹으로 교육과 아동의 권리에 대한 문제들을 125쪽에 달하는 보고서로 제출하고, 제목을 '그들을 기다려주지 않는 시간들: 코로나19 팬데믹 동안 악화된 아동교육권에서의 불평등(Years don't wait for them: Increased inequalities in children's right to education due to the Covid-19 Pandemic)'이라고 하였다. 앞에서 살펴본 바와 같이 코로나19로 인하여 우리의 일상이 바뀌고 학교가 고유의 기능과 역할을 못하게 되면서 많은 아동이 교육에 필요한 기회와 도구, 접근성을 얻지 못하는 불평등을 겪고 있고, 코로나19의 장기화로 코로나19 팬데믹 이전부터 이미 교육과 돌봄에서 차별과 소외를 경험하던 집단의 아동들은 더 큰 타격을 입고 있다. 이 보고서에서는 모든 국가의 정부는 정상복귀 계획에 교육이 핵심이어야 한다고 강조했다.

코로나19 시기 어린이를 C세대(generation C, the COVID generation)라 부른다(Shoichet, 2021. 3. 11). 이 C세대에 정확히 어떤 연령을 포함해야 하는지에 대해서는 논란이 있지만 아동발달 연구자와 교육자들에게 분명한 것은 코로나19로 인해 경제, 지역사회 및 가족이 흔들렸고, 바뀐 교육과 돌봄 환경은 앞으로 몇 년 동안 지속적으로 아동에게 영향을 미칠 것이다. 코로나19 시기를 겪고 있는 아동기의 주요 발달과 학습에 지연이 나타났다. 유니세프의 보고처럼 코로나19로 인해 고립되고, 학대받고, 불안하고, 빈곤 속에 배고프고 결핍된 삶을 사는 아동의 수가 전 세계적으로 증가했다. 특히 더 취약하고 위험에 처한 유아들에게 가장 필요한 것은 양질의 유아교육 및 유아교육기관에 대한 손쉬운 접근과 이용이다. 인적자본에 대한 사회적 투자이론으로 노벨경제학상을 받은 Heckman은 아동을 우리 사회의 미래 인적자원으로 간주하여 아동에 대한 사회적 인적자본 투자를 비용 효과적인 측면에서 고려하면, 학령전기가 조기 개입에 가장 효과적인 시기라고 보았다(Heckman, 2008; Heckman & Lochner, 2000).

팬데믹으로 인한 빠른 회복과 조기 격차로 인한 더 큰 격차와 지연, 문제를 예방하기 위해서는 정책가, 사업가, 교육자, 경제학자들이 양질의 유아교육이 가져오는 이점을 옹호하고 이에 투자함으로써 취약하고 위험에 빠질 수 있는 아동의 궤적을 변경하고 상당한 비용을 절약할 수 있다. 연구기반 증거에 의하면 양질의 유아교육과 보육은 사회가 아동에게 할 수 있는 최고의 투자 중 하나이며, 이후 학습을 위한 강력한 기반을 구축하는 것이다. 국제적으로도 이러한 경제적 주장은 지속적으로 지지받고 있으며, 대부분의 나라들이 코로나19로 C세대 전체의 중요성에 대한 논의를 시작하여 양질의 유아교육과 아동교육에 현명하고 적극적인 재정투자로 방향을 바꾸고 있다. 코로나19를 겪고 있는 유아기부터 아동기 어린이에게 잘 설계된 교육과정을 제공하고 교육환경을 재구성하는 것이 필요하다.

코로나19 종식을 기다리기엔 기약이 없기에 하루 빨리 현재 우리나라 아동의 학습과 발달 전반에 걸친 진단을 한 다음, 그 결과에 따른 맞춤형 지원이 집중적으로 이루어져야 할 것이다. 부모의 역량과 가족의 상황, 다니는 교육기관이나 돌봄기관의 인프라와 대응정책, 교사의 역량에 따라 아동의 학습과 발달에 절대적인 영향이 있었음은 위에서 확인된 바와 같다. 2년이라는 시간은 결코 짧은 시간이 아니다. 더 이상 코로나19로 인한 학습의 격차가 지속되지 않도록 집중적이고 장기적인 계획을 통해 지원되어야 한다. 이를 위해서는 아동의 생태계에서 주요 역할과 기능을 하는 부모와 학교, 지역사회와의 유기적 연계와 협조가 중요하다.

아동은 사회생태학적 영향력을 최종적으로 받게 되는 가장 취약한 존재이다. 사회의 지속적인 지원과 정부의 제도적 보완이 시급한 때라 이에 대한 대책이나 계획도 아동의 관점이나 참여가 배제되기 쉽다. 아동권리와 건강, 행복은 모든 제도와 정책의 방향에서 최우선이 되어야 한다. 아동이 느끼는 다양한 감정들을 인정해주고, 어려움이 있는지 살펴주는 것이 필요하다. 예측이 어렵고 불확실성이 지속되는 상황에서 우리 모두 마음의 여유가 줄어들었다. 이러한 어려운 과정을 함께 겪어내며, 낙관적인 마음을 갖고 조금은 계획과 통제하는 태도를 느슨하게 하는 것이 서로의 정신 건강을 위해 필요한 마음가짐일 수 있다.

미래사회는 변동성(volatility), 불확실성(uncertainty), 복잡성(complexity), 모호성(ambiguity)으로 특징지어지는 VUCA시대라고 한다. 또한 코로나19로 인해 우리 세계가 코로나 이전(BC; Before Corona)과 코로나 이후(AC; After Corona)로 나뉠 것이라고 말할 정도로 큰 변화가 예측된다(Friedman, 2020, May). 미래에 대한 예측들이 쏟아져 나오고 있지만, 예측이나 계획에 에너지를 쏟으면서 아이들에게 필요한 계획을 세우거나 통제하려 하기보다는 하루하루 충실하게 현재에 집중하면서 보내는 것을 추천한다. 불안보다는 앞으로 바뀔 상황에 대한 호기심을 갖고, 예측보다는 대응하는 방식으로 지내다 보면, 가정 내 응집력과 교사와 아동 간의 연대도 좋아질 것이다. 또한 가정, 교육과 보육관계자들이 코로나19 이후의 뉴노멀을 받아들일 준비를 해야 한다. 코로나19 이전의 생활로 돌아갈 수 있기를 희망하기보다는 변화된 상황을 받아들이고, 새로운 당면한 과제를 해결하기 위해 아동의 미래를 지원하는 주체인 부모, 교사, 보육/교육기관, 정부가 함께 고민하고 소통하며 공동체적인 해결을 해 나가야 할 것이다.

# 참고문헌


강주희, 이대균. (2021). 코로나19에 따른 놀이중심 교육 운영의 어려움을 통해 발견된 '공간이 만들어 낸 놀이 공간. 열린유아교육연구, 26(2), 211-240.

고민서. (2021. 5. 3). 원격수업 중 학생 라면 먹고 학부모는 간섭...교사 55% 교권침해경험. 매일경제. https://www.mk.co.kr/news/society/view/2021/05/426082/

과학기술정보통신부, 한국정보화진흥원, 스마트쉼센터. (2020). 스마트폰 과의존 예방 가이드라인 매뉴얼. 영·유아 보호자용.

교육부. (2020). 안전하고 촘촘한 긴급돌봄! 정부가 지원하겠습니다. https://www.moe.go.kr/boardCnts/view.do?boardID=294&boardSeq=79889&lev=0&searchType=null&statusYN=W&page=39&s=moe&m=020402&opType=N에서 2020년 3월 1일 인출.

교육부. (2020). 유아를 위한 원격교육 프로그램. 세종: 교육부.

교육부. (2020). 처음으로 초중고특 신학기 온라인 개학 실시(코로나19). https://www.moe.go.kr/boardCnts/view.do?boardID=294&boardSeq=80160&lev=0&searchType=null&statusYN=W&page=1&s=moe&m=020402&opType=N#에서 2021년 10월 1일 인출.

교육부. (2021). 코로나19 대응을 위한 2021학년도 유치원 등원수업 및 원격수업 가이드라인. https://moe.go.kr/boardCnts/view.do?boardID=294&boardSeq=83371&lev=0&searchType=null&statusYN=W&page=1&s=moe&m=020402&opType=N에서 2021년 10월 1일 인출.

교육부 한국교육개발원. (2021). 교육통계연보. https://kess.kedi.re.kr/publ/view?survSeq=2021&publSeq=2&menuSeq=0&itemCode=02&language=en#

교육부. (2021). 2021년 1차 학교폭력 실태조사 결과 발표. 교육부 보도자료(2021. 9. 3).

기획재정부 경제정책국. (2021. 6. 17). 2021년 IMD 국가경쟁력 평가 결과 분석. 보도참고자료.

김남영, 서형교. (2021. 7. 14). "하~초등 1학년은 엄마의 원격수업이네요" 한경닷컴. 2021. 7. 14.

김민정, 김희영, 김남연, 문가영. (2020). 유아 대상 원격교육에 대한 유치원 교사의 인식 탐색. 한국유아교육연구, 22(3), 201-229.

김민형. (2021). [여명]코로나가 드러낸 공교육의 민낯. 서울경제. https://www.sedaily.com/NewsVIew/22U47JE300

김성현. (2021). 코로나19 시대 영유아기 부모의 스트레스에 관한 연구 -코로나19 스트레스와 양육스트레스를 중심으로. 안전문화연구, 2121(13), 375-390.

김소라. (2021. 1. 11). "원격수업에 원비 아깝다"...유치원 입학 취소 '저울질'하는 부모.

서울신문 (2021. 1. 11).

김영선, 이재림, 최정아. (2021). 코로나 19 시기 초등학교 4 학년 자녀를 둔 어머니의 자녀양육 및 자녀교육 경험. 인간발달연구, 28(3), 139-165. http://dx.doi.org/10.15284/kjhd.2021.28.3.139

김영수, 강려원. (2020. 9. 18). [뉴스큐] 보육도 학력도 '코로나 양극화'...저학년일수록 심각 우려. YTN. https://www.ytn.co.kr/_ln/0103_202009181641337584

김영주, 김수지, 이숙정, 박민규. (2020). 2020 어린이 미디어 이용조사. 한국언론진흥재단.

김위정. (2020). 코로나19가 던진 교육격차 문제와 과제. 서울교육. 2020겨울vol. 241. 코로나19가 보여준 교육의 현실과 미래 II. 10-17.

김유리, 김성식. (2019). 신학력관과 2015 개정 교육과정에 기반한 국가수준 학업성취도 평가의 대안 모색. 교육문화연구, 25(2), 149-173.

김은설, 배윤진, 조숙인, 이예진, 송신영, 임준범 등. (2016). 한국아동 성장발달 종단연구 2016 (한국아동패널 Ⅱ). 서울: 육아정책연구소.

김은설, 최정원, 장혜원, 조혜주, 김희수. (2019). 한국아동 성장발달 종단연구 2019 (한국아동패널 II). 서울: 육아정책연구소.

김은설. (2020). 아동의 미디어기기 중독과 사이버비행 감수성, 조기 대처가 답. 육아정책 Brief (2020. 11. 17). 서울:육아정책연구소.

김지연, 이하연, 이가림. (2021). 미디어 이용시간 및 책 읽기 시간에 따른 아동의 의사소통능력 차이: 군집유형별 분석을 중심으로. 한국생활과학회지, 30(5), 733-746.

김혁돈. (2021). 비대면 시대의 아동학대의 문제점과 대응방안. 보호관찰, 21(1), 127-155.

김효원. (2020). 코로나19가 교사의 수업, 학생의 학습 및 가정생활에 미친 영향: 중고등학교를 대상으로. 서울특별시 교육청 교육연구정보원. 2020위탁연구 보고서.

김희경. (2019). 국가수준 학업성취도 평가 점수 체제 개선 및 결과 활용도 제고 방안. 진천: 한국교육과정평가원.

뉴시스. (2020. 11. 7). 코로나에 우울감 심화...서울시, 복지시설 아동에 '마음 치료'.

도남희, 이정원, 김지현, 조혜주, 박은영, 김희수. (2017). 한국아동 성장발달 종단연구 2017 (한국아동패널 Ⅱ). 서울: 육아정책연구소.

도남희, 이정원, 김지현, 조혜주, 박은영, 김희수. (2018). 한국아동 성장발달 종단연구 2018 (한국아동패널 Ⅱ). 서울: 육아정책연구소.

명준희, 송지훈, 이혜정. (2021). 코로나19 상황이 보육교사 직무스트레스에 미치는 영향. 한국생활과학회지, 30(1), 35-44.

박기은. (2020. 4. 23). 한국형 원격교육을 위한 민간 퍼블릭 클라우드 플랫폼의 역할. 한국형 원격교육 정책자문단 1차 회의 자료. 교육부.

박남기. (2021). 포스트 코로나 시대 교육 새 패러다임 탐색. 한국초등교육, 32(2), 17-

32.
박남기, 임수진. (2015). 스마트 학급경영의 개념과 방향 탐색. 한국교원교육연구, 32(1), 371-394.
박미희. (2020). 코로나19시대의 교육격차 실태와 교육의 과제: 경기 지역을 중심으로. 교육사회학연구. 30(4). 113-145.
박영아, 조미현. (2020). 어린이집의 코로나-19 대응 현황과 어려움에 관한 연구. 한국영유아보육학, 125, 145-172. doi:10.37918/kce.2020.11.125.145
박인숙, 배지현. (2020). 장애아통합어린이집의 코로나19 대응 관련 원장의 어려움과 지원요구. 한국영유아보육학, 125, 1-23. doi:10.37918/kce.2020.11.125.1
박제원. (2021). 환상에 사로잡힌 미래교육의 불편한 진실. EBS 교육인사이트.
방영덕. (2021. 4. 1). '왜 어린이집 교사만?'...매달 코로나 검사에 부글부글. 매일경제. https://www.mk.co.kr/news/society/view/2021/04/311571/
보건복지부 보육정책과. (2021). 보육통계: 2020년 12월말 기준.
서영숙. (2020. 12. 11). 포스트 코로나19와 유아교육·보육전망. 한국유아교육·보육복지학회 2020년 추계 온라인 학술대회 기조발표.
성지현, 이지영, 박지영. (2019). 발달에 적합한 유아기 컴퓨팅 교육의 방향에 대한 탐색. 유아교육연구, 39(5), 107-132.
손서희, 성미애, 유재언, 이재림, 장영은, 진미정. (2021). 코로나 19 장기화로 인한 가계 경제 악화가 가족생활과 심리적 복지에 미친 단기종단적 영향과 조절요인. 한국가족관계학회지, 26(1), 3-25.
손현수. (2021. 6. 14). '온라인 수업'의 역설. 학교폭력 줄었지만 아동학대는 늘어. 한겨레. https://www.hani.co.kr/arti/society/society_general/999293.html
손희나. (2020). 코로나19(COVID-19)로 인한 어린이집 원장의 어려움과 코로나19에 대한 대응방안: 가정어린이집을 중심으로. 배재대학교 대학원 석사학위.
신나리, 김상림, 이주연, 송승민, 백선정. (2021). 코로나 19 시대의 보육: 어린이집의 운영 실태와 과제. 한국보육지원학회지, 17(2), 1-28.
안기순 역. (2021). 언택트 교육의 미래. 문예출판사. J. Reich. (2021). Failure to disrupt: why technology alone can't transform education. Harvard University Press.
양신영. (2021. 6. 8). 코로나19가 아동 발달에 미친 영향과 그 해법을 모색한다. '코로나 19, 아동의 발달에 미친 영향과 그 해법을 모색하는 온라인 국회토론회, https://www.youtube.com/watch?v=dkuJ_-JjT5g
연합뉴스. (2022. 1. 8). [탐사보도 뉴스프리즘] "학교를 마지막에 닫아라"..코로나에 구멍뚫린 공교육. https://news.v.daum.net/v/20220108220020832?x_trkm=t
이고은. (2020. 5. 18). 코로나19이후 비대면 교육 트랜드 변화. KDB산업은행 미래전략연구소.
이덕영. (2020. 10. 10). '그냥 듣기만' 원격수업에 사라진 중간…학력 양극화. MBC.

https://imnews.imbc.com/replay/2020/nwdesk/article/5936949_32524.html
이도연. (2021. 7. 26). 고3·고교 교직원 접종률 82%...유·초 1~2학년 교사 등은 99%. 연합뉴스, https://www.yna.co.kr/view/AKR20210726071200530
이봉주, 장희선. (2021). 코로나19 발생 이후 아동폭력 잠재유형화와 잠재유형별 결정 요인에 관한 연구. 한국아동복지학, 70(1), 147-180.
이성희. (2020. 9. 9). 아이 못 가도...유치원비 청구서는 꼬박꼬박. 경향신문. 2020. 9. 9.
이영한, 이규원, 양명수, 한상진, 표학길, 김태종, 강건욱, 강은정, 장은진, 김규원, 김소임, 이혜주, 홍미화, 김명중, 지재식, 심선영, 서진석 외. (2020). 포스트 코로나 대한민국: 집단지성 27인의 성찰과 전망. 한울아카데미.
이영섭. (2021. 5. 25). 아이와 부모 모두 '코로나 블루'..."정신건강 지원 늘려야" 연합뉴스. https://www.yna.co.kr/view/AKR20210525130500530
이유진. (2020. 7. 8). 원격수업 속 '교육 양극화'…중위권 성적 추락. 한겨레. http://www.hani.co.kr/arti/society/schooling/952702.htm
이유진. (2021. 9. 13). '집콕'뒤 자녀학대 증가...교사신고는 줄어. 한겨레. https://www.hani.co.kr/arti/society/schooling/1011527.html
이지영, 최림, 성지현. (2022). 코로나19 유행시기의 한국와 중국 어머니의 양육환경과 양육스트레스가 유아의 불안에 미치는 영향. 한국심리학회지: 발달. 35(1), 1-25.
임성만, 양일호, 김성운. (2021). 교직 경력에 따른 COVID-19상황에서의 초등학교 현장 교육에 대한 인식 조사. 학습자 중심교과교육연구. 21(2), 371-400.
임수현. (2020). 코로나19로 인한 학교 수업 방식의 변화가 교사수업, 학생 학습, 학부모의 자녀 돌봄에 미친 영향: 초등학교를 중심으로. 서울특별시교육청교육연구정보원 2020현안연구 보고서.
장영인. (2021). 코로나19 상황에서의 시설보호아동의 권리현황과 과제. 아동과 권리, 25(4), 459-489.
전승엽, 김정후. (2020. 8. 22). [이슈 컷] '일등과 꼴찌만 있다'…코로나로 심화하는 교육 양극화. 연합뉴스. https://www.yna.co.kr/view/AKR20200821058600797?input=1195m
전중원. (2021). 코로나 19로 인한 온라인 활용 교육방법에 관한 초등학교 교사의 인식: 부산광역시 초등학교 교사를 중심으로. 초등교육연구. 34(1). 245-263.
정계숙, 손환희, 윤갑정. (2021). COVID-19로 경험한 학교와 교육공동체: 초등 저학년 학부모를 중심으로. 한국산학기술학회논문지, 22(7), 77-94. https://doi.org/10.5762/KAIS.2021.22.7.77
정윤주. (2020. 4. 10). EBS, 유아교육방송 '우리집 유치원'편성... 교육 공백 보완. 연합뉴스. https://www.yna.co.kr/view/AKR20200410083200017?input=1195m에서 2021년 10월 10일 인출.
정정호, 김선숙, 김희주, 장혜림, 김시아. (2021). 코로나 19시기, 초등학교 1학년 아동

양육자의 양육경험과 스트레스에 관한 연구. 학교사회복지, 55, 153-185.

정제영, 이선복 역. (2020). 인공지능 시대의 미래교육: 가르침과 배움의 함의. 서울: 박영 Story. W. Holmes, M. Bialik, & C. Fadel (2019). Artificial intelligence in education: Promises and implications for teaching & learning. Center for curriculum redesign.

조가현. (2021. 4. 15). 초등학교 10명 중 8명 “코로나19로 초등생 수학 성취도 낮아져.” 동아사이언스. https://www.dongascience.com/news.php?idx=45687

조대형, 김정주. (2020). 코로나-19 사태가 국내경제에 미치는 영향과 향후 과제. 인문사회 21, 11(6), 2597-2612.

조소담, 박수경. (2021). 그림표상활동을 통해 살펴본 유아들의 코로나19 상황 인식. 생태유아교육연구, 20(4), 23-46.

조윤정, 박휴용. (2020). 코로나19와 교육: 교사전문성에 주는 시사점. 경기도교육연구원.

조해람, 김혜리, 민서영. (2021. 7. 21). “보호시설 아동, 외출·외박 제한에 취업준비도 못해”...복지부‘코로나대응지침’에 손발 묶인 아이들. 경향신문.

조희경. (2021. 10. 26). [더 오래] 1020 덮친 코로나 블루...아동 정신건강 비상. 중앙일보. 2021. 10. 26.

최모란. (2021. 8. 22). 코로나19로 휴원인데 등원율은 70%육박...속타는 부모 어린이집. 중앙일보. https://www.joongang.co.kr/article/25000357#home

최예나. (2021. 10. 11). 초등생 학교폭력 늘었다...“코로나로 사회생활 첫단추 잘못 끼워”동아일보. 2021. 10. 11. https://www.donga.com/news/Society/article/all/20211011/109646885/1

최윤경. (2020). 코로나19 육아분야 대응체계 점검: 어린이집·유치원 휴원 장기화에 따른 자녀돌봄 현황 및 향후 과제. 육아정책 Brief (2020.04.14) 육아정책연구소.

최윤경, 박원순, 최윤경, 안현미. (2020). 코로나19 육아분야 대응체계 점검 및 돌봄공백 지원 방안 연구. 육아정책연구소.

최준섭. (2021). 코로나19 팬데믹 시대 1년, 초등학생의 내적 경험에 관한 질적 연구. 교육학연구, 59(2), 159-189. http://dx.doi.org/10.30916/KERA.59.2.159

최지욱. (2021). 코로나19가 성인 및 소아청소년에 미치는 영향과 지원 방안. Journal of Korean Neuropsychiatric Association, 60(1), 2-10.

통계청. (2021). 2020년 사망원인통계 결과. 통계청 보도자료.

한국학술정보교육원. (2020). OECD PISA2018을 통해서 본 한국의 교육정보화 수준과 시사점. 연구자료 RM 2020-7.

한치원. (2020. 4. 27). 개학 무기 연기 유치원, 긴급돌봄 98% 운영...교사 84.4% 돌봄 참여. 에듀인 뉴스. http://www.eduinnews.co.kr/news/articleView.html?idxno=28751

홍석재. (2021. 5. 8). 코로나19 학습결손, 정말 심각하게 보고 있다. 한겨레. https://www.hani.co.kr/arti/society/society_general/994346.html

황예원, 김낙흥. (2021). COVID-19대응에 따른 서울의 한 공립병설유치원 교사들의 어려움. 열린유아교육연구, 26(4), 321-351. http://dx.doi.org/10.20437/KOAECE26-4-13

Babore, A., Trumello, C., Lombardi, L., Candelori, C., Chirumbolo, A., Cattelino, E., ... & Morelli, M. (2021). Mothers'and children's mental health during the COVID-19 pandemic lockdown: The mediating role of parenting stress. Child *Psychiatry & Human Development*, 1-13.

Benner, A. D., & Mistry, R. S. (2020). Child development during the COVID 19 pandemic through a life course theory lens. *Child Development Perspectives*, 14(4), 236-243. http://10.1111/cdep.12387

Boersma, P. (2012). A constraint-based explanation of the McGurk effect. In *Phonological Explorations* (pp. 299-312). De Gruyter.

Brown, E. A. (2019). Sal Khan envisions a future of active, mastery-based learning. *District Administration*, January, 31, 2019.

Brown, S. M., Doom, J. R., Lechuga-Peña, S., Watamura, S. E., & Koppels, T. (2020). Stress and parenting during the global COVID-19 pandemic. *Child Abuse & Neglect, 110*, 104699.

Calvert, G., Spence, C., & Stein, B. E. (Eds.). (2004). *The handbook of multisensory processes*. MIT press.

Carbon, C. C. (2020). Wearing face masks strongly confuses counterparts in reading emotions. *Frontiers in Psychology*, 11, 2526.

Chafkin, M. (2013, Nov. 14). Udacity's Sebastian Thrun, godfather of free online education, changes course. *Fast Company*, 14, https://www.fastcompany.com/3021473/udacity-sebastian-thrun-uphill-climb

Choe, Y. J., Choi, E. H., Choi, J. W., Eun, B. W., Eun, L. Y., Kim, Y. J., … & Lee, S. W. (2021). Surveillance of COVID-19-Associated Multisystem Inflammatory Syndrome in Children, South Korea. *Emerging infectious diseases, 27*(4), 1196-1200. https://doi.org/10.3201/eid2704.210026

Cluver, L., Lachman, J. M., Sherr, L., Wessels, I., Krug, E., Rakotomalala, S., ... & McDonald, K. (2020). Parenting in a time of COVID-19. *Lancet, 395*(10231).

Deoni, S., Beauchemin, J., Volpe, A., & D'Sa, V. (2021). Impact of the COVID-19 pandemic on early child cognitive development: initial findings in a longitudinal observational study of child health. *medRxiv*, https://doi.org/10.1101/2021.08.10.21261846.

Elder, G. H., Jr. (1998). The life course as developmental theory. *Child Development*, 69,

1－12. https://doi.org/10.1111/j.1467－8624.1998.tb06128.x

Engzell, P., Frey, A., & Verhagen, M. D. (2021). Learning loss due to school closures during the COVID－19 pandemic. *Proceedings of the National Academy of Sciences, 118*(17), e2022376118. http://doi.org/ 10.1073/pnas.2022376118.

Esposito, S., Giannitto, N., Squarcia, A., Neglia, C., Argentiero, A., Minichetti, P., ... & Principi, N. (2021). Development of psychological problems among adolescents during school closures because of the COVID－19 lockdown phase in Italy: A cross－sectional survey. *Frontiers in Pediatrics, 8*, 975. https://doi.org/10.3389/fped.2020.628072

Friedman, T. L. (2020). Our new historical divide: BC and AC the world before corona and the world after. *The New York Times*, 17.

Graber, K. M., Byrne, E. M., Goodacre, E. J., Kirby, N., Kulkarni, K., O'Farrelly, C., & Ramchandani, P. G. (2021). A rapid review of the impact of quarantine and restricted environments on children's play and the role of play in children's health. *Child: Care, Health and Development, 47*(2), 143－153.

Halayem, S., Sayari, N., Cherif, W., Cheour, M., & Damak, R. (2020). How Tunisians physicians of public health hospitals deal with COVID-19 pandemic? Perceived stress and coping strategies. *Psychiatry and Clinical Neurosciences, 74*, 496－512. http://doi.org/10.1111/pcn.13097

Hamre, B. K. (2014). Teachers' daily interactions with children: An essential ingredient in effective early childhood programs. *Child Development Perspectives, 8*(4), 223－230.

Hamre, B. K., & Pianta, R. C. (2005). Can instructional and emotional support in the first-grade classroom make a difference for children at risk of school failure? *Child Development, 76*(5), 949－967.

Harris, P., Nagy, S., & Vardaxis, N. (2014). Mosby's Dictionary of Medicine, Nursing and Health Professions－Australian & New Zealand Edition－eBook. Elsevier Health Sciences.

Heckman, J. J. (2008). The case for investing in disadvantaged young children. *CESifo DICE Report, 6*(2), 3－8.

Heckman, J. J., & Lochner, L. (2000). Rethinking education and training policy: Understanding the sources of skill formation in a modern economy. *Securing the future: Investing in children from birth to college*, 47－83.

Howes, C., & Ritchie, S. (2002). *A matter of trust: Connecting teachers and learners in the early childhood classroom* (Vol. 84). Teachers college press.

Human Rights Watch (2021). Years don't wait for them: Increased inequalities in children's right to education due to the Covid－19 Pandemic. Human Rights

Watch

Humphreys, K., Myint, E. M. T., & Zeanah, C. H. (2020). Increased risk for family violence during the COVID-19 *pandemic. Pediatrics, 146*(1), doi: 10.1542/peds.2020-0982.

International Commission on the futures of education (2021). *Reimagining our futures together: A new social contract for education*. Report from the International Commission on the futures of education, 2021. Paris: UNESCO.

Jalongo, M. R. (2021). The Effects of COVID-19 on Early Childhood Education and Care: Research and Resources for Children, Families, Teachers, and Teacher Educators. *Early Childhood Education Journal*, 1-12.

Keeley, B. (2021). The state of the world's children 2021: On my mind--promoting, protecting and caring for children's mental health. UNICEF.

Khan, S. (2011, March). Let's use video to reinvent education [Video]. TED talk, https://www.ted.com/talks/sal_khan_let_s_use_video_to_reinvent_education?language=en

Kuhfeld, M., Soland, J., Tarasawa, B., Johnson, A., Ruzek, E., & Liu, J. (2020). Projecting the potential impact of COVID-19 school closures on academic achievement. *Educational Researcher, 49*(8), 549-565.

Liang, L., Ren, H., Cao, R., Hu, Y., Qin, Z., Li, C., & Mei, S. (2020). The effect of COVID-19 on youth mental health. *Psychiatric Quarterly, 91*(3), 841-852. https://doi.org/10.1007/s11126-020-09744-3

Ludvigsson, J. F. (2020). Systematic review of COVID-19 in children show milder cases and a better prognosis than adults. *Acta Paediatrica, 109*(6), 1088-1095.

Moscardino, U., Dicataldo, R., Roch, M., Carbone, M., & Mammarella, I. C. (2021). Parental stress during COVID-19: A brief report on the role of distance education and family resources in an Italian sample. *Current Psychology*, 1-4. https://doi.org/10.1007/s12144-021-01454-8

Nath, A. R., & Beauchamp, M. S. (2012). A neural basis for interindividual differences in the McGurk effect, a multisensory speech illusion. *Neuroimage, 59*(1), 781-787. https://doi:10.1016/j.neuroimage.2011.07.024.

Nkire, N., Mrklas, K., Hrabok, M., Gusnowski, A., Vuong, W., Surood, S., ... & Agyapong, V. I. (2021). COVID-19 pandemic: Demographic predictors of self-isolation or self-quarantine and impact of isolation and quarantine on perceived stress, anxiety, and depression. *Frontiers in Psychiatry, 12*.

Oakeshott, M. (1991). *Experience and its modes*. Cambridge University Press.

OMEP Executive Committee (2020). OMEP Position paper: Early childhood education and care in the time of COVID-19. *International Journal of Early Childhood, 52*,

119–128. https://doi.org/10.1007/s13158-020-00273-5

Organisation for Economic Co-operation and Development (2005). The definition and selection of key competencies: executive summary. Paris: OECD.

Organisation for Economic Co-operation and Development (2006). *Schooling for tomorrow: Think scenarios, rethink education*. Paris: OECD.

Parsons, J. (2020). COVID-19, children and anxiety in 2020. Aust J Gen Pract, 49(Suppl 27).

Prime, H., Wade, M., & Browne, D. T. (2020). Risk and resilience in family well-being during the COVID-19 pandemic. *American Psychologist, 75*, 631 - 643.

Putnam, R. D. (2016). *Our kids: The American dream in crisis*. New York: Simon and Schuster.

Reich, J. (2020). *Failure to disrupt: Why technology alone can't transform education*. Harvard University Press.

Riphagen, S., Gomez, X., Gonzalez-Martinez, C., Wilkinson, N., Theocharis, P. (2020). Hyperinflammatory shock in children during COVID-19 pandemic. *The Lancet, 395*(10237), 1607–1608.

Ryle, G. (2002). *The concept of mind. London*, Hutchinson & Company.

Shoichet, C. E. (2021). Meet Gen C, the COVID generation. CNN from https://edition.cnn.com/2021/03/11/us/covid-generation-gen-c/index.html

Singh, S., Roy, M. D., Sinha, C. P. T. M. K., Parveen, C. P. T. M. S., Sharma, C. P. T. G., & Joshi, C. P. T. G. (2020). Impact of COVID-19 and lockdown on mental health of children and adolescents: A narrative review with recommendations. *Psychiatry Research*, 113429.

Sprang, G., & Silman, M. (2013). Posttraumatic stress disorder in parents and youth after health-related disasters. *Disaster Medicine and Public Health Preparedness, 7*(1), 105 - 110. https://doi.org/10.1017/dmp.2013.22

Tchimtchoua Tamo, A. R. (2020). An analysis of mother stress before and during COVID-19 pandemic: The case of China. *Health Care for Women International, 41*(11-12), 1349–1362. https://doi.org/10.1080/07399332.2020.1841194

The Partnership for 21st Century Skills (2016). *Framework for Twenty-First Century Learning. Retrieved April, 30, 2019 from http://www.battelleforkids.org/networks/p21/frameworks-resources*

Thorell, L. B., Skoglund, C., de la Peña, A. G., Baeyens, D., Fuermaier, A. B., Groom, M. J., ... & Christiansen, H. (2021). Parental experiences of homeschooling during the COVID-19 pandemic: Differences between seven European countries and between children with and without mental health conditions. *European Child*

*& Adolescent Psychiatry*, 1–13. https://doi.org/10.1007/s00787-020-01706-1

Tyner, K. (2014). *Lieracy in a digital world: teaching and learning in the age of information*. Routledge.

UNESCO (2020). Education in a Post–Covid World. Nine Ideas for Public Action.

United Nations. (2020). *Policy brief: The impact of COVID-19 on children*. https:// unsdg.un.org/resources/policy-brief-impact-covid-19-children

Villadsen, A., Conti, G., & Fitzsimons, E. (2020). P*arental involvement in home schooling and developmental play during lockdown-Initial findings from the COVID19 Survey in Five National Longitudinal Studies*. London: UCL Centre for Longitudinal Studies.

White, R. W. (1959). Motivation reconsidered: The concept of competence. *Psychological Review. 66* (5): 297 – 333. doi:10.1037/h0040934. PMID 13844397

Yoshikawa, H., Wuermli, A. J., Britto, P. R., Dreyer, B., Leckman, J. F., Lye, S. J., Ponguta, L. A., Richter, L. M., & Stein, A. (2020). Effects of the global COVID–19 pandemic on early childhood development: Short–and long–term risks and mitigating program and policy actions. *The Journal of Pediatrics, 233*, 188–193.

Zhang, J., Lu, H., Zeng, H., Zhang, S., Du, Q., Jiang, T., & Du, B. (2020). The differential psychological distress of populations affected by the COVID–19 pandemic. *Brain, Behavior, and Immunity, 87*, 49.

Zhao, Q., Sun, X., Xie, F., Chen, B., Wan, L., Wang, L., ... & Dai, Q. (2021). Impacts of COVID–19 on psychological wellbeing. *International Journal of Clinical and Health Psychology, 100252*. https://doi.org/10.1016/j.ijchp.2021.100252

제5장

# 포스트코로나 시대 시장환경과 소비생활의 대전환

**이성림** 소비자학과 교수

코로나 대유행이 2년 넘게 이어지고 절정에 다다른 현시점에 포스트코로나 시대에 다가올 사회적 변화를 미리 짚어보는 작업은 점차로 우리 생활에 스며들고 있는 4차 산업혁명의 물결을 타고 나아갈 준비를 다진다는 점에서 의의가 크다. 전 인류의 일상을 뒤흔들고 두려움에 빠뜨린 코로나 대유행은 아이러니하게도 사람들을 집 안으로 모아 들이고 가상의 환경으로 옮아가도록 안내했다. 사람들이 집 안에서 스마트폰과 컴퓨터를 이용하여 일하고, 학습하고, 쇼핑하고, 미팅을 이어가고, 공연을 관람하고, 친구들에게 소식을 전하고, 공들여 만든 달고나 커피를 사람들에게 보여주는 동안 새로운 시대의 장으로 옮아간 것이다.

학생들은 공부하다 막히면 인터넷을 검색한다. 유튜브 동영상이나 인터넷에서 검색되는 지식과 정보의 상당 부분은 인터넷 소비자들이 제작한 자가생산물이다. 소셜네트워크서비스(SNS)를 통하여 알고 지내던 사람들뿐 아니라 모르는 사람들과도 관심과 취향이 비슷하면 연결되어 교류하기도 하고 그 과정에서 창의적인 콘텐츠를 만들어 낸다. 댓글을 달거나 '좋아요' 클릭을 통해 자신의 의견을 표현한다. 평범한 소비자도 SNS 활동을 통해 인플루언서가 되어 제품을 추천하기도 하고, 심지어 자신의 필요나 요구에 따라 만들어 사용하던 물품을 다른 사람들의 요청에 의해 판매하기도 한다. 소비자들은 플랫폼서비스를 소비하는 동안 수많은 개인정보를 제공하고 콘텐츠를 공급하는 생산활동을 수행하는 것이다.

이와 같은 새로운 경제현상을 플랫폼경제 또는 Peer–to peer (P2P) 경제라고 한다. 2차 산업혁명 시대에는 시장이라는 경제 시스템의 출현으로 생산자와 소비자라는 경제 역할이 생기고 인류의 삶에 커다란 변화를 가져왔다면, 플랫폼경제는 소비자로 하여금 생산하며 소비하는 프로슈머가 되도록 함으로써 인간의 삶에 새로운 변화가 일어나고 있다. 이 장에서는 코로나 대유행기에 가계의 일과 소득, 소비지출에 나타난 변화를 간략하게 살펴보고, 소비자가 보유한 자원과 생산능력을 최대한 활용하는 플랫폼경제의 본질과 생산하는 소비자, 즉, 프로슈머의 경제적 역할을 고찰하며, 포스트코로나 시대 시장환경과 소비생활의 변화에 대비하는 몇 가지 제안점을 제시하고자 한다.

# I
# 코로나19 대유행과 가계 소득 및 지출 변화

## 1. 가계의 소득과 취업 상태의 변화

우리나라 가계의 소득과 지출 내역을 조사한 통계청의 가계동향조사에 따르면 코로나가 유행하기 시작한 2020년 가계의 사업소득과 근로소득은 전년에 비해 모두 하락했다. 이러한 변화는 소비자의 대면활동과 이동량이 줄어들어 대면 서비스업종의 영업이익이 타격을 입은 것과 연관이 있을 것이다. 그러나 뜻밖에도 김병국, 유민정(2021)에 따르면 2020년 평균 실업률은 4%를 기록하여 금융위기 이후 가장 높지만, 코로나19와 관련된 경기적 요인에 의한 실업은 0.1%에 불과하고, 지속적인 취업률 감소추세에 기인한 실업이 3.9%를 차지하여 코로나19가 고용에 미친 영향은 제한적이었던 것으로 진단했다. 실제로 〈표 1〉에 나타난 바와 같이 고용주 자영업자는 2019년부터 감소하기 시작하여 매년 감소하는 추세를 보이는데, 코로나 유행이 변화의 속도를 앞당겼을 것으로 추측된다.

소득이 하위층일수록 근로소득이 더 큰 폭으로 감소했으며, 성별에 따라 여성이 남성보다 코로나의 영향을 많이 받았다. 여성은 주로 판매 및 서비스직 등 대면 서비스업에 취업이 집중되었는데, 판매 및 서비스직 노동수요가 감소하여 여성 실직자 수가 증가했고, 학교와 어린이집이 코로나19로 폐쇄됨에 따라 어린 자녀를 돌보기 위해 일을 중단한 기혼여성이 증가하여 노동공급도 감소했기 때문으로 밝혀졌다(오삼일, 이종하, 2021; 김지연, 2021).

2020년 가계의 평균 근로소득과 사업소득은 감소했으나, 이러한 감소분을 상쇄하고도 남을 정도로 가계에 많은 공적이전소득이 투입되어 전체소득은 전년보다 증가했다. 코로나 위기에 대응하는 공적지원금은 개인별로 지급되었는데, 소득분위가 고소득층으로 올라갈수록 가구원수가 많아서 평균적으로 고소득 가계의 공적이전소득이 가장 큰 폭으로 증가했다. 소득계층이 올라갈수록 보다 많은 여러 가지 소득원으로부터 소득이 증가한 것으로 나타났다. 예를 들면 최상위 소득계층인 소득 5분위 가구는 공적이전소득, 재산소득, 사적이전소득, 비경상소득이 전년에 비해 모두 증가했다. 이러한 현상은 상층으로 올라갈수록 보다 다양한 소득의 파이프라인을 가지고 있음을 시사한다.

경제활동조사에 따르면 2020년에 고용원이 있는 자영업자는 전년대비 10.79%, 주로 이들이 고용하는 임시 및 일용직 근로자 수는 전년대비 각각 6.56%, 7.07% 감소했다. 이러한 변화는 같은 기간 동안 상용근로자는 2.2%, 고용원이 없는 자영업자는 2.15% 증가한 것과 대비된다. 코로나가 유행하는 시기에 비대면 배달서비스 수요가 증가하면서, 배달업종을 중심으로 플랫폼 노동 종사자도 함께 증가했다.[1]

**〈표 1〉 종사상 지위별 취업자 분포**

(단위: %)

| 구분 | 2015 | 2016 | 2017 | 2018 | 2019 | 2020 | 2021 |
|---|---|---|---|---|---|---|---|
| 비임금근로자 | 25.88 | 25.52 | 25.41 | 25.12 | 24.64 | 24.43 | 23.91 |
| –고용원이 있는 자영업자 | 6.15 | 6.00 | 6.02 | 6.16 | 5.67 | 5.10 | 4.79 |
| –고용원이 없는 자영업자 | 15.33 | 15.26 | 15.24 | 14.86 | 15.00 | 15.46 | 15.42 |
| –무급가족종사자 | 4.40 | 4.26 | 4.15 | 4.10 | 3.97 | 3.87 | 3.69 |
| 임금근로자 | 74.12 | 74.48 | 74.59 | 74.88 | 75.36 | 75.57 | 76.09 |
| –상용근로자 | 48.58 | 49.46 | 50.25 | 51.35 | 52.41 | 53.97 | 54.59 |
| –임시근로자 | 19.54 | 19.40 | 18.68 | 18.09 | 17.68 | 16.66 | 16.99 |
| –일용근로자 | 6.01 | 5.62 | 5.67 | 5.44 | 5.27 | 4.94 | 4.51 |
| 전체 취업자 | 100.00 | 100.00 | 100.00 | 100.00 | 100.00 | 100.00 | 100.00 |

출처: 통계청 KOSIS, 2020 경제활동조사

- 상용근로자 2.2%, 고용원 없는 자영자 2.15% 증가
- 고용원이 있는 자영업자 10.79% 감소
- 임시근로자 6.51% 감소, 일용직 근로자 7.07% 감소
- 성별에 따라 여성 1.17% 감소 남성 0.81% 감소

1) 2020년 고용노동부가 실시한 플랫폼종사자 실태조사 결과에 따르면 플랫폼의 중개를 통해 유급노동을 제공하고 수입을 얻는 플랫폼노동자는 2020년 약 22만 명에서 2021년 66만 명으로 불과 1년 동안 3배나 증가했다(고용노동부, 2021).

〈표 2〉 2020년 소득분위별 전년대비 소득변화율(전국 2인 이상 가구)

(단위: %)

| | 전체 | 1분위 | 2분위 | 3분위 | 4분위 | 5분위 |
|---|---|---|---|---|---|---|
| 소득 | 2.29 | 1.65 | 1.81 | 1.94 | 3.17 | 1.97 |
| 경상소득 | 1.88 | 1.85 | 1.97 | 2.17 | 3.30 | 0.61 |
| 근로소득 | -1.60 | -12.15 | -6.94 | -1.42 | 1.01 | -1.28 |
| 사업소득 | -2.56 | -4.13 | 5.85 | 0.70 | -8.75 | -3.13 |
| 재산소득 | 9.00 | -0.21 | 32.99 | 70.59 | -55.82 | 7.23 |
| 이전소득 | 29.74 | 17.60 | 24.93 | 21.96 | 52.93 | 38.33 |
| 공적이전 | 45.77 | 27.68 | 41.75 | 37.39 | 76.63 | 63.28 |
| 사적이전 | 2.47 | -7.37 | -7.27 | -4.85 | 18.93 | 9.96 |
| 비경상소득 | 32.10 | -23.24 | -17.64 | -23.20 | -9.24 | 72.58 |

출처: 통계청 KOSIS, 2019, 2020 가계동향조사

- 총소득은 2019년 515.1만 원(2020년 화폐가치), 2020년 526만 원으로 전년대비 2.12% 증가
- 근로자의 근로소득은 340.7만 원, 전년대비 1.78% 감소
- 자영업자의 사업소득은 96.6만 원, 전년대비 2.77% 감소
- 이전소득은 약 75.9만 원, 전년대비에 비해 29.52% 증가
- 비경상지출은 약 91만 원, 전년대비 약 31.88% 증가, 2019년에도 전년대비 9.47% 증가
- 소득 1분위는 공적 이전소득 증가
- 소득 2, 3분위는 공적 이전소득과 재산소득 증가
- 소득 4분위는 공적 이전소득, 재산소득, 사적이전소득 증가
- 소득 5분위는 공적 이전소득, 재산소득, 사적이전소득, 비경상소득 증가

## 2. 가계의 소비지출 변화

2020년 코로나 유행과 함께 재택근무와 재택수업 등이 실행되어 가족원이 집에 머무는 시간이 길어지면서 비대면지출과 필수적 지출은 증가하고 대면지출과 선택적 지출은 감소했다. 전년에 비해 2020년에는 집 안에서 소비되는 식료품비와 가사용품비, 그리고 주거비 지출은 급격하게 증가한 반면 집 밖에서 소비되는 의류, 교육비, 음식 및 숙박에 대한 지출은 감소했는데, 집 밖 활동과 관련된 지출은 이전부터 감소하던 추세가 코로나 유행이 시작되자 더욱 강화된 것이다. 가계의 평균 소비지지출은 감소했는데, 비대면 및 필수적 지출은 주로 식사준비와 생활용품 등 가계생산을 위한 재료와 물품들로 구성되어서, 음식점이나 카페 등 외부서비스를 이용하는 것보다 비용이 절감되었을 것이다.

지출 감소 규모는 소득계층에 따라 다르다. 상층과 저소득층에 비해 중간 소득층의 지출이 가장 크게 감소하여, 지출수준이 저소득층에 보다 가까워졌다. 저소득층은 코로나 유행 이전부터 지출 수준이 낮아서 지출을 줄일 여력이 크지 않은 반면, 중간 소득층은 그나마 여유 있는 지출을 줄여서 소득 감소에 대처한 것으로 해석할 수 있다. 2019년과 2020년 사이 코로나 대유행기의 가계소득과 지출 변화 양상을 살펴보면 고소득층보다 저소득층과 중간 소득계층에서 큰 폭으로 하락해서 코로나로 인한 경제적인 충격이 저소득층과 중간 소득층에 보다 집중되었음을 알 수 있다.

〈표 3〉 코로나19 유행 전 후 가계의 소비지출 변화(전국 1인가구 포함)

| | 지출금액(만 원) | | | 구성비(%) | | |
|---|---|---|---|---|---|---|
| | 2019 | 2020 | 변화율(%) | 2019 | 2020 | 변화율 |
| 소비지출 | 148.8 | 143.3 | -3.63 | | | |
| 비대면소비 | 57.3 | 61.0 | 6.52 | 43.43 | 47.45 | 9.27 |
| 식품/가정 소모품 | 25.6 | 27.9 | 9.22 | 20.80 | 23.19 | 11.45 |
| 기기/내구재 | 10.5 | 11.5 | 9.74 | 6.20 | 6.96 | 12.21 |
| 통신/주거서비스 | 21.2 | 21.6 | 1.70 | 16.42 | 17.31 | 5.40 |
| 대면소비 | 91.5 | 82.3 | -9.99 | 56.57 | 52.55 | -7.12 |
| 교육 | 11.3 | 8.8 | -22.09 | 5.91 | 4.67 | -20.99 |
| 집밖활동 | 55.8 | 48.8 | -12.67 | 34.15 | 31.00 | -9.22 |
| 수리 및 수선 | 10.6 | 10.9 | 2.71 | 6.71 | 7.03 | 4.68 |
| 돌봄의료 | 13.8 | 13.9 | 1.03 | 9.81 | 9.86 | 0.51 |
| 필수적 지출 | 62.1 | 63.8 | 2.76 | 0.48 | 0.51 | 5.17 |
| 준필수적 지출 | 47.3 | 44.7 | -5.52 | 0.32 | 0.32 | -1.55 |
| 선택적 지출 | 37.8 | 33.4 | -11.81 | 0.20 | 0.17 | -10.77 |

※ 대면소비는 가구원 이외 소비하는 동안 타인과 대면하는 상품과 서비스, 비대면소비는 가구원 이외 타인들과 대면하지 않고 소비하는 품목을 의미함.

출처: 통계청 KOSIS, 가계동향조사

- 2020년 가계의 월평균 소비지출 지출은 약 240만 원, 전년대비 2.82% 감소
- 비대면 소비지출은 약 47.45%로 전년대비 약 9.27% 증가
- 대면 소비지출은 약 52.55%로 전년대비 약 7.12% 감소
- 필수적 소비지출 비중은 2019년 약 48%에서 2020년 51%로 증가
- 선택적 소비지출 비중은 2019년 20%에서 2020년 17%로 감소
- 가구 및 가정 기기, 자동차 등 내구재 지출은 2019년, 2020년 지속적으로 증가

- 주택 수리 및 수선 서비스와 기록저장 장치 지출은 코로나19와 더불어 증가
- 가장 많이 증가한 비목은 기기와 내구재 12.21% 증가, 가정용품/가정소모품 11.45% 증가
- 가장 많이 하락한 비목은 교육비 20.99% 하락, 집 밖 활동 지출 9.22% 하락

## 3. 플랫폼과 소비생활

코로나가 유행하는 짧은 기간 동안 디지털 플랫폼을 이용하는 소비자가 증가함으로써 플랫폼경제로의 이행이 급진적으로 진행되었다. 플랫폼에서의 소비자활동은 플랫폼경제를 구성하고 유지하는 핵심요소인데, 이 시기 플랫폼경제의 발전을 촉진하는 소비자활동이 급속도로 증가했다. 몇 가지 중요한 사항을 살펴보면 다음과 같다. 첫째, 비대면 생활이 이어짐에 따라 가계의 온라인 구매가 급격하게 증가했다 2020년 12월 온라인 쇼핑 총 거래액은 코로나 이전의 2019년 동월대비 약 26.1% 증가했으며, 전체 온라인 거래액 가운데 모바일쇼핑이 차지하는 비중은 69.7%로 온라인 쇼핑에 주로 모바일을 이용하는 것으로 나타났다.

둘째, 코로나가 유행하는 동안 비대면으로 일상생활을 유지하는데 있어서 온라인 플랫폼은 소비자들에게 유용한 생활도구가 되었다. 온라인 재택근무, 온라인 교육, 온라인 구매, 온라인 금융, 온라인 영화, 온라인 공연, 랜선 미팅 등의 형태로 플랫폼은 일, 학습,

여가, 저축 및 투자, 소비, 사회적 관계 등의 많은 생활영역에서 사람들의 일상 활동의 중심지로 자리 잡았다.

셋째, 코로나 유행은 소비자의 생산능력을 일깨우는 계기가 되었다. 집에 머무르는 시간이 길어지면서 음식물 만들기, 자녀와의 활동 놀이, 취미 및 건강 증진 활동 등 이전에는 전문가에게 의존했던 활동을 직접 실행하는 자가생산(Self- production)활동도 증가했고, 소비자들 사이에 SNS나 유튜브 등의 플랫폼에 자가생산물을 자발적으로 공유하고 의견을 교류하는 활동도 활발해졌다. 코로나 이전에는 SNS, 유튜브 등 디지털 플랫폼에 '핫플레이스'나 '맛집 메뉴' 등 외부 활동을 담은 콘텐츠가 많이 게시되었다면 코로나 이후에는 자가생산물에 대한 콘텐츠가 증가하고, 각종 자가생산 know-how와 지식이 더욱 발달하고 확산되었다.

넷째, 집 안에서 이루어지는 가계생산 활동이 SNS를 통해 외부로 드러나면서, 전문가를 능가하는 기술력을 보이고 질적으로 더욱 개선되고 창의적인 방식으로 생산물을 창출하는 자가생산자(prosumer)가 출현했다. 플랫폼 활동을 통해 대중들로부터 인지도를 확보한 소비자들은 인플루언서로서 시장에 영향력을 발휘하기도 하고, 직접 만든 제품을 판매하거나 자신의 콘텐츠에 사람들이 모여들면서 소득을 창출하는 등 새로운 경제활동 기회를 가지게 되었다. 평범한 소비자들도 에어비앤비나 클로짓쉐어 등 공유경제 플랫폼에 참여하여 수입을 얻기도 한다. 이처럼 소비자들이 자신의 생산능력과 소유물을 가지고 플랫폼경제에 공급자와 생산자로 참여하는 현상이 점점 가시화되고 있다. 이상의 소비자 활동은 4차 산업혁명시대의 시장 특성과 연관이 크다는 점에서 의미 있는 변화라고 할 수 있다.

# Ⅱ
# 플랫폼경제의 이해

## 1. 플랫폼 발달 배경

플랫폼이란 정보통신 기술을 이용하여 사람들이나 조직체가 서로 상호작용할 수 있는 생태계를 구축하여 가치를 창출하고 교환할 수 있게 해주는 매개체이다. 플랫폼은 저마다 독특한 디지털 인프라와 도구를 제공하면서 가상공간으로 사람들을 모아들이고 서로의 요구에 맞는 상대방과 연결되어 상품이나 서비스, 가치 있는 무언가를 교환하고 향유할 수 있도록 해준다. 기술적으로 플랫폼은 인공지능 알고리즘으로 작동하는 일종의 '디지털 프레임워크'라고 할 수 있다. 플랫폼은 중앙에서 계획된 알고리즘에 의해 사람들과 조직체들의 네트워크를 만들고 참여자들은 보이지 않는 방식으로 자동으로 연결된다.

플랫폼은 초고속통신과 클라우드 컴퓨팅 기술의 발전이 이루어낸 연결성 혁명의 소산이다. 2000년대 중반부터 광대역 네트워크와 무선네트워크를 아우르는 초고속통신망이 가정으로 확산되고, 무선 통신망을 통해 언제 어디서나 원하는 사람이나 조직체와 실시간으로 연결되어 저렴한 비용으로 정보 검색과 전송이 가능한 환경이 조성되었다. 소비자들 사이에 스마트폰이 빠른 속도로 보급되면서 정보통신 기술을 활용하는 다양한 프로그램과 애플리케에션이 소비자에 손에 들어왔는데, 코로나 유행으로 사회적 거리두기가 시행되자 비대면으로 생활을 유지하기 위해 앱 이용이 폭발적으로 증가했다. 정보통신기술의 비약적인 발전의 혜택이 스마트폰이라는 작은 기계 속의 다양한 애플리케이션을 통해 소비자의 생활 속에 자리 잡게 된 것이다(모아제드, 존슨 저, 이경식 역, 2016).

플랫폼은 크게 메이커플랫폼과 교환플랫폼으로 구분된다(모아제드, 존슨 저, 이경식 역, 2016). 교환플랫폼은 당사자들 사이에 어떤 교환이 이루어지도록 설계된 플랫폼인데, 카카오톡과 와츠앱 등과 같은 메시지 플랫폼을 통해 개인 간 메시지를 교환하고, 페이스북 등의 소셜네트워크 플랫폼에서는 개인 프로필 등을 게시하고 사람들과 연결되어 소식을 전하며 다양한 콘텐츠를 교환한다. 당근마켓, 숨고, 크몽, 클래스 101, 클로짓쉐어, 에어비앤비, 우버 등의 거래 플랫폼에서는 거래 당사자들 사이에 제품과 서비스가 교환된다. 메이커 플랫폼은 일반 대중에게 소프트웨어, 코드, 텍스트, 사진, 동영상 등의 콘텐츠를 생산하여 게시하거나 사용할 수 있는 도구와 인프라를 제공한다. 리눅스 운영체제, 애플스토어, 구글플레이 등이 대표적인 메이커 플랫폼이다. 동영상을 제작하여 올리고 시청하는 유튜브, 사진을 올리는 인스타그램, 뉴스를 생산하여 전달하는 트위터도 일종의 메이커 플랫폼으로 출발했다(모아제드, 존슨 저, 이경식 역, 2016).

일반적인 오프라인 기업은 제품이나 서비스를 생산하고 유통하는 경제활동을 수행하여 가치를 창출하지만, 플랫폼 기업은 나름의 독특한 생태계를 구축할 뿐 제품이나 콘텐츠 등을 생산하거나 소유하지 않는다. 예를 들면, 페이스북, 인스타그램, 유튜브 회사는 콘텐츠를 생산하지 않고, 에어비앤비는 호텔 등의 숙박시설을 짓거나 보유하지 않으며, 의복을 공유하는 클로짓쉐어는 옷을 만들거나 소유하지 않는다. 플랫폼기업은 공급자와 수요자가 연결하여 가치를 교환하도록 하는 디지털 시스템을 운영하는 기업들이다. 이러한 플랫폼의 중요한 기능에 주목하여 모아제드와 존슨(이경식 역, 2016)은 플랫폼을 '거래는 제조하는 공장'이라고 한다.

## 2. 플랫폼경제의 정의

디지털네트워크를 기반으로 하는 플랫폼경제(platform economy)는 사람들 사이의 디지털 상호작용을 용이하게 하는 온라인 플랫폼을 활용하는 경제활동이다(Deloitte, 2019). 즉, 제품과 서비스의 교환이 이루어지도록 서로의 요구에 부합하는 구매자와 판매자를 검색하여 연결해 주는 디지털 플랫폼으로 운영된다. 이베이(ebay)의 창업자 피에르 오미디아(Pierre Omidyar)의 말대로 플랫폼경제는 개인과 개인을 연결해서 누구나 다른 누구에게 제품을 살 수 있고 팔 수 있는 시장, 사람들이 가지고 있는 자원을 쌓아두기보다 필요한 사람들과 거래를 하는 시장, 소비자가 판매자가 되는 시장, 거래에 참여하는 사람들 사이에 공동체나 커뮤니티를 형성할 수 있는 경제체제이다(Einav et al., 2015). 플랫폼경제는 ①개인의 소유물을 일정 기간 빌리거나 빌려주는 공유경제형, ②전문적 기술과 능력, 노동력을 제공받거나 제공하는 프리랜서형, ③중고물품을 포함해서 자신의 창작물이나 생산물을 거래하는 제품시장형, ④펀딩에 참여하거나 후원하는 등의 방식으로 스타트업이나 프로젝트 사업에 투자하거나 자금을 조달받는 P2P 금융 등 다양한 시장 형태로 발전하고 있다.

플랫폼경제는 소비자가 공급자로 플랫폼에 참여할 수 있도록 '생산서비스'를 제공한다는 점에서 기존의 시장경제와 근본적으로 다르다. 플랫폼경제는 누구라도 제품과 서비스의 공급자 역할을 할 수 있도록 대금결제 도구 등 거래에 필요한 인프라와 도구를 제공한다. 따라서 소비자들도 플랫폼의 정해진 절차에 따라 동영상이나 사진을 업로드하거나, 프리랜서나 판매자로 등록하면 공급자가 되어서 다른 누군가에게 제품이나 서비스를 판매할 수 있다. 많은 사람들이 에어비앤비, 아이디어스, 클로짓쉐어, 당근마켓 등에서 어렵지 않게 판매자가 되는 경험을 하고 있다. 유튜브는 동영상 콘텐츠를 업로드하여 공유하는 시스템을 제공하여 일반인들, 심지어 아동이나 청소년도 콘텐츠 공급자가 될 수 있도록 했다.

플랫폼경제는 일반 소비자가 콘텐츠나 제품과 서비스의 공급자가 되어 거래에 참여하도록 한다는 점에서 생산자와 소비자의 역할이 분리된 산업시대의 시장경제와 뚜렷한 차이가 있다. 4차 산업혁명시대 경제의 대변환은 플랫폼경제의 바로 이러한 특성에서 비롯된다고 할 수 있다.

## 3. 플랫폼경제 특성

소비자가 공급자가 되는 플랫폼경제는 제품과 서비스가 거래되는 실물시장, 인력과 전문서비스가 거래되는 노동시장, 자본의 수요와 공급이 매칭되는 금융시장 등 시장 전반에 걸쳐서 크게 두 가지 새로운 경제현상이 나타나고 있는데, 하나는 프로슈머에 의한 시장공급의 증가, 다른 하나는 수요 측면의 규모의 경제이다.

### 가. 프로슈머에 의한 시장공급 증가

프로슈머(prosumer)란 생산자(producer)와 소비자(consumer)의 합성어로서 생산활동을 하는 소비자를 의미한다. 플랫폼경제는 일반대중에게 그들의 재능과 유휴 자원을 활용하여 생산자나 공급자가 되는 도구와 인프라를 제공하여 시장에 제품, 서비스, 인력 등을 제공하도록 함으로써 시장의 공급을 증가시킨다. 기업이 제품을 생산하여 유통시키기 위해서 인건비, 임대료, 원료구입비, 물류 및 운송비 등의 생산비가 발생하는 것과 달리 소비자가 보유한 인적 및 물적 자원을 공급원으로 활용하면 커다란 생산 비용을 발생시키지 않고 시장의 공급량을 증가시킬 수 있다. 게다가 이런 방식으로 공급할 수 있는 잠재적인 공급량의 규모는 소비자의 수만큼 어마어마하다(아순다라라잔, 2000). 힐튼과 메리어트 같은 호텔 체인이 사업을 확장하려면 건물을 마련하여 객실 수를 늘리고 많은 수의 직원을 채용해야 하지만 에어비앤비는 네트워크에 여행객을 위한 숙소를 추가하는 데에 거의 영에 가까운 한계비용으로 전 세계에 거대한 숙박 시스템을 구축했다(엘스타인 외 저, 이현경 역, 2018).

미래학자 앨빈 토플러(토플러와 토플러, 2015)는 4차 산업혁명시대에는 기업보다 프로슈머에 의한 생산이 더욱 크게 증가할 것으로 전망했다. 플랫폼이 중심이 되는 4차 산업혁명시대의 경제에서 기업만이 가치를 생산하는 유일한 원천이 아니고 소비자들이 기업의 역할을 대체하기 때문에 플랫폼경제를 대중에 기반한 군중자본주의(crowd-based capitalism)경제라고도 한다(아순다라라잔 저, 이은주 역, 2000).

### 나. 수요측면 규모경제

경제적인 효율성을 달성하는 방식에 있어서도 플랫폼경제는 기존의 시장경제와 근본적으로 다르다. 시장경제에서 기업의 시장지배력의 원천은 내부의 혁신을 통해 생산량을 늘리거나 판매량을 증가시켜서 생산물 한 단위당 비용을 절감하는 공급측면의 규모경제(supply side economies of scale)에 있다면, 플랫폼경제에서 시장경쟁력은 네트워크 효과에 달려 있다. 네트워크 효과란 제품이나 서비스의 가치는 그것을 사용하는 사람들의 수가 증가할수록 더욱 커지는 현상이다. 이러한 효과는 통신망의 가치는 가입자 수의 제곱에 비례한다는 메칼프의 법칙(Metcalf's law)을 통해 잘 이해할 수 있는데, 통신망 가입자가 한 명이면 연결할 수 있는 상대방이 없어서 통신망의 가치가 영이지만, 가입자 수가 증가할수록 통신을 할 수 있는 상대방의 수는 가입자 수의 제곱만큼 증가하여 가입자가 얻는 효용과 통신망의 가치가 기하급수적으로 증가한다(엘스타인, 초더리, 파커 저, 이현경 역, 2018).

플랫폼경제에서는 교환 당사자의 공급자와 수요자의 어느 한쪽 면에서 가입자 수가 증가하면 이들과 상호작용하기 위해 다른 한쪽 집단도 더 많이 들어오게 된다. 네트워크에 사람들이 많을수록 이들을 대상으로 콘텐츠, 제품, 서비스를 제공하기 위해 또는 이들이 제공되는 대상을 소비하기 위해 가입자들이 더욱 늘어나고 상호작용과 거래가 증가하며, 플랫폼기업의 가치는 그만큼 커진다. 이처럼 참여자 수가 증가할수록 수요와 공급 양쪽 이용자 모두에게 돌아오는 가치가 증가한다는 의미에서 네트워크 효과를 수요측면의 규모경제(demand side economies of scale)라고 한다. 숙박공유 플랫폼 에어비앤비는 가입자 규모가 일정 수준을 넘어 네트워크 효과가 발생하기 시작하자 숙박서비스의 수요와 공급이 전 세계에 걸쳐 폭발적으로 증가했다.

일단 네트워트 효과가 나타나기 시작하면 수요와 공급이 모두 풍부하기 때문에 수요와 공급 양쪽 참여자 모두 다른 네트워크로 옮겨가지 않고 고착된다. 따라서 네트워크 효과가 큰 플랫폼 기업은 경쟁업체의 도전을 쉽게 물리치고, 시장에서 독점적인 지위를 차지하는 독점기업으로 발전할 수 있다(엘스타인, 초더리, 파커 저, 이현경 역, 2018; 모아제드, 존슨 저, 이경식 역, 2019). 경쟁자가 없는 독점적인 지위를 차지한 플랫폼기업이 자사에 유리한 방향으로 플랫폼을 운영할 유혹을 이기지 못하면 수요와 공급 측 참여자 모두 불공정한 거래에 노출되고 피해를 입는 상황에 놓이기 쉽다. 따라서 플랫폼기업의 독점적 지위로 인한 폐해를 방지하기 위해서는 전적으로 기업의 도덕성과 자율규제에만 맡겨서는 안 될 것이다.

## 4. 플랫폼경제의 새로운 시장 현상

### 가. 공유경제와 중고시장

대표적인 플랫폼경제 현상으로서 에어비앤비와 같이 보유한 주거 공간 등을 활용하는 공유경제(shared economy)를 들 수 있다. 공유경제 플랫폼에서 소비자는 자신의 소유물을 다른 사람들이 쓸 수 있도록 빌려주고 대가를 받아 소득을 얻는다. 공유경제와 중고거래는 자신이 사용하지 않은 물건을 다른 사람이 사용하도록 하기 때문에 자산의 효율성과 활용도를 높이고 자원의 낭비를 줄여서 소비가 환경에 미치는 부담을 경감시킨다. 빌리는 입장에서도 여러 가지 이점이 있는데, 제품을 소유하기 위해서는 구매비용이 들고, 보관하는 데 공간이 필요하며 물품을 관리하고 유지하는 데에도 시간과 노력이 요구되지만, 공유경제에서는 이러한 비용을 들이지 않고 사용할 수 있다. 제품을 소유하지 않으며 사용가치를 향유하는 것이다. 특히 고가의 제품을 구입할 경제적인 여유가 없는 소비자도 공유경제와 중고거래를 통해 제품을 사용하는 효용을 누릴 수 있다.

공유경제에서는 물리적 제품뿐만 아니라 제품이 담고 있는 이야기와 사연, 사용자의 개성에 따라 감정과 경험을 공유할 수 있어서 상업적인 거래관계에서 얻기 어려운 사회적 관계와 공동체 의식 등의 가치를 이끌어 내기도 한다. 같은 지역에 사는 사람들 사이에 중고품을 거래하는 플랫폼인 당근마켓은 사람과 사람을 잇는 공동체 역할을 하기도 하고, 지역민들 사이에 취미와 관심사를 중심으로 커뮤니티를 구성하거나 다양한 지역 정보를 교류하는 생활의 장이 되고 있다(김난도 외, 2021).

### 나. 글로벌 개인사업자

산업시대에는 공급 측면의 규모의 경제를 이룰 수 있는 자본력을 갖춘 대규모 기업이 글로벌시장 진출에 유리했지만, 플랫폼경제에서는 개인사업자도 유튜브나 아마존과 같은 거대한 글로벌 네트워크에 참여함으로써 세계인을 상대하는 글로벌 사업자가 될 수 있다(아순다라라잔 저, 이은주 역, 2016). 경북 영주의 영주대장간 호미(Youngju Daejanggan Master Homi)는 전 세계 소비자가 몰리는 아마존에서 판매를 시작하자 세계인이 사용하는 원예용품이 되었다(조선비즈 2020. 10.1). 플랫폼경제는 지역을 초월하여 이동이 용이한 컨설팅, 디자인 제작, 콘텐츠 등의 디지털 서비스를 다루는 개인들에게 커다란 비용을 들이지 않고도 세계인을 상대로 경제

활동을 펼칠 수 있는 기회를 제공한다.

### 다. 미세시장

플랫폼경제에서는 취향과 관심이 비슷한 사람들이 모여서 커뮤니티를 구성하기도 하는데, 이러한 커뮤니티를 중심으로 이들의 독특한 수요를 충족시키는 작은 규모의 틈새시장이 만들어질 수 있다. 대량생산 대량판매를 특징으로 하는 대중소비시장에서는 시장 수요가 적은 제품은 시장에 나오지 않지만, 천차만별의 사람들이 서로 연결되어 천차만별의 제품과 서비스를 주고 받는 플랫폼경제에서는 그럴 수 있다. 플랫폼경제에서는 소수라도 무언가를 좋아하는 사람들이 모이면 이들 사이에서 거래가 이루어지기 때문이다.

가격 경쟁력이 없고 시장규모가 작아서 생존할 수 없던 제품도 플랫폼경제에서는 소수라도 희소성을 발굴하고 소비하는 즐거움을 찾는 소비자를 효과적으로 연결시켜주기 때문에 하나의 시장으로 부상할 수 있다(사마티노 저, 김정은 역, 2015). 천 명의 진정한 팔로워만 있으면 사업이 된다는 팀 패리스(Tim Ferriss)의 말대로 이러한 미세시장은 소비자들의 좋아요에서 출발한다는 의미에서 '라이크커머스'라고도 한다(김난도 외, 2021). 당근마켓이나 중고나라 등의 플랫폼에서는 취미나 독특한 취향을 가진 사람들 사이에서 미세시장이 많이 생겨나고 있는데, 미세시장에서는 소비자가 스스로가 생산자나 공급자가 되어 제품을 판매하는 경우가 많다.

**플랫폼경제 미세시장**

- 희귀 식물 시장: 경기 분당의 국어학원 원장인 박선호(37) 씨의 시드머니는 희귀 식물이다. 처음에는 취미로 시작하여 '미쳤다'는 소리를 들으며 잎이 7장 달린 옐로 몬스테라를 90만 원에 구입하기도 했다. 코로나19가 확산되면서 학원 운영이 어려워지자 궁여지책으로 희귀 식물을 팔기 시작한 게 예상치 못한 소득의 파이프라인이 됐다. 가드닝 수요가 급증하면서 옐로 몬스테라는 잎 한 장당 200만 원을 웃돌 정도로 가격이 10배 이상 치솟은 것이다. 당근마켓과 같은 중고거래 플랫폼이나 여러 명이 장소를 빌려 비정기적으로 여는 식물 마켓에서 개인 간 거래가 활발히 이뤄지고 있다(한국일보, 2021.12.10.)

# Ⅲ
# 플랫폼과 프로슈머 생산활동

모든 사람은 누구나 가족, 친구, 동료, 다른 사회구성원에게 혜택을 주는 생산적인 활동을 하면서 살아가고 있다. 소비자는 일상생활에서 음식을 만들고, 아이와 노인 등 가족을 돌보고, 청소하고, 세탁하고, 텃밭을 가꾸고, 무언가를 직접 만들어 사용하는 등 가치를 창출하는 생산활동을 실행한다. 소비자가 보수를 받지 않고 행하는 생산적인 활동을 경제학에서는 가계생산(household production)이라고 하고, 미래학자인 토플러(원창엽 역, 2015)는 생산(produce과 소비(consume)를 합성하여 프로슈밍(prosuming)이라고 하였다. 소비자와 생산자의 역할이 구분된 산업시대 경제체계에서 소비자에 의한 프로슈머 활동은 시장경제 밖에서 이루어지는 비화폐 경제활동으로서 경제적 가치를 인정받지 못했다. 플랫폼 경제에서 프로슈머 활동은 디지털 흔적을 남기고 다른 사람들의 눈에 띄어 관심을 받거나, 거래를 통해 경제적인 보상을 받는다.

〈제2의 기계시대〉의 저자인 맥아피와 브린욜프슨(이한음 역, 2018)은 4차 산업혁명시대 경제분야를 재편하는 커다란 흐름을 볼 수 있는 렌즈로서 인공지능(machine)과 플랫폼(platform) 외에 군중(crowd)을 꼽았다. 여기서 군중이란 정보통신 기술을 활용하여 네트워크에 참여하는 사람들의 행위로 정의되는데, 플랫폼에 참여하는 일반인들의 프로슈밍 활동을 일컫는다. 오늘날 세계인의 대다수가 인터넷으로 서로 연결되어 엄청난 양의 지식을 만들어 내고 접근할 수 있다. 다양한 유형의 교환과 거래에 참여함으로써 세계 경제에 미치는 영향도 증가하고 있다. 온라인에서 개방, 공유, 협업의 가치를 추구하는 군중들은 4차 산업혁명의 근간을 이루는 정보통신 기술 발전을 주도하기도 한다(맥아피와 브린욜프슨 저, 이한음 역, 2018), 토플러(토플러 저, 원창엽 역, 2015)와 아순다라라잔(이은주 역, 2016)은 프로슈머들이 4차 산업혁명시대 경제의 주역이라고 주장한다. 이 장에서는 산업시대부터 이어온 대표적인 프로슈머 활동 유형을 고찰하고, 프로슈머 활동이 플랫폼경제에서 어떤 형태로 진화했는지 고찰함으로써 플랫폼경제에서 활동하는 프로슈머의 역할을 알아보고자 한다.

## 1. 산업시대 프로슈머 생산활동

### 가. 가계생산과 DIY(Do it yourself)

가계생산은 시장재화, 소비자의 노동력, 시간, 생산 기술을 다양한 방식으로 조합하여 소비자에게 직접적인 효용을 제공하는 생산물을 만들어 내는 과정이다(예를 들면 쌀을 밥으로 만드는 과정). 시장에서 구입한 상품을 사용하여 만족감을 얻기 위해서는 소비자의 생산적인 활동이 수반되어야 한다. 예를 들면, 라면을 먹기 위해서는 전기나 연료를 사용하여 물을 끓이고 라면을 조리하는 시간과 노동력을 투입하고, 조리하는 기술과 능력에 따라 산출물의 질, 즉 라면의 맛과 영양, 담아낸 모양새 등은 다르다. 가계생산을 통해 재화의 형태, 소비 시간과 장소 등이 변형되어 소비자를 만족시키는 유용성이 생겨난다. 일상생활에서 의식하지 않더라도 소비자는 제품 자체보다 가계생산을 거친 최종 생산물로부터 직접적인 만족감을 얻는다.

Do it youself(DIY)는 소비자들이 집에서 실행하는 대표적인 가계생산활동이다. DIY는 천편일률적인 대중소비제품에 대한 반작용으로 시장 제품을 구매하는 대신 자신의 취향과 선호에 맞추어 직접 만들어서 소비하는 것이다. 셀프인테리어, 셀프가구만들기, 셀프자동차수리, 셀프수선, 셀프동영상 및 앨범제작 등 전문사업자에게 대금을 지불하며 맡기거나 구매했던 일을 자신이 직접 수행하여 가치를 생산한다. DIY 활동을 통해 자신의 요구와 취향, 개성을 살려서 제품을 만들고, 자신의 생산물을 사용하는 즐거움과 보람, 성취감을 느낄 수 있다. 산업사회가 발달할수록 제품 가격은 하락하고 인건비와 서비스 비용은 상승하기 때문에 DIY는 경제적으로 이익이 되기도 한다.

### 나. 기업 대상 프로슈머 활동

소비자는 산업부문에서도 프로슈머로서 기업의 가치 창출에 기여한다. 소비자가 기업을 위해 실행하는 프로슈밍 활동은 크게 두 가지 유형이 있다. 첫째, 직원의 도움 없이 셀프로 구매나 소비절차를 실행하는 셀프서비스 제도는 기업이 소비자의 노동력을 무보수로 활용하는 방식이다(토플러 저, 원창엽 역, 2015). 식당이나 카페의 셀프서비스, 상점의 자율계산대, 자율주유소, 자동응답 전화를 통한 고객응대시스템, 전자항공권 자율발급 등 소비자에 의한 셀스서비스는 고용된 직원이 담당하던 생산적인 업무를 소비자가 보수를 받지 않고 실행한다는 점에서 기업의 생산활동을 분담하여 가치를 창출하는 일종의 프로슈머 활동이라고 할 수 있다(토플러 저, 원창엽 역, 2015). 셀프서비스를 통해 기업은 노동비용을 절감할 수 있고, 소비자는 조작 방식이나 절차가 익숙해지면 비대면으로 신속하게 업무를 처리할 수 있어서 편리하게 생각하기도 한다.

둘째, 소비자가 기업이 사전에 마련한 절차에 따라 업무를 진행하는 셀프서비스를 실행하는 것이 소극적인 프로슈밍이라면, 적극적인 방식으로 기업의 생산 활동에 참여하기도 한다. 제품에 대한 전문적인 지식과 사용경험을 갖춘 전문적인 소비자(Professional consumer)는 상품 개발과 기획 과정에서 새로운 아이디어를 제공한다. SNS에서 많은 팔로워를 가진 인플루언서는 소비자로서 기업의 입소문 마케팅에 자발적으로 참여하여 제품을 홍보하거나, 제품 출시 전 활동, 제품 평가 과정에 참여하여 의견과 아이디어를 제공하는 방식으로 기업을 위한 가치생산에 참여한다. 이와 같은 적극적인 소비자들(Active consumers)은 기업과의 협업을 자신의 능력과 기술을 계발하는 기회로 여기는 경우가 많다. 기업을 위한 프로슈밍 활동을 하면서 소비자들은 새로운 경험을 체험하며 즐거움을 느끼고 사회적으로 인정을 받는 것에 가치를 부여한다 (Dujarier, 2016).

## 2. 플랫폼경제 프로슈머 활동

### 가. 디지털 콘텐츠와 빅데이터 생산자

소비자들의 참여 없이 플랫폼 기업은 존립할 수 없다. 플랫폼에서 소비자가 실행하는 가장 소극적인 생산적인 활동은 플랫폼에 가입하여 플랫폼서비스를 소비하는 활동이다. 소극적인 참여자도 플랫폼기업에 가치를 제공하는 생산적인 활동을 수행하는데 그 내용은 다음과 같다.

첫째, 소비자들은 플랫폼에서 유통되는 메시지, 동영상, 글, 사진 등의 콘텐츠를 생산한다. 플랫폼기업의 성패는 프로슈머가 제공하는 콘텐츠에 달려 있고, 이들에 의해 지속적으로 변화하고 진화한다. 사실상 플랫폼에 게시물을 올리고, 자신의 재능과 상품을 거래하는 적극적인 프로슈머들은 플랫폼기업을 위해 일하는 직원이나 다름없다.

둘째, 소비자가 플랫폼에서 활동하는 동안 로그 기록이나 위치정보 등 수많은 개인정보를 제공한다. 소비자로부터 실시간으로 흘러나오는 개인정보는 자동으로 추적, 수집, 분석되어 네트워크 관리와 운영, 플랫폼의 성능 향상에 활용된다. 플랫폼 참여자에 대한 빅데이터는 플랫폼기업의 운영과 수익 창출을 위해 없어서는 안 될 가장 가치 있는 자원이기 때문에 사람들의 플랫폼활동 자체가 플랫폼기업의 귀중한 자산인 셈이다. 대규모 네트워크를 거느린 페이스북, 인스타그램과 같은 플랫폼기업은 소비자들 스스로가 제작하여 올린 콘텐츠와 개인정보를 활용하여 막대한 이익을 누리지만, 소비자들이 얻는 혜택은 플랫폼 서비스를 무료로 이용하는 것이 전부이다.

### 나. 온디맨드 긱노동

배송, 심부름, 아이돌보기, 청소 등 집에서 실행하는 가계생산 활동을 '해주세요', '도와줘' 등의 생활플랫폼을 통해 타인을 위해 실행하면 소득을 얻는다. 배달서비스나 집안일 등 그때 그때 발생하는 소비자의 요구에 대응하여 서비스를 제공하는 것을 온디맨드 서비스(On-demand service)라고 하고, 플랫폼에서 일시적으로 온디맨드 서비스를 제공하는 노동자를 긱근로자(gig worker)라고 한다.

온디맨드 서비스는 소비자의 수요에 맞추어 작업을 수행하기 때문에 시시각각 일거리가 얼마나 있는가에 따라 수입이 불규칙하고 안정적인 소득의 흐름을 갖기 어렵다. 또한 긱근로자는 플랫폼과 공식적인 계약관계를 맺지 않은 경우가 많아서 작업과정에서 사고가 발생해도 산재보험이나 실업보험과 같은 사회적 안전망의 보호나 고용법의 보호를 받지 못한다. 배달이나 가계생산과 같은 단발적 노동으로 생계를 유지하는 긱노동자의 이러한 현실은 플랫폼경제의 새로운 사회문제로 대두되고 있다.

### 다. 메이커 프로슈밍

플랫폼경제에서 프로슈머는 DIY 활동의 산물을 판매하여 수입을 얻을 수 있다. 취미로 만든 공예품, 집에서 만든 빵이나 저장 식품 등을 친구나 팔로워들에게 판매하는 것으로부터 시작하여 소규모 업체로 발전하기도 한다. 스포츠, 예술, 공예 등의 다양한 분야에서 관심과 취미를 공유하는 그룹에 참여하고 교류하면서 전문가급 실력과 장비를 갖춘 프로추어(Professional+Amature =Proture)는 동료들의 요청에 따라 강습을 제공하거나 장비와 도구 등을 거래하여 소득을 벌 수 있다(김난도 외 2007).

4차 정보통신 혁명으로 조성된 정보통신 환경에서 일반 소비자들은 과거에 대기업이나 거대 조직만이 접근할 수 있던 전문적인 기술과 도구를 접할 수 있다. 사업자나 생산자가 되기 위해 거대 자본이 필요했던 시대에서 일반인들도 인터넷이 연결되는 기기만 있으면 몇 번의 클릭으로 첨단 통신 및 정보처리 장치와 제조설비를 이용할 수 있고, 유통망을 구축하고 상점을 개설할 수 있으며, 미디어 생산 및 전파, 뱅킹시스템은 물론이고 클라우드 펀딩 웹사이트를 통해 자본금을 마련할 수 있는 대전환의 시대에 살고 있다(사마티노, 김정은 역, 2015). 3D 프린팅 기술, 메이커 운동 등은 소비자도 제품을 직접 제작하는 프로슈머 시대로 이끌어 가고 있다.

이러한 조건은 기업이 담당했던 생산 기능을 개인이 수행할 수 있음을 의미한다. 4차 산업혁명시대의 시장 변화를 짚어낸 〈위대한 해체〉의 저자 사마티노(김정은 역, 2015)는 다가오는 시대에 평범한 사람이 기술과 도구로 무장하여 기업이 하는 모든 것을 할 수 있다고 전망했다.

### 라. 위키노믹스, 군중에 의한 집단 프로슈밍

4차 산업혁명시대의 가장 의미 있는 지식기반은 인터넷 콘텐츠라고 해도 과언이 아니다. 군중의 집단지성(Collective Intelligence)으로 구축된 지식, 정보, 기술의 집합체라고 할 수 있는 인터넷 콘텐츠(토플러와 토플러 저, 김중웅 역, 2016)를 통해 소비자들은 지식과 정보에 실시간으로 접근하여 개별적으로 원하는 시간과 장소에서 각자가 필요로 하는 지식과 기술을 학습할 수 있다(토플러와 토플러 저,김중웅 역, 2016). 특히 공식적인 학교 교육이 따라가기 어려울 정도로 빠른 속도로 기술이 발전하는 대전환기에 소비자들은 누군가 올려놓은 인터넷 콘텐츠를 통해 최신의 지식과 기술을 신속하게 배우고, 이를 응용하고 전달하는 과정에서 신기술의 확산과 발전에 기여한다.

인터넷으로 연결된 대규모 군중들은 개방, 참여, 공유의 원칙에 따라 자발적인 참여와 협업을 통해서 혁신적인 가치를 창출하기도 한다(텝스코드와 윌리엄스, 2007). 리눅스 토발즈가 자신이 개발한 리눅스 소스코드를 개선할 수 있도록 프로그래머들의 커뮤니티에 요청한 것으로부터 개발이 시작된 리눅스 운영체제는 전 세계 사용자들이 인터넷을 통해 자발적으로 참여하고 성과물을 공유하는 대규모의 협업(mass collaboration)을 통해 구축한 기술시스템이다. 리눅스는 모든 수정판, 확장판, 후속판을 무료로 공개(open source)하고 누구나 자유롭게 프로그램을 수정하고 배포할 수 있도록 했는데, 이 과정에서 성능이 향상되고 개발이 지속되고 있다. 4차 산업혁명시대를 이끄는 기술 시스템이 대규모 군중의 자발적인 협업으로 개발되고 누구나 사용할 수 있도록 공개된 것이다(맥아피, 브린욜프슨 저, 이한음 역, 2018).

## 3. 플랫폼경제의 N잡러

다가오는 시대는 소외된 일로부터 벗어나서 하고 싶은 일을 하며 자유로운 삶을 영위하는 프로슈머의 유토피아가 펼쳐질 것인가? 아니면 더 오랜 시간 일해도 수입은 최소한의 생계를 유지하기도 빠듯한 플랫폼 긱노동자를 양산한 것인가? 플랫폼경제에서 생산과 공급의 중심부가 기업에서 프로슈머로 옮아가는 방향으로 이동하는 현상은 산업시대에 오랜 기간 지속되었던 일하는 방식, 즉 기업에 고용되어 일하고 임금을 받는 경제활동은 감소함을 시사한다. 따라서 개인들도 새로운 비즈니스를 시작하는 기회를 탐색하고 역량과 기술을 갖춘 기업가정신을 발휘해야 하는 시대가 다가오고 있다(김난도 외, 2021).

본업을 유지하면서 원할 때 원하는 장소에서 원하는 생활수준을 유지할 만큼의 시간과 노력을 투입하여 일하며 두 개 이상의 복수의 직업을 가진 사람들을 N잡러라고 한다(김난도 외 2021). 본업으로부터 벌어들이는 소득 이외에 플랫폼을 통해 여러 개의 소득 파이프라인을 가지는 것을 N잡러는 우리나라뿐 아니라 세계 여러 나라에서 나타나는 보편적 현상이라고 한다(김난도 외 2021). N잡러는 온디맨드 플랫폼 노동으로는 생활을 유지하기에 안정적이고 충분한 소득을 얻기 어려운 현실을 살아가기 위한 방도이기도 하다. 이외에도 좋아하는 취미활동, 잘하는 재능, 일하는 동안 축적된 경력 등 다양한 계기로 새로운 일을 시작하기도 한다.

**N잡러**

- MZ세대 직장인 부업은 대세: 정씨는 2019년부터 매일 블로그에 미국 주식과 관련된 게시물을 올리기 시작했다. 공부한 내용을 공유하는 차원이었다. 그런데 블로그를 찾는 이가 늘면서 해외주식에 대한 외부 기고 요청이 들어오기 시작하더니, 최근에는 투자 관련 강의에 연사나 진행자로 참여하고 있다. 정씨는 블로그, 외부 기고 글, 책 인세로 투자 수입 외 수십만 원의 부수입을 얻고 있다. 평소에 낙서와 그림 그리기를 즐기던 직장인 김 모씨(33)는 2019년 사회관계망서비스(SNS) 계정에 습작을 업로드하면서 작가로 변신했다. 3,000명이 넘는 팔로워 요청으로 그림을 활용한 카카오톡 이모티콘을 출시한 데 이어 이모티콘 그리는 법을 알려주는 유튜브 채널도 개설했다. 김씨가 이 같은 부업으로 벌어들이는 한 달 수익은 본업의 4분의 1 수준이다. 김씨는 "부업이 취미 활동과 일치하지 않았다면 오래 못했을 것"이라며 "잠을 더 줄이면서까지 시간을 쏟아도 결과물을 보면 스트레스가 풀리고 힘이 되는 일이라 지속 가능했다"고 말했다(매일경제, 2021. 4. 14).

### 가. N잡러의 긱관계와 멀티페르소나

사람들은 다양한 SNS 플랫폼을 통해 여러 개의 커뮤니티와 소셜네트워크 활동을 동시에 수행한다. 활동하는 소셜네트워크 계정에 따라 상황과 필요, 목적에 맞추어 사람들과 일시적이고 유연한 성격의 사회적 관계를 유지하는데, 이러한 관계를 긱관계(Gig-Relationship)라고 한다(김난도 외, 2017). 사람들은 사회적 관계망에서 설정된 관계와 역할에 따라 자연스럽게 서로 다른 반응과 행동을 보이고 여러 개의 정체성을 보유할 수 있다. 여러 개의 가면이라는 의미의 멀티페르소나는 카카오톡, 유튜브, 트위터, 인스타그램 등의 소셜네트워크에서 공통의 취미나 관심사를 중심으로 모인 사회적 관계와 경제적 역할에 대해 가지는 다양한 정체성을 나타내는 용어이다.

가상공간에서 작동하는 플랫폼경제는 다중의 사회적 관계, 역할, 개인 정체성을 뒷받침하는 상황과 맥락을 제공한다. 멀티페르소나는 일에 따라 각기 다른 정체성을 표출하는 N잡러의 자아상이라고 할 수 있다. 긱사회관계, 멀티페르소나, N잡러는 4차 산업혁명시대의 도래와 더불어 플랫폼을 중심으로 구성된 사회적 관계, 자아정체성, 경제적 역할을 관통하는 개인의 다차원적 특성을 표현하는 용어라고 할 수 있다. 여러 개의 부캐, 멜티페르소나를 가지고 여러 가지 역할을 동시에 수행하는 현상은 다가오는 미래를 준비하는 프로슈머들의 자연스러운 선택이 아닌가 싶다.

### 나. N잡러의 자기계발

산업시대에 소비자가 소득을 획득하는 능력은 기업과 조직의 생산성 향상에 기여하는 지식과 기술, 전문성 등의 인적자본에 달려 있었다면, 플랫폼경제에서는 소비자 스스로 여러 가지 과업을 성공적으로 수행하고 자신의 창작물이나 생산물을 만들어 내는 생산자적 능력이 중요하다. 산업시대의 자기계발은 좁은 취업문을 통과하기 위해 필요한 능력을 입증하는 스팩 쌓기에 집중했다면, 오늘날에는 점점 더 많은 사람들이 성공보다 성장을 추구하고, 남들보다가 아니라 어제보다 나은 나를 지향하며 취미, 지식 쌓기에 투자하고 스스로를 업그레이드(Upgrade)하는 데 열중한다(김난도 외, 2019).

젊은 MZ세대는 자진해서 목표를 만들고 함께 습관공동체를 만들어 타인의 도장을 받으면서 작은 성취를 확인한다(김난도 외 2021). 만난 적은 없지만 소셜네트워크에서 일상의 동일한 목표를 지향하는 동료들과 긱관계를 맺고 서로의 격려와 독려에 의지하여 하루 하루 운동을 이어가며 체력을 관리한다. 일과표를 만들어 일상생활을 관리하고 소소한 생활 목표를 실천하며, 모르는 사람끼리 그룹을 조직하여 학습 속도를 맞추고 실천을 인증하기도 한다(김난도 외 2021). 플랫폼경제 시대에 여러 가지 역할을 유능하게 수행해야 하는 N잡러는 투철한 자기관리, 자율적인 생산자로서의 기초 체력과 협업 역량을 키우는 데 자기계발을 집중하는 것 같다.

# Ⅳ
# 플랫폼경제의 소비자문제

플랫폼 이용자가 증가하면서 플랫폼 거래에서 소비자피해, 플랫폼 가격정책 불만, 가짜 소비자 평가 등 시장 문제가 발생하고, 플랫폼에서 가입자의 개인정보와 활동 내역이 자동으로 수집, 저장, 분석되는 과정에서 사생활 침해 및 이로 인한 피해 위험도 높다. 플랫폼경제의 소비자문제를 파악하기 위해서 플랫폼경제가 작동하는 기술적인 특성을 이해할 필요가 있다. 플랫폼마다 독특한 기능과 특징이 있지만, 모든 플랫폼은 거래 당사자를 연결시키는 큐레이션 기능이 작동하고, 플랫폼에서 거래되는 무수히 많은 제품과 서비스의 품질을 유지하기 위해 소비자평가 시스템을 운영한다. 이용자들은 플랫폼의 네트워크 효과로부터 혜택을 받지만, 네트워크 효과가 큰 플랫폼기업이 시장지배력을 행사하면 오히려 불이익을 당할 수 있다. 이 장에서는 플랫폼의 소비자평가와 큐레이션의 기능과 문제점, 네트워크 효과의 부작용을 중심으로 플랫폼경제의 소비자문제를 고찰하고 개선 방안을 논의하고자 한다.

## 1. 소비자평가 기능과 문제점

플랫폼경제가 제대로 작동하려면 대금지불과 제품배송이 안전하게 이루어지고, 불량 및 불법 제품의 거래, 악성 댓글, 가짜 리뷰 등 바람직하지 못한 요소들을 제거하여 믿고 거래를 할 수 있는 신뢰 시스템을 구축해야 한다. 플랫폼 거래의 신뢰를 확보하기 위해서 ①거래 상대방과 거래 내역에 대한 진실성, ②거래 의도의 건전성, ③전문기술이나 성능 등 제품과 서비스 품질을 믿을 수 있어야 하는데(아순다라라잔 저, 이은주 역, 2016), 플랫폼에 참여하는 무수히 많은 공급자와 소비자를 대상으로 이러한 사항들을 확인하기는 불가능하다.

소비자들이 제공하는 평가와 리뷰 등의 피드백은 거래되는 제품과 서비스에 대한 정보를 제공하고 품질을 유지하는 중요한 메커니즘이다. 플랫폼은 소비자 리뷰와 평가시스템을 운영하여 이전에 다른 소비자에 의한 거래 경험과 평가 내용에 대한 정보를 공개하여 신뢰도를 유추하고, 거래 당사자가 자율적으로 품질관리를 하도록 유도한다. 따라서 소비자로부터 진실된 평가와 리뷰를 제공하도록 이끄는 것은 플랫폼에 대한 신뢰 구축을 위해 매우 중요하다. 반면 거짓 리뷰와 조작된 평가는 신뢰를 훼손한다.

소비자들은 제품이나 서비스를 사용하고 나서 리뷰와 평가를 제공하기에 적극적이지 않은 경향이 있다. 소비자의 피드백에 대한 연구결과에 따르면 구매자들은 실망하더라도 피드백을 남기지 않거나(Nosko & Tadelis 2015), 보복적인 피드백을 염려하여 있는 그대로 평가하지 못하기도 하고, 의례적으로 긍정적으로 평가하는 등(Bolton et al., 2013) 평가에 소홀한 경우가 많다.

소비자의 진실된 평가와 리뷰는 불량 제품 판매나 부도덕한 행동을 저지하고 플랫폼에서 거짓 리뷰와 조작된 평가가 미치는 영향을 방어할 수 있다. 소비자들에게 진실된 정보를 제공하고 피해를 예방하기 위해서는 소비자 모두가 공정한 평가와 리뷰를 제공하고, 플랫폼기업은 소비자들이 거래 경험에 대해 유용한 평가를 남기도록 촉진하고, 조작된 리뷰와 평가를 식별하여 퇴출하는 정책을 적극적으로 실행해야 한다.

플랫폼기업은 소비자의 신뢰를 얻기 위해 플랫폼의 브랜드 인지도를 높이는 전략도 사용한다. 아마존, 쿠팡, 에어비앤비 등의 유명 플랫폼은 브랜드 자체가 사용자에게 안심하고 거래할 수 있는 플랫폼이라는 인상을 준다. 개별 사업자들은 브랜드 가치가 높은 플랫폼에 수수료를 지불하고 플랫폼이 공유하는 사업가치와 규약을 준수하며 거래에 참여한다.

블록체인은 금융과 자산 거래에서 거래의 신뢰를 확보하는 기술적인 방법으로 주목받고 있다. 블록체인은 네트워크상에 거래 내역을 기록하고 자산을 추적하는 분산원장(distributed ledger)으로서 유형(주택, 자동차, 현금, 토지) 및 무형(지적 재산권, 특허, 저작권, 브랜드) 자산 등 가치를 지닌 모든 것들에 대한 거래 내역을 블록체인 네트워크상에서 공유하고 추적하는 방식으로 거래 위험을 제거한다(IBM, https://www.ibm.com/kr-ko/topics/what-is-blockchai). 거래상대방의 신뢰도를 평가하여 알려주는 서비스도 생겨났는데, 스페인의 트레이티(Traity)사는 사람들이 소셜네트워크에서 맺고 있는 사회관계와 활동 자료를 활용하여 개인 평판점수를 측정하는 서비스를 개발했다(아순다라라잔 저, 이은주 역, 2016).

## 2. 큐레이션 기능과 문제점

플랫폼은 소비자들 사이에 상호작용이 일어나도록 공간적으로 여러 곳에 산재해 있는 사람들이나 조직을 서로 연결해주어야 한다. 플랫폼에서 상호작용이 이루어질 당사자들을 연결시키는 플랫폼 기능을 큐레이션이라고 한다. 큐레이션은 플랫폼에 올라와 있는 셀 수 없이 많은 콘텐츠나 거래 대상을 선별해서 소비자에게 추천해준다. 기술적으로 큐레이션은 소비자들에게 어떤 정보를 보여줄지, 어느 공급자와 만나게 할지, 무엇을 얼마나 눈에 잘 띄게 할지 조정하고 사용자들의 접근, 이들이 참여하는 활동, 다른 사용자와 맺는 관계를 필터링한다. 소비자마다 보여지는 검색 결과가 다른 것은 플랫폼이 수립한 큐레이션 알고리즘이 개인 맞춤형으로 작동한 것이다. 큐레이션은 나쁜 평가를 받은 거래자를 검색에서 배제하고 긍정적인 평가를 받은 사람을 적극적으로 노출시킴으로써 플랫폼의 품질을 유지하는 기능도 있다. 큐레이션 메커니즘이 잘 작동하면 소비자 요구에 맞고 품질이 뛰어난 콘텐츠,

상품, 서비스를 소비자들과 연결시켜서 소비자 만족이 증가한다.

큐레이션 과정에서 발생하는 소비자문제는 크게 세 가지이다. 첫째, 소비자들은 큐레이션 알고리즘이 검색하여 제시한 결과 내에서만 선택이 가능하기 때문에 큐레이션은 소비자 선택의 자유와 자율성을 제한할 수 있다. 큐레이션 알고리즘은 과거의 사용패턴이나 나와 비슷한 프로필을 가진 사람들의 데이터를 토대로 수립되어 검색 결과를 보여준다. 따라서 소비자 의도와 무관하게 일반적인 패턴에서 벗어난 선택은 제한된다.

둘째, 큐레이션을 통해 소비자 선택을 조작할 수 있는데, 알고리즘을 조정하여 특정 사업자에게 유리한 거래가 보다 많이 이루어지도록, 예를 들면 광고비를 많이 지불한 사업자가 눈에 잘 띄도록 배치할 수 있다. 소비자의 검색 결과를 조작하여 특정한 대상을 선택하도록 조정하여 소비자에게 최선이 아닌 다른 선택을 하도록 이끌 수 있으나 소비자가 알아차리기는 어렵다(Favaretto et al., 2019).

셋째, 개인정보를 분석하여 차별적인 가격을 제시하거나 특정 서비스나 상품에 접근을 배제하는 방식으로 소비자를 차별적으로 취급할 수 있다. 지불하고자 하는 가격이 높거나 구매력이 높은 소비자를 우선적으로 맺어주는 방식으로 특정 소비자는 특정 서비스에 접근이 안 될 수 있다. 플랫폼은 개인의 취약점을 활용하여 부당한 이익을 취하기도 하는데 예를 들면, 취약계층이나 상습적으로 도박하는 습관을 가진 사람들을 식별하여 표적광고를 보내는 식으로 고율의 대출을 받도록 유도한 사례도 있다(Newell &

Marabelli, 2015).

소비자들은 큐레이션에 의한 차별이나 검색조작을 알아채기 어렵기 때문에 문제점이 잘 드러나지 않는다. 큐레이션 문제로부터 소비자를 보호하기 위한 다양한 방안들이 제안되었다. 첫째, 큐레이션 알고리즘을 공개하여 거래의 투명성을 확보하자는 논의가 소비자단체를 중심으로 제기되었다. 그러나 플랫폼사업자들은 영업비밀이라는 이유로 반발하고 있다. 둘째, 알고리즘에 의한 규제 방법으로서 소비자를 차별하고 선택을 조정하는 큐레이션을 찾아내는 알고리즘을 구축하는 것이다. 플랫폼의 불공정한 행동을 감시하는 알고리즘을 통해 문제가 되는 큐레이션을 식별하여 시정하도록 하는 방안이다. 셋째, 사전적인 방안으로서 소비자의 선택권을 보장하고 차별적인 취급을 금지하는 큐레이션 가이드라인을 제시하는 것이다. 넷째, 플랫폼기업의 ESG 성과를 주기적으로 평가하고 그 결과를 공개하여 소비자들의 플랫폼 선택에 도움이 되는 정보를 제공하고, 기업의 바람직한 경영을 유도할 수 있다(엘스타인, 초더리, 파커 저, 이현경 역, 2018).

### 3. 네트워크 효과와 시장지배력

네트워크 효과는 플랫폼기업에게 커다란 이점을 제공한다. 플랫폼에서 사용자가 누리는 가치는 이들이 거래하거나 교류하는 네트워크에 있는 다른 사용자들에게서 나오기 때문에 네트워크 효과가 큰 플랫폼에서는 다른 플랫폼으로 옮겨가지 않는다. 소비자는 거래가 반복될수록 활동기록, 포인트, 평가점수 등 무형 및 유형의 가치가 증가하는데, 플랫폼을 이동하면 사용할 수 없는 이러한 가치는 플랫폼 전환비용을 증가시켜서 소비자가 다른 플랫폼으로 가지 못하게 묶어놓는 효과가 있다(모아제드, 존슨 저, 이경식 역, 2016). 따라서 네트워크 효과가 큰 플랫폼에서는 사용자들이 다른 플랫폼으로 옮겨가지 않고 그 플랫폼에 계속 머물게 되는 고착화(Lock in) 현상이 발생한다.

시장에 새로 진입하는 신생 플랫폼은 가입자를 새로 모집해야 하는데, 기술적으로나 기능이 월등하더라도 네트워크 효과가 큰 기존 플랫폼에 고착된 소비자들을 끌어모으기 힘들다(모아제드, 존슨 저, 이경식 역, 2016). 따라서 가입자 수가 월등하게 많고 이들 사이에 교류가 활발한 네트워크를 가진 거대 플랫폼은 시장에서 독점적인 지위를 차지하기 쉽다.

네트워크 효과가 커질수록 사용자들의 활동이 증가하고 이로부터 축적되는 빅데이터 규모도 지속적으로 증가한다. 사용자 데이터는 사용자 행동을 예측하고, 큐레이션 알고리즘과 플랫폼 성능을 개선하는 데 활용된다. 거대 플랫폼기업은 축적된 빅데이터를 기반으로 더 나은 서비스를 앞서서 개발하고 새로운 시장에 진입하기도 쉽다. 따라서 플랫폼기업의 시장경쟁력의 원천은 사용자 빅데이터에 있다고 해도 과언이 아니다.

플랫폼에서 수집한 데이터 소유권은 제공한 개인에게 있지만, 플랫폼기업이 독점적으로 활용하는 과도한 혜택을 누리고 있다. 독점적인 플랫폼기업의 가장 가치 있는 자산이 대규모 네트워크로부터 흘러나오는 사용자 빅데이터임을 고려하면, 데이터 정책을 통해 거대 플랫폼기업의 지배력을 견제할 수 있을 것이다. Lee et al.(2018)의 연구에 따르면 소비자들은 기업이 자신의 개인정보를 활용하여 차별적으로 취급하는 관행에 대해 부정적이지만, 개인정보가 공공에게 혜택이 돌아가는 방식으로 활용되는 것에 대해 긍정적으로 인식하였다. 플랫폼기업이 독점하는 소비자 빅데이터를 신생기업이나 지방 및 중앙정부가 플랫폼을 구축하는 데 활용할 수 있는 데이터 정책은 플랫폼 시장에 공정한 경쟁질서를 유도할 수 있을 것으로 기대된다. 구글, 페이스북, 카카오, 네이버 등의 거대 플랫폼기업이 할 수 있는 의미 있는 사회적 책임경영은 보유한 데이터를 공공의 이익을 위해 활용할 수 있도록 사회에 환원하는 것이다.

# V
# 플랫폼경제 시대 소비사회의 변화와 사회적 과제

## 1. 시장의 변화

플랫폼경제는 소비자의 일과 소비에 어떤 변화를 가져오는가? 산업시대의 시장경제에서는 생산의 주체는 기업, 소비의 주체는 소비자로 생산부문과 소비부문이 명확하게 구분되었다. 플랫폼경제에서는 전문적인 사업자가 아니라도 누구나 자신의 재능, 시간, 생산물 등을 필요로 하는 사람에게 제공하고 수익을 창출할 수 있다는 점에서 생산과 소비의 경계가 명확하지 않다(구채희, 2019). 이런 의미에서 플랫폼경제는 생산하는 소비자가 시장의 수요와 공급 양쪽 면에서 경제활동을 실행하는 프로슈머경제라고 할 수 있다.

일대일로 원하는 수요자와 공급자가 매칭되는 플랫폼경제에서는 기존의 소비시장과 다른 새로운 시장원리가 작용한다. 첫째,

소량의 다양한 제품과 서비스가 거래되는 시장이 존재한다. 소량이라도 수요자가 있으면 미세시장이 형성되는데, 대규모 시장 수요에 부응하는 산업시대의 대중소비시장과 대비되는 현상이다. 둘째, 기존의 시장경제에서 거래 당사자가 원하는 가격이 아니라 시장가격으로 거래되지만, 플랫폼경제에서는 판매자와 구매자가 원하는 가격을 제시하면 플랫폼이 양자를 맞추어 연결시켜주기 때문에 양자가 원하는 가격으로 거래할 수 있다. 셋째, 온디맨드 경제에서는 일하기 위해 일터에 나가거나 점포를 열고 상시적으로 대기하는 것이 아니라 여유 시간에 수요자의 요구가 있을 때만 일하고 소득을 얻는다. 따라서 플랫폼경제에서는 본업 이외에 다른 여러 가지 일을 하는 것이 가능하다. 수요자 입장에서는 장기적인 계약을 맺지 않고 필요할 때 제공할 당사자와 연결되어 보다 저렴한 비용으로 서비스를 제공받을 수 있다.

플랫폼경제에서 소비자들은 수요자와 공급자 양쪽 역할로부터 경제적 가치를 얻는다. 공급자 입장에서 자신이 할 수 있거나 좋아하는 일을 하면서 여러 개의 소득의 파이프라인을 구축할 수 있는데, 따라서 N잡러는 플랫폼경제에서 나타나는 하나의 현상이라고 할 수 있다. 수요자 입장에서는 대중 소비시장에서 충족하기 어려운 독특한 요구와 니즈에 맞는 제품과 서비스를 소비할 수 있어서 소비자만족이 증가한다. 도움을 받을 수 있는 집사를 상시로 고용하지 않고도 플랫폼을 통하여 필요한 서비스를 제공받을 수 있고, 대중 소비시장에서 공급되지 않는 제품도 천차만별의 수많은 사람들이 모인 플랫폼에서는 원하는 바로 그 상품의 제공자를 찾을 수 있다.

## 2. 소비사회의 변화

소비사회에서 제품과 서비스는 개성을 표현하는 강력한 수단이자 사회적 성공을 드러내는 중요한 상징물이다. 제품과 서비스를 구매하는 이유는 그런 것이 없거나 망가지거나 사용가치가 떨어져서라기보다는 광고와 미디어를 통해서 전달되는 아름답고 멋있는 성공한 이미지를 갖추고 싶은 욕망에서 비롯된다. 원하는 자아상을 구현하기 위해 소비재를 구입하고 폐기하기를 반복하는 소비사회에서 대량생산 대량소비를 넘어서 과잉생산 과잉소비는 지구 환경과 인류의 미래에 어두운 전망을 드리우고 있다(천경희 외, 2017).

공유경제와 중고거래 플랫폼의 등장이 계기가 되어 과시적이고 낭비적인 고도성장기의 소비 행태가 환경을 위협한다는 인식이 확산되었다. MZ세대 사이에서 중고의류(빈티지 의류)는 힙한 것(가장 최신의 유행), 개성 표현, 미닝아웃(Meaning Out, 정치적 사회적 신념을 소비로 표현하는 것)의 도구로 사용되고(머니투데이, 2020. 6. 5), 중고품의 거래가 활발해졌다. 특히 명품이나 희소한 운동화 등의 고급 중고품은 여러 차례 거래되더라도 N차 신상이 되어 새 제품과 다름없이 거래가 이루어진다(김난도 외, 2021). 고가의 품질이 우수하고 인기 있는 제품은 과시적인 목적이 아니라 소득을 얻기 위한 투자대상으로서(아순다라라잔 저, 이은주 역, 2016) 수요가 증가하는데, 이처럼 제품을 구입하는 기준과 소유하는 동기에도 변화가 일어나고 있다.

농업부문에 혁명적 변화가 일어난 제1의 물결 시대에 인류는 여전히 식량부족에 시달렸다. 산업사회의 도래와 더불어 농업과학이 발달하면서 비로소 인류의 대다수는 기아로부터 벗어날 수 있었다. 소비자의 구매력을 기반으로 유지되는 산업사회의 시장경제는 경제발전을 위해 소비자가 더 많이 소비하고 물질적으로 풍요로운 삶을 향유하기를 요청한다. 끊임없이 좋은 것을 보여주고 더 많이 소비하라고 자극하는 시장에서 많은 사람들은 소비욕망이 채워지기보다 물질적으로 풍요로운 가운데서도 상대적인 결핍감과 박탈감에 시달리게 되었다. 소비자에게 프로슈머로서의 생산성을 요청하는 플랫폼경제 시대에는 사람들은 생산으로부터 소외된 삶과 물질적인 소비욕망에서 벗어나 진정으로 풍요로운 삶을 영위하는 변화가 일어날 것인지 주목된다.

## 3. 새로운 도전

중고거래와 공유경제가 급속히 확산되는 가운데 프로슈머 경제활동이 시장경제에 어떤 방식으로 편입될지 아직까지 정해진 규칙은 없다. 플랫폼을 통해 이루어지는 개인들 사이의 거래는 시장경제시스템 밖의 경제행동으로서 화폐의 교환이 일어나도 공식적인 국민경제 규모에 영향을 미치지 않는다. 증가하는 프로슈머 사이의 경제적 교류를 국민경제의 어느 부문에 어떤 방식으로 편입할 것인가? 변화하는 경제현상을 이해하고 가치를 측정하려면 국가 차원의 창의성이 요구되는 시대이다. 국가 경제성장의 원천이 산업시대에는 기업의 생산성이라면 플랫폼경제 시대에는 국민 한 사람의 능력과 활력이라고 할 수 있다. 따라서 다가오는 시대에 가장 설득력 있는 고용 및 복지정책은 개인과 개인 간 거래를 촉진하고 긱노동자를 지원하는 것이라고 할 수 있다.

플랫폼경제에서 프로슈머가 공급자로서의 역량을 인정받는 방식은 플랫폼에 기록되는 소비자로부터의 리뷰와 평가점수이다. 학력이나 학벌, 전문가 자격증 등 어떤 능력의 표시나 상징이 아닌 진정한 의미의 실력을 갖추지 않으면 좋은 평가를 이끌어내기 어려울 것이다. 국가 교육시스템은 시민의식을 갖추고 사회, 기업, 조직체에서 유능하게 일 잘하는 인재를 배출하는 것도 중요하지만, 개개인의 생산성이 경제적 성과와 직접적으로 연결되는 플랫폼경제에 적응하는 인재를 배출하기 위해서는 개인의 능력을 발굴하여 개성과 특기를 최대한 발휘할 수 있도록 개발하는 방향으로 수정될 필요가 있다.

플랫폼경제는 서로 알지도 못하는 익명의 개인들의 상호작용으로 작동되는 시장이자 사회공동체이다. 출산이 줄고 지역에 걸친 이동이 빈번한 생활양식이 확산되면서 사회적 관계는 혈연, 지연, 학력 등 유대가 강한 관계는 약화되고, 대신 취향, 취미, 셀럽에 대한 팬덤과 같이 어떤 대상이나 사물에 대한 선호도나 취향 등의 각양각색의 다양한 동기로 만나는 긱관계, 느슨한 관계로 메워지고 있다. 약한 사회적 관계에서 사람들에게 정서적인 안정감을 제공하고 하나로 끌어들이는 구심점의 역할을 기대하기 어렵다. 관계의 응집력이 약한 사회에서 공동선을 이루고 사회적 결속력을 유지하는 데 기댈 수 있는 자원은 개개인의 윤리적 자질이다. 사회적 관계가 약화되는 미래 사회에 대비하기 위하여 가정과 공적인 학교교육은 지식과 기술 중심의 인적자본 개발도 중요하지만, 더 나아가 인류의 보편적 가치를 일깨우고 고양시키는 철학, 역사, 윤리 중심의 인문사회적 소양을 풍부하게 갖추는 데 집중할 필요가 있다.

## 참고문헌


김난도, 전미영, 이향은, 이준영 외 2명. (2016). 트렌드 코리아 2017. 미래의 창.

김난도, 이수지, 서유현, 최지혜, 김서영 외 4명. (2018). 트렌드 코리아 2019. 미래의 창.

김난도, 전미영, 최지혜, 이향은 외 6인. (2021). 트렌드 코리아 2022. 미래의 창.

김병국, 유민정. (2021). '고용상태간 노동이동 분석을 통한 실업률 분해', 조사통계월보, 75(4).

김지연. (2021). 코로나19 고용충격의 성별 격차와 시사점. KDI 경제전망, 2021 상반기, https://www.kdi.re.kr/forecast/forecasts_outlook_view.jsp?pub_no=17070&art_no=3265

구재희. (2019). 직장인이 취미로 돈 버는 방법 4가지. 나라경제 2019년 12월호, 79.

남상준, 조은진, 변재호, 여인갑. (2019). 대지털 플랫폼과 인공지능 알고리즘 관련 공정경쟁 이슈 검토. ETRI Insight 2019-21, 1-9.

매일경제. (2021. 4. 14). MZ세대 직장인 부업은 대세, https://www.mk.co.kr/news/business/ view/2021/04 /359719/, 2021. 1. 31 접근.

맥아피, 앤드루; 브린욜프슨, 에릭 저, 이한음 역. (2018). 트리플 레볼루션의 시대가 온다. 머신, 플랫폼, 크라우드. 청림출판.

머니투데이. (2020. 6. 6). 부자들도 중고거래에 빠져드는 이유는. https://news.mt.co.kr/mt view.php?no=2020060518391232681.

머니투데이. (2020. 6. 5). 코로나19 시대, 다시부는 중고거래 열풍(ß¾) https://news.mt.co.kr/mtview.php?no=2020060422234578475

모아제드, 알렉스; 존슨, 니콜라스 저, 이경식 역. (2019). 21세기 경제를 지배하는 독점기업 플랫폼 기업전략. 세종연구원.

사마티노, 스티브 저, 김정은 역. (2015). 위대한 해체. 인사이트앤.

아순다라라잔, 아룬 저, 이은주 역. (2016), 4차 산업혁명 시대의 공유경제, 고요의종말과 대중 자본주의의 부상. 교보문고.

엘스타인, 마셜 밴; 초더리, 상지트 폴; 파커, 제프리 저, 이현경 역. (2018), 플랫폼 래볼루션. 부키.

오삼일, 이종하. (2021). 코로나19와 여성고용: 팬더믹 vs 일반적인 경기침체 비교를 중심으로. BOK 이슈노트 2021-8, 1-11. https://www.bok.or.kr/portal/bbs/P0002353/view.do?nttId= 10064360&menuNo=200433

조선비즈. (2020. 10. 1). 호미 돌풍 일으킨 석노기 대표 이번엔 코스트코 입점 https://biz.chosun.com/site/data/html_dir/ 2020/09/29/2020092902057.html)

중앙일보. (2022.1.30). 전 부쳐줄 분 구해요. https://www.joongang.co.kr/article/

25044753. 2022년 1월 31일 접근.

천경희, 홍연금, 윤명애, 송인숙 외 11. (2017). 행복한 소비, 윤리적 소비, 시그마프레스.

토플러, 앨빈; 토플러, 하이디 저, 김중웅 역. (2015). 부의미래, 청림출판.

토플러, 앨빈 저, 원창엽 역. (2015). 제3의 물결. 홍신문화사.

한국과학기술정보연구원. (2007). 위키노믹스(Wikinomics)의 주요내용과 시사점, Science On, https://scienceon.kisti.re.kr/srch/selectPORSrchTrend.do?cn=IS200700062, 2022. 1. 26. 접근.

한국일보. (2021.12. 10). 풀멍도 하고 돈도 버는 식테크. https://m.hankookilbo.com/News/Read/ A2021120823500004935

한수범, 최장열. (2014). 스마트3.0시대에 따른 신기업비지니스모델과 마케팅전략. e-비지니스연구 15(6), 121-142

한화투자증권 공식블로그. 직장인 이제 투잡 No! N잡러 시대!. https://m.blog.naver.com/trihan wha/221987603643

Bolton G, Greiner B, Ockenfels A. 2013. Engineering trust: Reciprocity in the production of reputation information. *Manag. Sci.* 59:265 - 85.

Deloitte (2019). The rise of platfoem economy.

Dujarier, M-A (2016). The three sociological types of consumer work. ournal of Consumer Culture, 16(2), 555 - 571.

Einav, L. Farronato, C., and Levin, J. (2015). Peer-to-Peer Markets. Annual Review of Economics. 8, 615-635.

Favaretto, M., De Clercq, E. & Elger, B.S. Big Data and discrimination: perils, promises and solutions. A systematic review. J Big Data 6, 12 (2019). https://doi.org/10.1186/s40537-019-0177-4

Fradkin, A., Grewal, E. Holtz, D. and Pearson, M. (2015). Bias and Reciprocity in online reviews: evidence from field experiments on Airbnb. Work. Pap., Mass. Inst.Tech.

IBM, 블록체인 기술이란, https://www.ibm.com/kr-ko/topics/what-is-blockchai

Lee S., Ha H.R., Oh J.H., Park N. (2018). The Impact of Perceived Privacy Benefit and Risk on Consumers' Desire to Use Internet of Things Technology. In: Yamamoto S., Mori H. (eds) Human Interface and the Management of Information. Information in Applications and Services. HIMI 2018. Lecture Notes in Computer Science, vol 10905. Springer, Cham. https://doi.org/10.1007/978-3-319-92046-7_50

Newell S, Marabelli M. (2015). Strategic opportunities (and challenges) of algorithmic decision-making: A call for action on the long-term societal effects of 'datification', The Journal of Strategic Information Systems, 24(1), 3 - 4.

Nosko C, Tadelis S. (2015). *The Limits of reputation in platform markets: an empirical analysis and field experiment*. Work. Pap., Univ. Calif. Berkeley

제6장

# 포스트 코로나 시대의 미래 정부와 정부혁신 방안

**박형준** 행정학과 교수

2020년 시작된 코로나 팬데믹(pandemic)은 사회문제를 해결하려는 정부의 역할과 거버넌스 환경에 많은 변화와 재성찰을 가져왔다. 1990년대 기존의 정부 역할의 비효율성을 줄이고자 민간과 시장의 역할과 방식을 강조하고 작은 정부를 지향한 신공공관리(NPM)적 행정개혁의 방식은 코로나 상황에서 효과를 거두지 못했고, 공공정책 결정과정에 다양한 사회 구성원의 참여를 통한 수평적 의사결정을 지향한 협력적 거버넌스의 형태는 급박하고 긴급한 상황에 대한 기민한 대응의 문제점을 드러내었다. 코로나 팬데믹 이후 상황에서는 위기상황 극복이라는 측면에서 사회적 거리두기 규제와 재난지원금의 지급, 방역과 백신정책 등에서 국민들이 민간과 시장보다는 국가가 중심 역할을 하여 문제를 해결을 요구하는 신베버주의로의 거버넌스 환경의 변화를 보여주고 있다(Newman, et al 2022). 다른 한편으로는 직면하는 사회 난제들의 해결에 있어서 백신 긴급승인, 재난지원금의 긴급지원 등 문제 상황에 민첩한 대응을 요구하는 민첩한 정부(Agile Government)로의 변화가 요구되고 있다. 본 장에서는 코로나 상황 이후에 사회 환경의 변화 방향을 살펴보고, 복잡한 사회난제의 확산에 현행 정부의 문제점을 살펴보고, 이러한 환경 분석과 진단을 통해서 코로나 팬데믹은 난제화된 사회문제에 실효적으로 대응하기 위한 최근 논의되는 새롭고 창의적인 공공 거버넌스 형태와 미래정부의 형태를 제시하고자 한다.

# I
# 코로나 등장으로 인한 사회변화

코로나19 팬데믹은 기존 전염병 보다 확산의 속도가 빠른 전염력을 지니고 전 세계 동시 다발적으로 발생하였다. 전 세계적인 코로나 바이러스 감염증(COVID-19)의 발생 및 확산으로 예기치 못한 위기와 기회가 발생하였고, 정치, 사회·문화, 경제, 기술 등 모든 분야에서 불확실성이 대두되었다(김정해 외, 2021). 정치적 측면에서는 코로나19에 대한 정부의 관리 및 역할의 요구가 증대하였고, 신뢰할 수 있는 공공 데이터에 대한 공유의 가치가 변화하였다. 사회·문화적 측면에서는 사회적 거리두기가 견인한 문화계의 침체로 언택트 문화가 형성되었다. 경제적 측면에서는 각 국가의 봉쇄 조치와 인구 이동에 대한 거부감 등으로 글로벌 경기침체가 발생하였고, 이로 인한 비대면 경제 활동이 증가하였다. 기술적 측면에서는 4차 산업혁명의 기술로 불리는 새로운 기술들이 사회의 디지털 전환과 생활 행태의 많은 변화를 가지고 왔다.

## 1. 정치적 변화

### 1) 코로나19와 정부의 역할 강화

코로나19 팬데믹은 시민들이 정부의 효과적인 대응 방식을 요구하고 정부의 의존도를 높였으며, 코로나19의 확산을 저지하기 위한 사회적 거리두기 등과 같은 정부의 통제가 강화되었다(한국과학기술정책플랫폼협동조합, 2020). 또한, 코로나19와 경제위기에 대응하기 위해 정부의 재정투입의 규모를 늘려 재정지원을 확대하고, 코로나19 초기 대응 시 컨트롤타워의 혼재로 인한 대응능력의 문제점을 인식하여 감염병 대응 총괄 기능의 질병관리본부를 질병관리청으로 승격되었다(동아사이언스, 2020.06.03).

### 2) 정책의 공공성과 정책과정의 개방성 강조

코로나19의 확진자, 지역별 확진자, 완치자 등을 신속하고 정확하게 공개하는 공공부문의 데이터 공유의 중요성이 높아졌다. 정부는 데이터를 제공하여 민간 또는 시민이 서비스를 생산에 참여할 수 있도록 하였다. 구체적으로 코로나19 발생 초기에 개방된 공공데이터를 활용한 한 대학생의 '코로나맵'의 개발로 코로나 확진자의 동선 확인이 가능하여 국민들의 불안감을 낮출 수 있었다(한국행정연구원, 2020). 또한, 공적 마스크 판매 정보를 공개하여 민관협력으로 마스크 재고 알림 API(application programming interface) 제공이 가능하였고 선별 진료소 현황, 국민안심병원 현황, 잔여 백신 현황 등의 데이터를 개방하여 국민들이 해당 정보를 실시간으로 확인할 수 있도록 하였다(한국과학기술정책플랫폼협동조합, 2020).

## 2. 사회·문화적 변화

### 1) 언택트 문화 확산

코로나19는 사회적 거리두기로 대면 상황을 억제하는 과정에서 비대면 문화인 언택트(un+contact) 문화를 확산시켰다(원구환, 2020). 현실 세계에서 직접 접촉하여 상품을 소비하고 문화를 향유했던 방식에서 간접 접촉과 간접 체험으로의 변화를 의미한다(하재근, 2020). 언택트 문화는 온라인을 통한 접촉을 뜻하는 온택트(on+contact)로 이어졌다. 이러한 언택트, 온택트 문화는 집에서 요리해서 먹고, 마시고, 운동하고, 일하는 홈쿡, 홈술, 홈트, 홈오피스 등의 홈코노미(home+economy)를 야기시켰다. 그 중 재택근무의 확대는 줌(ZOOM)과 같은 화상회의 시스템, 그룹 메신저, 원격회의 시스템 등의 이용률이 증가하였다(배영임·신혜리, 2020).

또한, 코로나19로 생긴 영화·극장 산업의 공백에 넷플릭스, 티빙 등의 온라인 동영상 서비스(OTT, over-the-top) 산업이 등장하였고, 영화관과 극장 대신 집에서 콘텐츠를 접하는 문화가 대두되었다(아시아경제, 2022.02.09.).

### 2) 문화계의 관중·관객 감소 및 올림픽 연기

코로나19의 확산으로 스포츠, 영화, 연극, 공연 등의 분야의 피해는 심각했다. 이는 사적모임 규제 및 다중이용시설 운영시간 제한 등에 영향을 받았으며, 스포츠 경기의 무관중 경기 및 영화·연극·공연계의 상영관 봉쇄는 관중 및 관객의 급감으로 이어졌다(중앙일보, 2021.09.28.).

또한, 2020년 도쿄 올림픽 개최가 일본 내 코로나 확산 상황과 여론으로 1년 연기되었다. 2021년에도 일본 내 상황의 변화가 호전되지 않았으나, 올림픽 사상 처음으로 모든 경기가 무관중 경기로 진행되도록 하여 2021년 7월 28일에 개최되었다.

## 3. 경제적 변화

### 1) 글로벌 경기침체와 산업구조의 변화

코로나19의 확산은 글로벌 경기침체와 대규모 실업난을 발생시키고, 노동시장 구조가 비대면 업무 증가 등 플랫폼 노동시장의 변화로 이어졌다(중앙일보, 2021.09.28.). 코로나19에 대한 각국의 조치로 물적·인적 이동과 교류가 제한되어 사회 전반적으로 경기침체를 야기했다.

또한 각국의 봉쇄 조치는 해외여행을 불가능하게 하였고 이는 숙박업, 여행업, 항공업 등의 위축과 실업에 영향을 미쳤다(중앙일보, 2021.09.28.).

그러나 감염병에 대한 우려는 외식, 외출의 거부감을 형성하여 배달서비스업의 성장에 기여하였으며 조리 공간만 확보하여 배달전문 자영업자가 증가하였다.

#### 2) 비대면 경제 확산

코로나19 발생 이후 감염 방지 및 차단조치와 감염 위험에 대한 우려로 외부 활동을 자제하고 집에서 보내는 시간이 증가하였다. 이에 배달앱 음식 주문, 온라인 쇼핑, 비대면 은행업무 등 디지털 기기를 통한 비대면 서비스가 확대되었고, 이로 인한 소비 패턴의 비대면화가 확대되었다.

### 4. 기술적 변화

#### 1) 디지털 전환의 확산 기제로 작용

코로나19로 대두된 사회적 수요와 4차 산업혁명의 데이터, 네트워크, 인공지능 관련 기술이 결합하여 다양한 분야의 디지털 전환(Digital Transformation)의 확산 기제로 작용하고 있다. 대표적으로 교육 분야에서는 에듀테크(education+technology)가 등장하였고, 획일적인 교육 방식에 대한 점검과 신교육법을 적용하고 400만 명의 초중고생의 원격수업 진행으로 미래의 공교육의 상황을 점검할 수 있게 되었다(한국과학기술정책플랫폼협동조합, 2020).

#### 2) 신사업 및 신기술 활용한 비대면 서비스 개발 확대

인공지능은 코로나19 확산 환경에서 비대면 원격서비스, 디지털 헬스케어 분야에 활용되었으며 인공지능과 딥러닝을 활용하여 질병의 예측이 가능하게 되었다(김정해 외, 2021).

또한 신기술을 활용하여 코로나19 시대에서 디지털 비대면 기술이 도입되어 감염 확산이 방지된 스마트 근무환경이 구축되어 유연한 재택근무가 가능하게 되었다. 이에 재택, 원격 근무, 유연근무제 등 스마트워크 활성화 및 원격 교육·의료 등의 변화가 가속되었다(변순천 외, 2021).

# Ⅱ
# 포스트 코로나 시대 요구되는 미래 정부의 역량

미래 정부는 개인맞춤형 서비스의 완성인 나만의 정부가 될 것이며, 정부가 행정서비스를 스스로 찾아서 제공할 수 있는 지능형 정부로 진화할 것이 요구된다. 또한 코로나 시대 이후 정부의 변화관리역량과 미래전략 수립 및 예견적 역량이 강조되고 있다.

## 1. 정부의 변화관리역량 회복력 확보

코로나 시대에는 감염병의 확산 방지와 피해증폭을 막기 위해 정부의 즉각적이고 효과적인 대응이 강조되었다. 하지만 사회 전체의 감염병 피해예방을 위한 규제 위주의 정부 방침은 더불어 개인의 자유와 기본권 제한이라는 문제와 충돌을 가져오고 있다. 이에 따라 정부가 코로나19와 같은 극단적 사건에 효과적으로 대응하고 사회적 가치 간의 극단적 충돌의 영향을 최소화할 것이 요구되었다(한국과학기술정책플랫폼협동조합, 2020). 더불어 충격으로부터 다시 원상태로 돌아가는 회복력(resilence) 역시 정부에게 요구되는 중요한 역량으로 요구되고 있다. 통상적인 상황에서는 어떠한 충격이 있어도 사회 시스템이 현재 상태를 유지할 수 있다(그림의 A). 공이 1번 골짜기를 벗어나 2번 골짜기로 이동하는 것이 매우 어렵다. 그러나 골짜기의 장벽이 되어주던 대응 역량이 낮아진 상태(그림의 B)에서는 작은 사건에도 공은 2번 골짜기로 이동할 수 있다. 이는 위기 상황에 의해 사회 시스템 전반에 영향을 받는다는 것을 의미한다. 그리고 정부의 대응 능력이 사라지는 경우(그림의 C), 사건 이전으로 돌아갈 수 없는 상태에 이르게 되면 기존 시스템의 작동이 불가능해진다(박병원, 2020).

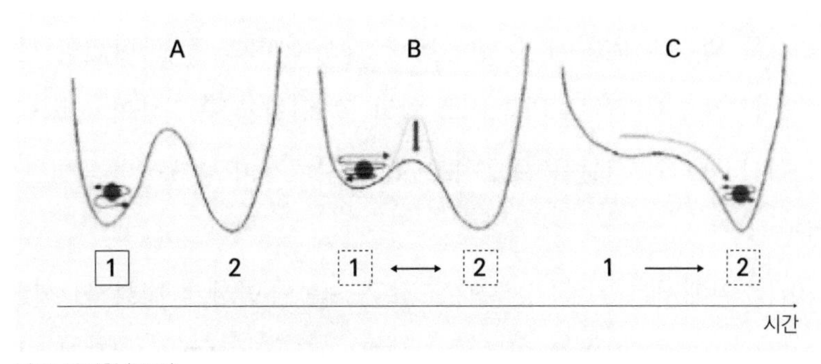


자료: 박병원 (2020).

**〈그림 1〉 외부 환경 변화에 따른 시스템의 전환**

심각한 외부 환경 변화 혹은 일시적 대응력이 약화되었더라도 다시 원래 상태로 되돌아갈 수 있도록 끌어올릴 수 있는 힘이 필요하며, 이것이 정부의 대응 능력 또는 회복력(resilience)이라고 할 수 있다(박병원, 2020). 'Resilience'는 재난관리뿐 아니라 생태학, 심리학, 물리학 등 전통적 학문 분야에서도 많이 이루어진 학제적 특징을 가지며, 복원력, 회복력, 회복탄력성 혹은 리질리언스를 그대로 사용하고 있다(정지범, 2020). 최근 국무회의를 통과한 제4차 국가안전관리기본계획(2020−2024)은 '회복력'을 공식적으로 채택했는데, 이는 재난 이후 사회 전체를 회복시킬 수 있는 시스템적 관점을 포괄한 것으로 볼 수 있다(정지범, 2020).

포스트 코로나 시대 정부에 요구되는 회복력은 코로나 시대에 나타난 두 가지 주요 특징에 기인한다. 첫째, 코로나 이전의 사스, 메르스뿐 아니라 세계적 경제 위기 등 외부 환경은 언제든 다양한 위협 요인에 노출될 수밖에 없고, 이와 같은 상황에서 적절하게 대응할 수 있는 회복력이 필요하다(정지범, 2020). 둘째, 코로나와 같은 외부의 위협에 맞서 완벽한 방재를 하는 것은 사실상 불가능하므로, 재난을 효과적으로 막고 그 영향을 흡수하여 시스템의 핵심 구조와 기능을 보호하고 회복하는 것이 중요하다(박병원, 2020).

이를 위해서는 기존 정부의 조직구조를 유연하게 변화하는 것이 필요하다. 조직변화 및 인력, 예산 집중 등의 기존 대응과 달리 새로운 구조를 만들어내는 것이 필요하다(한국과학기술정책플랫폼협동조합, 2020). 2012년 세계경제포럼(WEF)에서도 미래 정부의 형태로서 이러한 빠른 회복력을 위해 수평적 정부조직을 넘어 클라우드 정부조직과 운영 형태를 통해 충격과 다양한 요인들이 혼합된 예측하지 못한 위기에 민첩한 대응을 할 수 있는 회복력을 강화할 수 있는 정부조직의 변화가 요구되고 있다.

## 2. 시민참여형 사회혁신 플랫폼 활성화

전통적으로 재난관리는 공공부문이 수행해야 할 임무로 인식되어 왔으나, 위기상황에 대한 회복력 강화를 위해서는 공공 부문만이 주체일 수 없다. 코로나19 사례에서 보듯 모든 방역 업무를 국가가 수행하는 것은 불가능하며, 민간 의료기관부터 일반 국민의 사회적 거리두기 참여까지 모든 이해당사자의 적극적 참여가 필요하다(정지범, 2020).

포스트 코로나 시대에 발생될 수 있는 다양한 사회문제에 대한 혁신적 문제해결을 위해서는 시민들의 참여를 바탕으로 한 사회혁신플랫폼 활성화가 중요하다. 현재 정부는 혁신적 사회문제 해결의 특성을 보면, 소규모 리빙랩이 다룰 수 있는 사회문제가 지역 내 작은 현안에 국한되고 있다(최지민, 2020). 일자리 감소와 인구감소, 미세먼지 등의 사회문제와 쓰레기 및 빈집 문제 등은 지역의 현안일 뿐 아니라 국가 차원의 구조적 문제와의 연계가 필요하나 이를 매개할 수 있는 수단이 현재는 부재하다. 따라서 지역문제를 넘어 사회, 국가 차원의 참여와의 연장선에서 주민주도의 참여를 어떻게 확장시켜야 할지에 대한 확장수단에 대한 고민이 필요하다(최지민, 2020).

기존 정책집행의 구조 및 배제된 행위자(시민사회 등)의 참여를 실질적으로 이끌어내기 위해 각 역점 과제의 개념 정립, 추진체계 설계 단계에서 현장의 이해가 선행되어야 한다(한국과학기술정책플랫폼협동조합, 2020). 정부의 역할에 대한 고민도 요구된다. 현재 주민주도형 사업에 대한 정부의 역할은 소극적 지원자에 머물고 있으나, 리빙랩 등을 통해 얻어진 결과를 정부의 일하는 방식에 연결할 수 있는 방안에 대한 적극적 고민이 요구된다(최지민, 2020). 또한 리빙랩 이후, 정부 영역에서 주민이 행사할 수 있는 실질적 권한이 어떻게 확대될 수 있는지에 대한 시뮬레이션이 필요하다(최지민, 2020).

영국의 BIT(the Behavioural Insight Team), 미국의 SBST(the Social and Behavioral Sciences Team)의 국가단위 행동경제학 활용 넛지 조직에서, 호주 뉴캐슬정부의 BIU(Behavioural Insight Unit) 등 지방정부까지 행태실험을 응용하여 정책을 결정하고 첨단지식을 활용한 공공서비스를 제공하고 있다. 미래 정부의 경우 더 많은 넛지 유닛 부서 신설을 요구할 것이다. 다양한 정책실험을 진행하여 근거기반 정책설계를 통해 정책실패의 가능성과 실제 피해를 줄일 필요가 있다.

### 3. 미래문해력을 바탕으로 한 기술 구현

4차 산업혁명으로 인하여 기술경쟁이 심화되고, 산업구조가 개편되며, 디지털 기술을 기반으로 한 신산업 성장이 정부의 역할 변화에도 영향을 미치고 있다. 포스트 코로나 시대 대응을 위해 미래문해력의 획기적 제고가 중요하다(최항섭, 2020). 미래문해력

(foresight literacy)은 주체(개인, 조직, 국가 등)의 발전 여부에 그 영향을 크게 미칠 미래의 변화에 대해 이해하고 있으며, 이 변화에 대응하기 위해 현재부터 준비하고 계획을 세울 수 있고, 이를 행동과 결정으로 옮길 수 있는 능력을 뜻한다(최항섭, 2014; 최항섭, 2020 재인용). 즉, 미래를 100% 수준으로 예측하는 적중 능력을 의미하는 것이 아니라, 미래의 불확실성을 받아들이되 다양한 미래를 상상하여 어떠한 미래가 도래하더라도 능동적으로 대응하여 원하는 미래로 만드는 능력을 의미한다(박병원, 2020). 이를 위하여 위험 및 재난관리에 있어 과학과 기술의 역할이 중요하다(정지범, 2020). 미래 사회는 실용주의, 시민 중심적 국가, 디지털 방식의 보편화, AI-데이터 기반 정부와 사회 메커니즘, 그리고 개방적인 공동체 중심의 사회라는 공통적 지향점을 가지고 있다. 따라서 미래 국가는 이러한 모든 과정과 요인들을 포용하면서 인간-기술-사회 시스템이 개방적이고 다층적인 플랫폼과 최상위 메타플랫폼 형태를 갖춘 국가가 되어야 한다(안준모, 2021).

코로나 시대를 통해 비대면 인프라의 중요성, ICT 기술의 중요성이 입증되었다. 초연결성을 바탕으로 정부 부문의 ICT 역량을 강화하여, 다양한 기술을 활용한 플랫폼 정부 구축을 고려할 수 있다. 또한 공공데이터 및 빅데이터의 중요성이 부각되며, 데이터 기반 예견적 행정에 대한 요구도 증가하고 있다(문명재, 2021). 일례로, 가상현실과 실제가 상호작용하는 메타버스 적용 시민참여 플랫폼을 구축하여 시민 참여를 증진시키고, 실제에서 구현할 수 없는 다양한 서비스 제공을 도모할 수 있다. 즉, AI-빅데이터-클라우드를 연계한 메타버스 기반 공공플랫폼 중심으로 정부가 여러 이해관계자의 참여를 확보하는 방안을 마련할 것이 요구되고 있다.

이상을 종합하면, 포스트 코로나 시대 정부에 요구되는 역할은 코로나 시대의 경험을 바탕으로 회복력을 내재화하는 것이 중요하며, 이를 위해 조직 구조의 변화, 시민 참여 플랫폼의 활성화 및 기술의 구현이 요구된다고 할 수 있다. 이에 대해 다음 장에서 보다 구체적인 형태를 제시한다.

# Ⅲ

# 포스트 코로나 시대 정부혁신 방향

코로나19라는 유례없는 극단적 사건이 세계에 위기의식을 제공하면서 상황은 급변하게 된다. 20세기의 감염병 발생은 최소 15년에서 최대 30년을 주기로 인류에게 고통을 주었으나, 21세기에 들어서면서 감염병의 발생주기는 점차 짧아지고 있으며, 교통의 발달과 글로벌 지구촌화의 흐름과 함께 감염병의 전염이 빠르고 넓게 이루어지고 있으며, 특정 지역에 국한되지 않아, 극단적 사건으로 발전하는 경향성이 나타나고 있다. 또한 코로나19의 창궐은 단순히 보건의료체계를 훼손하는 것에 그치지 않고 정치, 경제, 산업, 사회, 교육 등 대부분의 분야에 악영향을 끼치게 된다. 이렇게 위기가 전방위적으로 확산되면서 기존의 정부 기능으로는 신속하고 효과적으로 대응하기 어려운 상황에 직면하게 되었다. 한편, 4차 산업혁명과 디지털 전환이 가속화되고, 생산양식, 생활양식, 산업구조 등 사회 전반에 걸쳐 패러다임 전환이 진행되면서 정부 역시 이러한 흐름에서 벗어나기는 쉽지 않을 것이며, 뉴노멀 시대로 대변되는 새로운 물결이 전 세계를 지배하게 되면서 새로운 정부 패러다임을 모색해야 한다는 시대적 요구와 맞닥뜨리게 되었다.

## 1. 미래 정부 운영 방향으로 F.A.S.T. 정부

시대적 요구와 함께 등장한 새로운 정부 패러다임 중 가장 대표적으로 일컬어지는 것이 바로 F.A.S.T. 정부라고 할 수 있다. FAST 정부는 flat, agile, streamlined, tech-enable 네 가지 핵심 요소로 구성되는 정부 패러다임을 말한다. 먼저, F에 해당하는 flat은 시민과 정부, 중앙과 지방의 수평적인 구조로 대변되는 개념이다(WEF, 2012, 행정안전부 2017 a 재인용). 시민참여를 활성화하는 데 중요한 것은 정부와 시민 사이의 거리를 줄이는 것이다(유재원, 2003). 이러한 거리의 축소를 통해 시민들은 공공정책의 수립에 기여하면서 시민참여는 보다 신속하고 적용가능성이 높은 정책 수립을 도와줄 수 있다고 볼 수 있다. 또한 정책에 대한 효과적인 평가를 가능하게 하여 공공정책의 서비스 품질을 향상시킬 수 있을 것이다. 이를 위해 정부는 각종 디지털 장비를 활용하여 시민들의 생각을 이해할 수 있으며, 정책에 대한 실시간 피드백을 얻을 수 있다. 이러한 시민과의 소통은 다양한 사람들의 창의적이고 혁신적인 아이디어를 활용할 수 있게 할 것이다. 한편, 정부는 기존의 계층적인 조직 지배구조를 지양하고 불필요한 형식을 제거함과 동시에 기관, 부처, 정부 사이의 협력을 장려하기 위해 협력

문화를 조성해야 한다. 결과적으로 시민을 공공 서비스의 주요한 소비자로 대하는 것을 통해 정부의 변화를 촉발할 수 있다(WEF, 2012).

A에 해당하는 agile은 행정 수요에 신속하고 민첩하게 대응하는 것을 말한다(WEF, 2012). 효과적이고 혁신적인 정부는 시민들의 변화하는 수요에 민첩하고 적응력이 있어야 하며 이에 적절히 대응하는 것이 중요하다. 시민의 필요와 정책 수요는 과거와는 다르게 매우 급변하는 성향을 보이고 있다. 이러한 시민의 수요에 적절하게 대응하지 못하면 정부의 행정 능력에 대해 시민들의 불신이 나타날 수 있으며 결과적으로 사회 공익에 부정적인 영향을 줄 공산이 높을 것이다(권경득·임정빈, 2002). 정부가 신속한 대응성을 갖추기 위해서는 시야를 넓게 가지고 전방위적으로 정부를 운영하는 것이 바람직하다. 이를 통해 다양한 현안 사이의 우선순위를 파악하고 더 높은 우선순위에 자원을 할당하고 시민의 수요와 정책이 부합하는지 여부를 확인하고 중복되어 낭비되는 자원이 없는지 등에 대한 인지를 정확하게 할 수 있다. 결과적으로 agile 정부 운영을 위해서는 광범한 문제 해결 능력과 실시간 데이터, 고숙련 지식 근로자로 구성된 업무처리가 재빠른 인력이 필수적으로 요구될 것이다(WEF, 2012).

S에 해당하는 streamlined는 정부의 합리성 및 효율성의 제고와 관계가 깊다(WEF, 2012). 일반적으로 민간 영역보다 공공 영역의 생산성과 효율성은 낮게 평가되고 있으며 이는 다양한 원인에 기인하는 것으로 보여지고 있다. 그러나 많은 국가에서 정부의 공공

서비스의 규모는 축소되는 추세이며, 공공 영역의 생산성 향상 및 정부예산의 적자를 경감하는 것에 대한 다양한 시민사회의 요구가 발현되고 있다. 그러나 이러한 흐름에 입각한 신자유주의는 처절한 실패를 맞이하게 되었고 오히려 많은 폐해를 양산하며 종래의 방식으로 돌아오게 되었다(박봉규, 2002). 결국, 전략적이지 않은 단순한 인원 감축, 비용 절감, 예산 삭감 등은 정부의 생산성과 효율성을 제고하는 데 효과적이지 않다는 것이 증명되었으며, 새로운 전략의 필요성이 떠오르게 되었다. 특히 숫자 중심의 인원 감축은 핵심 역량을 상실할 수 있으며, 공공 영역의 전문성과 지식을 손실할 위험성이 높기 때문에 부적절한 방법이다. 중요한 것은 광범위한 정책을 기반으로 공무원 조직의 방향을 바꾸거나 재구성하는 방향으로 변화가 흘러가야 한다는 것이다. 관료제의 고질병인 형식적이고 불필요한 요식 행위를 지양하면서 행정 서비스의 전달은 간소화되어야 한다(강명구, 2017). 결과적으로 정부 운영의 합리화를 통해 효율성을 높이는 방향으로 개선이 이루어져야 할 것이다.

T는 tech-enable을 뜻하며 기술친화적인 정부 운영이 이루어져야 한다는 뜻을 내포하고 있다(WEF, 2012). 4차 산업혁명의 도래와 함께 AI, 블록체인, 빅데이터 등 다양한 기술이 발전하고 또 활용 가능한 수준에 이르렀다. 정부 역시 이에 발맞추어 기술에 전문적인 역량을 갖춘 인력을 통해 혁신적인 기술을 습득하고 이를 기반으로 공공 서비스를 제공해야 할 것이다. 이러한 혁신기술을 바탕으로 합리적인 비용과 신속성을 담보할 수 있는 공공 서비스

를 제공할 수 있을 것이다. 또한 전자정부가 발전함에 따라 정보통신기술(ICT) 혁신과 글로벌 흐름에 맞게 정책, 법률, 규제 등을 재설계할 필요가 있다. 이를 위해서 공공기관, 정부에 표준을 도입하는 것은 선결적으로 진행되어야 할 것이다. 이러한 ICT는 여러 공공기관, 정부 부처 및 부서에 걸쳐서 사용되어야 효과적인 공공 서비스 제공을 보장할 수 있을 것이다(차성민, 2012).

## 2. 미래 정부 조직 혁신으로 클라우드 정부와 민첩한 정부

미래의 정부는 달라진 사회 생태계에서 제 역할을 하기 위해서 불가피하게 변화할 수밖에 없을 것이다. 그러나 현재의 정부의 모습은 아직 과거에 머물러 있어 새로운 조직을 구성하고 운영하여야 할 것이다. 또한 사회문제 역시 첨단 시대를 맞이하면서 복잡 다변화되고 있기 때문에 현 시대의 문제해결에 적합한 새로운 형태의 정부 조직이 필수적으로 마련되어야 할 것이다. 이러한 미래 정부 조직 방향으로 제시되고 있는 것이 GovCloud, Agile Gov이다.

### 1) 클라우드 정부 조직

먼저, GovCloud는 Deloitte가 제안한 개념으로써 필요한 인력들이 정부 기관들의 요청에 따라 일종의 팀을 구성하여 요청에 응대하는 협업을 바탕으로 하는 정부 모델이다. 자원을 공유하는 cloud의 특징에서 착안하여 이를 사람에게 적용하는 방법이다.

GovCloud 하의 공무원은 각자 특정 부처에 소속되어 업무를 수행하는 것이 아니며, 각각의 업무처리에 필요한 인력을 서로 공유하는 것을 기본 개념으로 한다.

이러한 GovCloud의 개념을 바탕으로 하는 GovCloud 모델은 공무원단(cloud of government workers), 슬림한 행정부처(thin executive agencies), 공유된 서비스(shared services) 등 3가지를 핵심 요소로 구성된다(행정안전부a, 2017). 먼저 공무원단은 협업을 도모할 수 있도록 운영된다. 공무원단에 소속된 공무원들은 일종의 프리 에이전트(free agent)의 형태로 업무를 수행하며 소속과 직위에서 자유로운 성격을 가지고 있다. 이러한 공무원단은 기존의 공무원뿐만 아니라 계약직, 특수직, 개별 컨설턴트, 민간인 등 다양한 주체가 참여하여 사회문제 해결을 도울 수 있도록 진입장벽이 낮게 유지된다. 공무원단의 장점으로 꼽을 수 있는 것은 협업, 지식교환, 적응성이 있다(김태진 외, 2015). 대면협업과 함께 온라인 공간을 활용한 협업이 가능하게 하며, 단일 조직 내에 머무르는 지식을 개방하여 활용성을 높이고, 자원이 필요한 곳에 적절히 배분될 수 있게 하여 성과를 높일 수 있다.

두 번째로 슬림한 행정부처와 관련된 내용은 다음과 같다. 예를 들면, 정부 소속 공무원들의 공무원단으로의 이동을 촉진함으로써 정부 조직은 슬림해질 수 있다. 행정의 영역에서 중요시되는 가외성이라는 개념을 고려해야 할 필요는 있지만(하태수, 2006), 행정 역량이 특정한 목표를 집중적으로 해결하고 다른 목표로 신속하게 이동하도록 도와준다면 목표의 중복을 최소화함으로써 효율성을 제고할 수 있다(유승현·윤기웅, 2010). 슬림한 행정부처 체제의 공무원은 목표전문가와 일선공무원으로 구성된다(행정안전부a, 2017). 목표전문가는 부처의 목표에 필수적인 지식을 소유한 전문가로서 정책 전문가, 전문직위제 공무원, 부처 간부 등을 의미한다. 일선공무원은 시민이 쉽게 접할 수 있는 대부분의 공무원을 포함하며 민원 담당 공무원, 경찰 등을 의미한다.

마지막으로 공유된 서비스는 사무국의 기능을 범정부 차원에서 공유하여, 행정 부처들이 개별적이고 특정적인 목표 달성에 집중하는 것을 도와주는 것을 말한다(행정안전부a, 2017). 다양한 국가에서 공유된 서비스 개념을 차용하여 업무의 효율화를 꾀하고 있으며, 이를 바탕으로 중복되는 행정 조직을 간소화할 수 있기 때문에 생산성을 높이는 데 기여할 수 있을 것이라고 예측할 수 있다.

### 2) 민첩한 정부 운영(Agile Gov)

기존의 정책설계 및 집행을 하는 과정은 전 단계가 완벽하게 구성이 이루어져야 다음 단계로 진출할 수 있는 구조를 띠고 있었다. 또한 이러한 결과물의 완벽함을 항상 기대하는 특징이 있었다. 그러나 이러한 기존의 설계 구조가 정상적으로 작동하기 위해서는 정책설계자가 정책의 최종 결과물뿐만 아니라 정책 집행의 결과까지도 예상해야 한다(행정안전부a, 2017). 그러나 현실의 정책은 다양한 과정을 거치고 예상치 못한 변수가 발생하며 이를 완벽하게 예상한다는 것은 불가능에 가깝다. 따라서 기존의 정책설계 과정은 실효성이 점차 하락하게 되었으며, 새로운 방식으로 대두된 것이 Agile Gov이다. 애자일 방식은 정책의 초안을 지속적으로 만들고 이를 시험하여 수정 및 개선한 후, 최종 결과물이 산출되는 방식을 활용한다(오인균 외, 2021). 정책을 설계하고 계획하고 집행하는 등의 과정에 정책 수혜자가 참여하여 의견을 피력함으로써 잘못된 정책으로 야기될 수 있는 정책실패를 사전에 방지할 수 있으며, 정책 수혜자의 만족도 역시 높일 수 있게 되고, 또한 외부에서 개입하는 변수와 내부에서 발생하는 변수를 정책설계 과정에 녹여낼 수 있기 때문에 예상치 못한 정책실패가 발생할 가능성을 크게 낮춰 준다(지종화, 2011).

### 3. 디지털 플랫폼 지능형 정부

현 세대의 인류는 전무후무한 기술의 발전을 경험하고 있다. AI를 활용하여 면접을 진행하는 기업이 있는가 하면, 인간의 역량을 훌쩍 뛰어넘은 바둑기사인 AI 알파고가 등장하기도 하였다. 또한 각 가정에는 인공지능 스피커가 보급되어 TV의 전원을 통제하고 날씨 정보를 알려주는 등 인간에게 많은 편리함을 제공하고 있다. 심지어는 인간의 감성의 영역인 음악, 미술 분야에서도 인공지능의 약진이 관찰되며 기술의 발전을 체감하게 한다. 반면, 정부가 움직이는 방식은 종전의 그것을 넘어서지 못한 것으로 보이며, 이를 타개하기 위한 방안으로 지능형 정부의 도입을 고려해야 할 것이다(김윤권, 최순영 2021). 인공지능의 발달, 데이터의 축적 등으로 지능형 정부의 실현가능성은 눈앞으로 다가왔으며, 해당 시스템의 도입은 행정의 합리성과 과학성 제고, 지역·상황·계층별 맞춤형 서비스를 제공함으로써 공공 서비스의 퀄리티를 한 단계 높일 수 있을 것이다. 즉, 국민과 공무원이 각자 인공지능 개인비서를 두는 셈이다. 디지털 플랫폼 지능형 정부는 다음의 4가지 방향성을 제시한다(행정안전부b, 2017). 첫째, 마음을 보살피는 정부(Wonderful Mind-Caring Gov.). 이 정부는 특정 서비스 사용자 중심의 경험이 아니며, 서비스 대상과 채널, 접근 방식의 확대와 전환을 도모한다(행정안전부b, 2017). 이러한 활동을 바탕으로 디지털 소외계층을 포함한 모든 시민의 디지털 경험을 극대화할 수 있도록 한다. 또한 개인비서에 비견될 정도로 지능화된 맞춤 서비스를 제공하여 사용자의 일상을 풍요롭게 채워주는 것은 물론 생애주기별로 적절한 서비스를 제공한다. 실시간으로 연결된 채널을 바탕으로 사용자가 현재 처해 있는 환경을 인식한 후, 적합한 서비스를 판단하여 이를 제공한다(진상기, 2018).

둘째, 사전에 해결하는 정부(Innovative Problem-Solving Gov.). 이 정부는 로봇과 인공지능 시스템 기반 행정시스템을 도입하여 정부 내 관련 업무처리를 함과 동시에 의사결정 전반의 프로세스를 지속적으로 학습한 후, 이를 바탕으로 스스로 행정 시스템 개선안을 제시한다(행정안전부b, 2017). 이러한 알고리즘은 공무원의 개인 업무비서로서 활동할 수 있으며, 공무원 조직 내부에 존재하는 불합리성과 비효율성을 해결하기 위한 대안을 모색하는 방향으로 설계될 것이다. 또한 이용 패턴 및 사용자 등에 대한 데이터를 수집·분석하여 숨어 있는 정책수요를 선제적으로 발굴하여 제안하며, 해당 과정에 공무원의 개입 및 조정은 불필요할 뿐만 아니라 이러한 업무시스템은 클라우드 시스템을 기반으로 구축되어 때와 장소를 가리지 않고 현장에서 신속한 문제해결을 완료할 수 있다(김태진 외, 2015).

셋째, 가치를 공유하는 정부(Sustainable Value-Sharing Gov.). 이 정부에서는 서비스의 사용자(시민)와 공급자(정부)가 서로 역할을 구분하지 않고 서비스에 대한 전반적인 권리를 행사할 수 있으며, 플랫폼 기반의 파트너십을 구현하여 새로운 사회·경제적 가치를 공동으로 생산·사용·공유할 수 있다(행정안전부b, 2017). 그리고 정부가 제공하는 공공데이터와 인프라를 통해 정책결정을 시민이 주도할 수 있으며, 시민이 공공서비스를 직접 완성하는 체제를 확대할 수 있다. 또한 국적, 연령, 인종 등에 구애받지 않고 다양하고 다원화된 사회구성원이 디지털 시스템을 기반으로 상생할 수 있을 것으로 보인다.

넷째, 안전을 지켜주는 정부(Enhanced Safety-Keeping Gov.). 이 정부는 복합적이고 예측가능성이 낮은 위험상황에 대비하기 위해 사전감지·예방체계의 첨단화 및 재정비를 실시하고, 유연하고 즉각적인 위험상황 대응역량을 강화한다(행정안전부b, 2017). 한편, 기존에 경제적 논리와 효율성 중심으로 이루어진 사회간접자본 및 인프라를 안전을 중심으로 재구성하고 이를 지속가능한 체제로 구축한다. 또한 지능형 사이버 테러, AI 오작동 등 첨단기술의 발전과 동반되는 역기능과 위험요소를 사전에 인식하여, 보안체계의 능동성을 높이는 업그레이드를 진행한다(이상윤·윤홍주, 2019).

## 4. 정책실험에 근거한 증거기반 정책설계와 예견적 정부

현대 사회의 주요 특징은 변동성(Volatility), 불확실성(Uncertainty), 복잡성(Complexity), 모호성(Ambiguity) 등으로 VUCA 시대적 요소를 가진다(김윤권·최순영, 2021). 또한, 4차 산업혁명으로 서술되고 있는 사회 전 분야의 기술혁신은 지능형 사회로의 구조적 변화를 촉진시키고 있다. 위 측면에서 기존 전통적인 계층제 형식 내 정부 운용과 정책투입 과정은 VUCA 시대와 지능형 사회 구조에서 발생되는 복잡한 사회문제를 해결하기 위한 정책적 시도가 실패하는 등의 한계를 지닌다. 사회 환경적 변화에 따른 정부 정책의 한계점들을 극복하기 위해 일부 국가에서는 정책과정에서 증거를 활용하여 저비용으로 고성과를 내기 위한 평가 프로그램을 운용하거나, 디지털 기술을 활용하여 사회문제를 사회 내 혁신 주체들과 해결하여 혁신을 창출하는 프로젝트가 추진되고 있다(Frey & Widmer, 2011; 김희연, 2017).

증거기반 정책설계는 미래 정부에서 수행해야 하는 데이터 기반 또는 증거기반의 의사결정을 추구하여 정책 대안과 사회문제를 파악하는 과정에서 활용되는 미래예견적 시스템의 형태이다. 증거기반 정책설계와 관련된 정의는 다음과 같이 3가지 관점으로 설명된다. 첫째, 정책결정론적 측면에서 전문지식과 체계적 연구에서 도출되는 과학적 근거를 활용하여 포괄적 의사결정과 수용가능한 객관적 증거를 정책결정에 활용하는 개념이다(정성호, 2019). 둘째, 정책과정의 전반적인 과정에서 활용되는 정보를 담론과 방법론의 조합을 통해 이용하는 측면이다(Sutcliffe & Court, 2005; 김지학·김동현, 2020). 셋째, 기존 정책과 차별화되는 설계과정을 통해 정책의 기반이 되는 자료의 명확성, 객관적 사실성, 정책의 수용성을 기초로 하는 정책설계를 의미한다(최용환 외, 2018). 이러한 증거기반 정책설계는 현대화된 사회 내에서 발생될 수 있는 정책실패를 회피할 수 있으며, 새롭고 검증되지 않은 정책 및 사업에 대해 효과성을 미리 판단한 자원투입을 통해 예산 등의 사업에 투입되는 자원을 효율적으로 활용할 수 있다. 또한, 증거기반 정책을 설계하는 과정에서 정책의 결정 및 형성 맥락을 파악하게 될 경우, 사업추진상의 책임성을 강화시킬 수 있고 설정된 정책목표상 달성 여부에 따른 정당성을 높일 수 있다(김지학·김동현, 2020). 하지만 증거기반의 정책설계 과정에서 정책의 투입과 성과에 대한 기준이 단선적으로 측정될 경우, 정책 투입과 성과 간의 인과관계를 협소하게 볼 수 있는 한계를 가진다. 추가적으로, 정책결정을 합리화할 수 있는 특정 표본만을 대상으로 조사한 결과값을 활용하여 정책설계과정에서 활용되는 증거를 왜곡하거나, 정치적 책임성을 무시하는 경우도 발생하게 된다(Parsons, 2002; Strassheim & Kettunen, 2014).

증거기반 정책설계에서 활용되는 증거는 주로 승인통계, 빅데이터, 정책실험 등으로 평가될 수 있다. 이중 정책실험은 증거기반 정책설계 과정에서 발생될 수 있는 단순한 인과관계, 증거의 왜곡, 규범적 문제를 무시하는 정치적 책임성의 무시문제를 보완할 수 있는 무작위 통제실험(Randomized Controlled Trial: 이하 RCT)으로 평가할 수 있다. 무작위 통제실험(RCT)은 정책 대상 단위에서 추출된 집단을 실험집단(Treatment Group)과 통제집단(Control Group)으로 배정한 다음 실험집단에만 관련 정책을 도입하고, 집단간 나타난 차이를 비교하여 정책 성과 및 효과를 추정한다. 무작위 통제실험(RCT)은 정부 정책 효과를 보다 완전하고 직접적인 측정을 할 수 있으며, 정책분석 및 평가 측면에서 다른 연구방법에 비해 높은 가치를 지닌 정책 증거로 활용될 수 있다(Hollister, 2008). 이러한 정책실험을 활용하여 정책효과를 측정하기에 적합한 분야는 고용·노동, 보건·복지 등이며, 국방·안전·재해 등의 분야에서는 정책실험의 적용이 어렵다(최영준 외, 2020).

최근에는 넛지(Nudge)를 이용한 정부의 개입을 분석하여 넛지의 효과성을 확인하는 분야에서도 정책실험이 활용된다. 넛지는 행동경제학에서 도출된 개념으로 사람들의 행동을 개인의 선택을 금지하거나 경제적인 유인을 바꾸지 않은 채 유도하는 부드러운 개입의 형태이다(문명재 외, 2017). 기존의 정부 개입은 직접적인 정책 투입을 통해 시장에서 발생하는 시장실패를 극복하고 공익을 달성하기 위한 경제적 유인책을 제공하는 형태를 띠고 있다. 이와 같은 기존 정부의 개입 형태는 국민들이 정책에 따른 자발적인 참여를 저해하고 정부의 규제에 따른 부작용, 추가적인 자중손실을 가져올 수 있다. 하지만 정부의 정책 투입과정에서 넛지의 개념을 도입하게 될 경우 정책 수혜자들이 자발적인 참여를 통한 정책 수용을 가능하게 할 수 있으며, 이를 통한 효율적인 정책 목표 달성을 가능케 한다. 이에 현재 여러 국가들은 여러 분야의 정책에서 넛지를 적용하고 있으며, 넛지유닛(Nudge Unit)을 활용하여 넛지에 영향을 받는 정책을 개발하고 있다(〈표 1〉 참조). 하지만 대한민국의 경우 넛지와 같은 통찰력을 공공정책에 투입시키려는 시도는 타 국가에 비해 미비한 편이며, 이를 주도하는 넛지유닛 또한 부재하고 있다(권남호, 2018). 따라서 미래 정부에서는 정책설계 과정에서 증거기반 의사결정을 도입하여 정책의 효과성을 높일 뿐만 아니라 사업 추진 시 정당성 및 책임성을 강화시킬 필요가 있다. 또한, 넛지 개념을 적극적으로 활용하는 부서를 신설하여, 정책 근거로 활용될 정책실험을 통해 정부개입의 부작용을 최소화시키고 자발적 참여를 통한 효율적인 정책목표 달성을 기대해야 할 것이다.

**〈표 1〉 넛지를 활용하는 주요 국가 및 사례**

| 국가 구분 | 넛지 유닛 | 주요 정책 사례 |
|---|---|---|
| 영국 | Behavioral Insights Team(BIT) | • 'mydata' 프로그램<br>• 에너지 등급 라벨을 통한 에너지 절약 사례<br>• 주차위반 벌금 부과방식 |
| 미국 | Social and Behavioral Sciences Team(SBST) | • 은퇴 안전망 증진 사례<br>• 경제적 기회의 진전 사례<br>• 대학 접근성 및 등록금 적정성 개선<br>• 미국 농민 대출기회 알림 서비스 |
| 호주 | Behavioral Insights Unit(BIU) | • 호주 벌금납부 독려사례 |

자료 : 행정안전부 정책연구보고서 미래 정부조직의 비전과 전략에 관한 연구 재인용(2017: 92–98).

## 5. Gov Tech, Civil Tech의 활용을 통한 정책

현대 사회에서는 지역 내 다양한 이해관계자가 존재하여, 의사결정 과정 내 기존 물리적 집회참여를 통한 정치적인 영향력 행사가 물리적 한계를 맞이하게 되었다. 또한, 시민 사회 내 경제적 안정성과 시민들의 사회적 인식의 향상은 기존 의사결정 방식이 합리적 의사결정 구조로의 변화를 요구하게 되었다. 이러한 시민 정책 의사결정상의 변화 요구와 함께, 인터넷 및 소셜미디어 등장과 오픈데이터 추진은 시민, 기업 등이 데이터를 활용하여 정책과정에 참여하거나 결정하는 환경을 구축할 수 있게 만들었다(한국정보화진흥원, 2017). 위 환경적 흐름에 따라 미래 정부는 기존의 아날로그 정부에서 전자정부로의 전환과정을 거쳐, 개방성·사용자주도 접근·디지털 전환 등이 주요 특성을 지니는 디지털 정부로의 형태로 진화되고 있다(OECD, 2014).

최근 디지털 정부 내 시민의 자발적인 힘과 기술의 진보를 동시에 활용하여 사회혁신을 촉진시키는 원동력 중에 하나로 제시되고 있는 개념이 Civic Tech이다(이정아, 2018). Civic Tech에 대한 정의는 학자마다 다양하게 정의하고 있으나, 보편적으로 시민들이 ICT 기술을 활용하여 사회문제를 시민·기업·정부 등의 혁신주체들이 공동으로 해결하는 과정을 의미한다. 이러한 Civic Tech는 지역의 사회적 활동이나 문제 해결과 관련된 커뮤니티 활동(Community Action)과 행정서비스의 개선 및 투명성 제고와 관련된 열린정부(Open Government)로 구분된다(Patel, et al., 2013). 커뮤니티

활동은 시민에 의한 클라우드 펀딩, 지역 사회조직, 정보 클라우드 소싱, 지역 주민 포럼, 주민 간 공유경제 촉진의 형태를 띠고 있으며, 열린정부로는 데이터 접근과 투명성, 데이터의 유용성, 공공 의사결정, 주민들의 피드백 전달, 시각화 및 매핑, 투표로 분류된다. 4차 산업혁명의 시대적 요구에 따라 현재 Civic Tech는 인공지능 기반의 자동화 기술을 통한 자동화 시스템으로 발전시킬 수 있으며, 기계와 사람 간의 연결성을 강화하여 데이터 활용 기술의 발전을 토대로 사회 전방의 지능화를 실현시킨다(한국정보화진흥원, 2017). 따라서 Civic Tech를 활성화시키는 측면은 데이터 기반의 지능정보기술을 활용하여 사회문제를 해결하기 위한 정책설계 과정에서 맞춤화된 정책설계와 디지털을 활용한 시민들의 참여를 확대시킬 수 있다. 이러한 Civic Tech는 국내외에서 활발하게 활용되고 있다(〈표 2〉 참조). 대한민국의 경우, 국민의 스마트폰 활용 역량과 함께 인터넷 네트워크를 활용하는 역량이 다른 국가에 비해 매우 높은 수준을 띠고 있다. 따라서 미래 정부에서는 디지털 사회혁신 성장을 통해 정책설계 과정 내에서 투명성을 높이고 시민들의 직접 참여를 통한 효율성을 증가시키기 위하여 Civic Tech를 확산시키고 관련 기술발전이 필요할 것으로 보인다.

Civic Tech의 발전과 함께 디지털 기술의 발전과 공공 서비스에 대한 기대치가 높아짐에 따라 함께 주목받고 있는 분야가 Gov Tech이다. Gov Tech은 사회문제들에 대한 해결을 효과적으로 실시하기 위해 스타트업 친화적인 디지털 정부 생태계를 조성해

〈표 2〉 Civic Tech 주요 사례

| 국가 구분 | 주요 사례 | 관련 내용 |
|---|---|---|
| 네델란드 | I Make Rotterdam | • 로테르담 공중 육교 건설에 시민 클라우드 펀딩 프로젝트 활용 |
| 미국 | Adopt a Hydrant | • 지역주민들이 직접 소화전의 위치를 확인하여 집 앞 소화전을 관리하는 서비스 |
| 이스라엘 | Waze | • 실시간 교통지도를 도로상황 정보를 공유하여 파악하는 사용자 참여형 지도 형태 |
| 캐나다 | OpenNorth | • 오픈데이터 제공을 통해 시민들이 정보를 쉽게 찾도록 하는 서비스 |
| 아르헨티나 | Democracy OS | • 시민들이 직접 토론과 투표를 통한 의견을 제시할 수 있는 시민참여 시스템 |
| 대한민국 | 민주주의 서울 | • 시민들이 지역 정책을 제안, 결정, 실행하는 과정에 참여하는 창구 |
| | 서울 e품앗이 | • 시민이 물건, 재능 등의 공동체 화폐를 활용하여 교환하는 형태 |
| | 우리동네 후보 | • 데이터를 활용하여 선거 후보자의 정보를 수집하여 유권자에게 제공하는 앱 |
| | 예산지도 | • 예산 데이터의 시각화를 통해 정부활동을 감시하는 형태 |
| | 국회톡톡 | • 시민들이 직접적으로 정치에 참여·지원할 수 있도록 하는 온라인 시민입법 플랫폼 |

자료 : 한국정보화진흥원 (2017: 6).

야 되는 측면에서 출현하게 되었다(강송희 외, 2020). Gov Tech은 Civic Tech과 마찬가지로 기관별 정의에 따라 개념이 다르게 적용되고 있지만, 민간 분야의 스타트업과 기업이 사용자 요구를 충족시키는 제품과 서비스를 제공함으로써 공공문제를 해결하는 분야로 제시된다(UK GDS, 2018). Gov Tech이 지닌 디지털 생태계를 진단하기 위해서는 디지털 기술과 같은 기술을 적용하여 혁신 제품에 대한 수요가 있는지에 대한 정부 정책에 대한 차원, 문제

해결을 위한 중소·스타트업 기업이 존재하는지에 대한 혁신 주체에 대한 차원, 정부와 스타트업이 기존의 조달 체계에서 쉽게 협력할 수 있는지에 대한 조달 체계에 대한 차원으로 나뉜다(강송희 외, 2020). 현재 이러한 Gov Tech에 대한 주요 국가들 가운데 영국은 Gov tech Catalyst(GTC)를 통해 공공부문에서 직접 사회문제의 해결을 제안하고 아이디어만 가진 기업도 입찰할 수 있는 체제를 통해 정부가 구매를 보장하는 프로그램을 지니고 있다(UK Government, 2020; 강송희 외, 2020). 또한, 싱가포르는 정부기술국(Government Technology Agency)을 구성하여, 사회 문제를 해결하기 위해 기존 분리된 해커톤과 조달 프로세스를 연계하여 공급업체가 공동 협력하여 발생시킨 아이디어와 솔루션을 수집하여 정부가 구매하는 형태로 운영하고 있다(OECD, 2019). 대한민국의 경우 2019년 발표된 디지털 정부 추진계획에 따라 '시민 참여를 위한 플랫폼 고도화'를 세부과제로 제시하여 사회문제 해결을 위한 시민 아이디어를 정책으로 현실화시키는 '도전. 한국' 플랫폼을 실시하였다(행정안전부, 2020). 현재 대한민국의 Gov Tech 수준은 신기술을 도입하는 측면에서 공적인 수요와 함께 기술력 높은 기업의 환경은 조성되어 있지만, 공공부문과의 혁신을 통한 정부와 기업 간의 조달 체계가 충분히 협업하기 어려운 한계를 가지고 있다(강송희 외, 2020). 따라서, Gov Tech를 통해 미래 정부가 지니는 정책설계 과정을 강화하기 위해서는 다음과 같은 혁신이 필요할 것으로 예상된다. 첫째, 공공부문의 문제를 새로운 기업과 지역주민의 관심을 유도할 수 있는 민간 주도의 디지털 정부 생태계

전환이 필요할 것이다. 둘째, 중소·신생 기업에게 진입장벽을 낮춰 협업을 장려하는 포용 정책을 통해 기회가 제공되어야 할 것이다. 셋째, 기업 참여 확대와 기술 중심 공공서비스 혁신을 위하여 기존의 정부와 기업 간의 조달 문화와 규제 환경을 혁신할 필요가 있다.

## 6. 가상과 현실세계가 상호작용하는 메타버스 정부

코로나19 사태 등과 같은 사회적 위기상황에서 정부의 독자적인 형태의 노력만으로는 사회문제를 해결하는 데 한계를 가짐에 따라 다양한 주체들 간의 협업을 통한 참여가 요구된다(한국행정연구원, 2020). 따라서 디지털 전환이 기반이 된 뉴노멀 시대를 견인하는 원동력은 기술에 따라 변화하는 만큼 혁신 기술 시장 내에 선도하는 기업을 지원하고, 기술이 원활하게 도입할 수 있도록 하는 정책 달성을 유도하는 민관의 파트너십이 강화되어야 할 것이다(한국과학기술정책플랫폼협동조합, 2020). 이를 위해서 최근 발전하고 있는 메타버스 서비스를 활용하여 가상현실과 실제가 상호작용하는 메타버스 적용 시민참여 플랫폼 구축이 요구된다.

정책과정에서의 시민 참여는 정책의제 설정이나 설계에 반영되는 경우가 보편적으로 이뤄졌지만, 미래 정부에서는 정책평가 과정에서도 참여도를 높일 수 있다. 해당 측면에서 구상할 수 있는 부분은 메타버스를 적용하여 현실과 같은 대안적 현실을 디지털 트윈으로 형성하는 정책의 장을 구축하는 것이다(박형준. 동아일보 2021). 메타버스는 현실과 가상이 합쳐진 초월적인 의미로 나를 대리하는 아바타를 통해 일상 활동과 경제생활을 영위하는 3D 기반의 가상세계이다(고선영 외, 2021). 메타버스의 주요 특징은 5C, 즉 Canon(세계관), Creator(창작자), Currency(디지털 통화), Continuity(일상의 연장), Connectivity(연결)로 설명된다(고선영 외, 2021). 즉, 메타버스 내에서는 시공간들이 설계자와 참여자들에 의해 확장될 수 있으며, 누구나 참여 가능하고, 메타버스 내에서는 생산과 소비가 가능하다. 또한, 현실과 유사한 일상의 연속성이 보장되며, 서로 다른 메타버스 세계를 연결하여 사람과 사람, 현실과 가상을 연결할 수 있다. 즉, 현실과 유사한 가상현실을 통해 실시되지 현실에서 실시되지 않은 가상의 정책을 실험적으로 수행할 수 있으며, 해당 정책에 대한 평가를 수행할 수 있는 것이다. 실제 정책 실시에 따른 예산·자원 문제와 정책실험상 발생될 수 있는 중도이탈에 대한 한계점들을 인터넷상의 통화와 일상의 연장선적 특성과 연결을 기반으로 하여 보완할 수 있는 장점을 가진다. 또한, 장기적인 정책 효과를 측정하는 데 인공지능 기반 기술을 활용하여 효과적으로 장기적인 정책 도입 이후 성과를 도출할 수 있을 것이다. 이를 통해 기존 세계에서 효과를 검증할 수 없는 해결 방안에 집중하는 정책적 경직성에서 벗어나 가상현실 세계를 기반으로 한 선제적 예방이 가능한 미래 정부 거버넌스를 구축할 수 있을 것이라 예상된다.

## Ⅳ 결론 및 제언

지속되는 코로나19(COVID-19) 팬데믹의 장기화는 경제, 사회, 문화, 복지 등을 넘어 우리 사회에 수많은 변화를 일어나게 했으며, 이로 인해 공공 및 민간 영역에도 수많은 도전과제를 안겨주었다. 이러한 예상치 못한 재난은 국민들로 하여금 당연한 것이 당연하지 않게 여겨지게 되었고, 어느덧 위드 코로나(with corona)도 익숙해져 버린 상황이다.

이렇듯 사회가 빠르고 복잡해지며 다변화되는 현실에 접어들고 있는 시점에서 보다 효율적이고 투명한 공공가치의 실현은 차기 미래 정부가 필수적으로 구축해야 할 쟁점으로 남아 있다. 이와 더불어 빅데이터, IoT, 인공지능(AI) 등의 지능정보 기술 활용이 급증하면서 이를 활용할 수 있는 전략 마련 또한 요구되고 있는 시점이다. 이에, 소통과 신뢰를 바탕으로 국민에게 먼저 다가가 이들의 요구와 니즈(needs)를 신속하게 파악하고 대응할 수 있는 디지털 플랫폼 형태로서의 혁신적인 해결방식에 대한 필요성이 대두되고 있다. 다시 말해, 기능주의적·수직적인 해결방식을 통한 아날로그적 폐쇄형 구조의 틀에서 벗어나, 국민참여를 최대한 끌어내어 국정운영을 함께 실행하고 디지털 기술과 플랫폼을 활용함으로써, 문제를 신속히 해결할 수 있는 지능적이고 민첩한 정부가 필요하다는 것이다.

이러한 관점을 바탕으로 본 장에서는 "포스트 코로나 시대 이후 차기 미래 정부는 국민의 생활과 안전 그리고 복합적인 사회 문제를 어떻게 해결하고 대응해야 할 것인가?"라는 질문에 답하기 위한 목적으로 이루어졌다.

이에, 다양한 관점에서 논의되고 있는 차기 미래 정부의 형태와 기능, 해외사례, 전략 등에 대해 살펴보았다. 구체적으로 정책 도구 관점에서 디지털 기술/플랫폼을 활용한 GovCloud, 디지털 플랫폼 정부, 형태 및 구조적 차원에서의 Agile/stremlined/tech-enable 마지막으로 넛지유닛 부서, 정책실험, 근거기반 정책설계 등을 기반으로 한 미래 정부의 정책설계 방향을 도출하였다. 이들은 각각 다양한 형태와 구조, 맥락을 지니고 있으며, 향후 바람직한 전략 마련에 단초를 제공해줄 수 있는 차기 미래 정부 형태로 대표된다. 이에 본 장에서는 앞서 살펴본 차기 미래 정부의 개념 및 형태, 전략 등을 정리하고 이들이 공통적으로 내포하고 있는 요소를 종합해 보고자 한다. 그리고 포스트 코로나 시대에 우리 정부가 나아가야 할 현실적인 방향을 제언하고자 한다.

첫째, 투명성과 대응성 강화를 위한 플랫폼 기반의 디지털 혁신

네트워크를 구축하는 것이다. 코로나19 이후 사회 전반에 걸친 큰 변화와 시대적 흐름에 따른 패러다임의 전환이 일어나면서 공공 영역에서도 변화가 일어나고 있다. 세계 각국에서는 쏟아지는 난제와 행정수요에 선제적으로 예측하고 대응하기 위해 다양한 노력을 기울이고 있다. 이에 따라 미국, 호주, 캐나다, 영국 등 각국의 정부에서는 디지털 정부의 역량 강화를 위한 전략 계획을 발표하고, 정부 차원에서 디지털 응용기술에 대한 대대적인 투자를 진행하고 있다(김영은, 2021). 그중에서도 특히, UAE의 가능성부(Ministry of Possibilities)는 디지털 기술과 플랫폼을 공공영역에 도입하고 메타버스에 근간을 둔 새로운 형태의 정부부처를 출범하기도 했다. 이러한 점은 우리나라 또한 범정부 차원에서 행정서비스를 더욱 신속하게 전달하고 국민과 정책을 함께 디자인할 수 있는 디지털 플랫폼 정부로의 전환이 필요하다는 것을 시사한다. 다만, 여기서 고려해야 될 점은 단순한 시대적 흐름에 따른 일시적인 하드웨어(hardware) 개편이 아닌 기술/제도적 기반을 신중하게 마련하는 것이 중요하다. 사실 그동안의 정부 운영은 정권 교체 시기마다 습관적으로 기존의 부처를 통·폐합/신설 또는 명칭만 바꾸는 등 보여주기식 국정운영이라는 비판에서 자유롭지 못했다. 물론 정부가 어떠한 정책에 중요성을 두느냐에 따라 부처의 형태는 달라질 수 있을 것이다. 그러나 형태가 바뀐 뒤에도 국민의 행정 수요를 제대로 파악하지 못하고 트렌드(trend)에 적응하지 못한다면 이는 오히려 큰 낭비가 될 수 있다.

이러한 점을 고려하여 미래 정부에 대한 효과와 부작용에 대해 지속적으로 습득해 나가는 것이 중요하다. 예컨대, 플랫폼을 시범적으로 운영해봄으로써 국민의 반응이나 효과를 살펴본다거나 민간과의 활발한 기술교류 그리고 실증적 데이터에 기반한 개방형 혁신(open innovation)이 이루어져야 한다. 또한, 플랫폼의 성공여부는 결국 국민의 참여에 따라 달라진다. 따라서 플랫폼이 원활한 협력 도구로써 활용되기 위해서는 누구나 자유롭게 접근하고 활용할 수 있는 양질의 데이터와 정보공유, 그리고 국민참여를 끌어낼 수 있는 다양한 인센티브(incentive) 개발에 대한 고민이 필요하다.

둘째, 다양하게 벌어지고 있는 사회문제에 대해 신속하고 유연하게 대응할 수 있는 혁신적인 운영 방식으로의 전환이 필요하다. 앞서 살펴본, FAST 정부, GovCloud, Agile Gov 등의 주된 목표는 바로 수평적 협력 방식과 행정의 효율성/대응성 극대화에 기반한 신뢰 사회 구현에 초점을 맞추고 있다.

그동안의 정부 운영방식은 공공영역의 주도하에 수직적이고 기능주의적인 구조가 주를 이루었다(Ansell & Gash, 2008). 이로 인해 공공영역에서의 시민참여는 저조할 수밖에 없었으며, 정부 또한 예상치 못한 상황에 효율적으로 대응하지 못했다.

이러한 흐름 속에서 코로나 사태로 인해 WHO나 서구 국가의 대응 능력에 대한 문제점들이 지적되었고 이를 바탕으로 국익을 우선시하는 자국중심주의가 강화되면서 새로운 결속 벨트(poly-nodal)가 형성될 것으로 전망되고 있다(KISTEP, 2020). 이와 더불어 우리나라 또한 K-방역을 계기로 국제사회 문제에도 유연하게 대응할 수 있는 운영방식을 갖출 필요성이 제기되었다. 즉, 오늘날 한 국가의 문제는 국제사회와도 직접적으로 연관되기 때문에 우리나라 역시 시대적 추세에 따라 미래 정부가 추구하는 운영 방식으로 전환할 필요가 있다는 것이다.

이러한 견해의 요소는 AI, 블록체인이나 빅데이터 등의 다양한 기술 매개체를 활용함으로써 진정한 시민참여와 협력을 독려하고 행정의 효율성을 도모할 수 있다. 즉, 그동안의 공공영역에서는 주로 국민이 정부를 찾아가는 서비스였다면, 이제는 다양한 전략적 ICT 기술 도구를 활용함으로써 정부가 직접 찾아가는 형태가 가능할 것이다. 단적인 예로 캐나다는 민간 기술을 활용하여 디지털 정부(digital government)를 새롭게 신설하고 사용자 중심의 디지털 표준 전략을 마련하였다. 그리고 클라우드 서비스, 정보관리, 오픈 소프트웨어 등을 통해 국민이 정부와 직접 소통할 수 있는 체계를 마련하였다. 현재는 코로나19를 비롯한 이민, 날씨, 보건, 아동, 의료 등 국민의 생활과 밀접하게 관련된 의제에 대한 디지털 프로젝트 및 소통 서비스를 제공하고 있다. 이와 유사한 맥락에서 신흥 전자정부 강국으로 주목받고 있는 에스토니아, 싱가포르, 덴마크의 경우에는 2000년대 초부터 디지털 허브를 구축하여 사용자 중심의 행정 서비스를 제공하면서 디지털 인프라를 다져나가고 있다(전자신문, 2019. 3. 13.). 이러한 사례는 Gov Tech 유형에서 제시된 바와 같이, 정부가 민간의 아이디어와 기술을 활용하여 공공 문제를 더욱 신속하게 해결하고 디지털 트렌드를 반영하고자 하는 혁신 전략이라 볼 수 있다.

셋째, 과거의 다양한 사례와 근거를 바탕으로 한 실증적 기반의 정책(Evidence-based policy) 수립이 가능하도록 해야 한다. 객관적이고 명확한 통계 및 행정 데이터는 정부 OS 혁신에 필수적이며 신뢰성을 높임과 동시에 비용 또한 최소화할 수 있다. 이러한 전문 지식과 과학적 탐구를 통한 근거기반의 정책 수립 방식은 현재 정책설계 분야에서 가장 변혁적이고 차별화되는 방법으로 구분된다. 왜냐하면 체계적이고 과학적인 증거기반의 정책 활용은 정책 실패 방지 및 정당성과 효율성 확보 그리고 예산/자원의 효율성 측면에서 용이하게 활용되기 때문이다. 이는 Agile Gov.에서도 알 수 있듯이, 정책의 실효성과 수혜자의 만족도를 높일 수 있도록 반복적으로 정책초안을 시험하여 합리적인 결과물을 산출하는 것과 같은 맥락이라고 볼 수 있다. 그러나 이러한 증거기반 정책 또한 측정과 평가상의 한계, 지나친 단순화에 의한 오류 등을 야기할 수 있기에 조심스럽게 접근해야 한다.

한편, 증거기반 정책은 정책 문제와 대안을 발굴하고 직접 실험을 통해 반응과 효과를 파악하는 것이기에 필수적으로 선행되어야 할 것들이 존재한다. 이는 앞서 언급했던 플랫폼을 활용한 데이터 수집과 민관협력을 통한 ICT 기술의 활용, 넛지 전략 등을 들 수 있다. 이러한 전략과 기술이 적용된 정부는 다양하고 다원화된 사회구성원의 행동이나 의견 등을 통합적인 데이터로 활용하여 공공가치 실현을 위한 발판으로 삼을 수 있다. 즉, 미래 정부가 증거기반 정책을 수립할 경우, 실제 수요자인 국민이 정책 결정을 주도했다는 점에서 이들의 눈높이에 알맞는 정책이 설계될 것이다.

마지막으로 의사결정 과정에서 오류를 최소화하기 위한 공무원 사회의 혁신적인 변화도 매우 중요하다. 예컨대, 행정업무에 관한 창의성과 혁신성을 위해 부처 간의 교류를 활발히 하고 데이터나 통계, 빅데이터 등을 실제 활용할 수 있는 전문가 및 기술자 양성이 필요할 것이다.

오늘날 사회는 빠르게 변화하고 다변화되는 VUCA(Volatility Uncertainty, Complexity, Ambiguity)의 시대에 접어들고 있다. 그리고 다가올 미래의 사회문제들은 더욱더 복잡해지고 다양해질 것이다. 이에, 공공영역 또한 민간에서의 다양한 지능적 기술을 활용하여 투명성, 민첩성, 대응성을 바탕으로 한 새로운 가치 창출 확대에 주력해야 할 것이다.

경직되고 수직적인 구(舊)시대 정부의 역할만으로는 다가오는 미래를 대비할 수 없으며 올바른 정책을 수립하기 힘들 것이다. 이에, 과연 바람직한 디지털 정부로 거듭나기 위해서 어떠한 것이 선행되고 수립되어야 하는지에 대해 진지하게 고민해 볼 필요가 있다. 그리고 플랫폼 및 ICT 기술의 적극적인 활용과 이를 바탕으로 한 근거기반 설계를 통해, 최상의 공공가치를 속도감 있게 생산할 수 있는 미래 정부의 역할이 필요할 것이다.

## 참고문헌


강송희·김숙경. (2020). GovTech와 공공 생태계 혁신. 소프트웨어정책연구소 이슈리포트.

고선영 외. (2021). 메타버스의 개념과 발전 방향. Korea Information Processing Society Review, 28(1), 7-16.

권경득·임정빈. (2002). 지방정부 조직성과의 결정요인에 관한 연구. 한국지방자치학회 세미나, 235-256.

권남호. (2018). 넛지의 정책설계 시 활용 사례 및 시사점. 한국조세연구원 재정포럼.

김윤권·최순영. (2021). 미래예견적 국정관리와 정부운영(Ⅱ): 지능형 정부인사관리를 중심으로. 한국행정연구원.

김정해 외. (2021). 코로나 이후 시대의 정부조직 디자인. 한국행정연구원.

김지학·김동현. (2020). 증거기반 정책 제도 연구: 문화·관광 분야 통계지표 활용 중심으로. 한국문화관광연구원.

김태진 외. (2015). 지방정부를 위한 클라우드 시스템 구축에 관한 연구: 사례분석과 타당성 분석을 활용한 추진 모델 탐색. 한국지역정보화학회지] 제, 18(1).

김희연. (2017). EU 디지털 사회혁신의 추진성과. ITFIND iNSIGHT.

문명재. (2021). 포스트(위드) 코로나 시대의 난제해결형 정부를 위한 정부혁신에 대한 소고. 한국행정연구 30(3): 1-27.

박병원. (2020), 와일드카드의 일상화 : 미래 재난 대비와 대응-무엇이 필요한가?, Future Horizon+, 45, pp4-9, 과학기술정책연구원.

배영임·신혜리. (2020). 코로나19, 언택트 사회를 가속화하다. 경기연구원.

변순천 외. (2021). 포스트 코로나 시대를 대비하는 과학기술혁신정책 아젠다 2021. 한국과학기술기획평가원 기본보고서.

안준모. (2021). 인공지능을 통한 행정의 고도화: 기회와 도전. 한국행정연구 3(20):1-34.

유재원. (2003). 시민참여의 확대방안: 참여민주주의의 시각에서. 한국정책과학학회보, 7(2), 105-125.

이상윤·윤홍주. (2019). 제4차 산업혁명과 전자정부 보안연구-지능형 정부의 빅데이터 사이버보안기술 측면에서. 한국전자통신학회, 14, 369-376.

이정아. (2018). Civic Tech과 새로운 사회혁신. 2018 한국정책학회 하계학술대회 자료집.

정성호. (2019). 증거기반 정책결정과 성과주의예산에 관한 소고. 월간 나라재정 12월호 4-13

지종화. (2011). 정책집행의 실패와 그 원인, 그리고 사회적 손실 분석. 정책분석평가학회보, 21(2), 1-47.

정지범. (2020), 회복력 중심 시스템으로의 전환을 위하여, Future Horizon+, 45, pp.37-40, 과학기술정책연구원.

최지민. (2020). 정부 사회혁신 추진현황과 개선방향, 한국지방행정연구원.

최영준 외. (2020). 정책실험의 개념과 필요성: 청년 기본소득 지급 실험 모델 제안. LAB2050.

최용환, 성윤숙, 박상현, 이유정. (2018). 증거기반정책 수립을 위한 아동·청소년·청년 통계관리 체계화 방안 연구. 한국청소년정책연구원 기본과제보고서.

최항섭. (2020) 미래의 위험에 대처하기 위한 인문사회적 상상력의 필요성 : 코로나 팬데믹과 미래문해력을 중심으로. Future Horizon (45): 10-15.

한국과학기술정책플랫폼협동조합. (2020). 포스트(post)코로나 시대의 정부혁신 과제 연구. 행정안전부 정책연구 보고서.

한국정보화진흥원. (2017). 지능화 시대 'Civic Tech'의 발전과 디지털 사회혁신 전략. IT & Future Strategy 보고서.

한국행정연구원. (2020). COVID-19 이후 국가·사회 회복력(Resillience) 향상을 위한 정부혁신의 방향, 이슈페이퍼 91호.

행정안전부a. (2017). 미래 정부조직의 비전과 전략에 관한 연구. 행정안전부 연구보고서.

행정안전부b. (2017). 지능형 정부 기본계획. 행정안전부.

KISTEP. (2020). 포스트 코로나 시대의 미래전망 및 유망기술. KISTEP 미래예측 브리프.

Ansell, C., & Gash, A. (2008). Collaborative governance in theory and practice. *Journal of public administration research and theory.* 18(4), 543-571.

Frey. K. & Widmer, T. (2011), Revising Swiss Policies: The Influence of Effeciency Analysis. *American Journal of Evaluation,* 32(4), 494-517.

Hollister, R. (2008), The Role of Random Assignment in Social Policy Research, *Journal of Policy Analysis and Management.* 27(2). 402-409.

Newman, Joshua, Michael Mintrom, Deirdre O' Neill, 2022. Digital technologies, artificial intelligence, and bureaucratic transformation, Futures, 136. https://doi.org/10.1016/j.futures.2021.102886.

Patel, M., Sotsky, J., Gourley, S., & Houghton, D. (2013). The emergence of civic tech: Investments in a growing field. *Knight Foundation.*

Parsons, W. (2002), From muddling through to muddling up-evidence based policy making and the modernisation of British Government. Public policy and administration, 17(3), 43-60.

OECD. (2019). Recommendation of the council on digital government strategies. Public Governance and Territorial Development Directorate.

Strassheim, H., & Kettunen, P. (2014). When does evidence−based policy turn into policy−based evidence? Configurations, contexts and mechanisms, Evidence & Policy: *A Journal of Research, Debate and Practice,* 10(2), 259−277.

Sutcliffe, S. & Court, J. (2005). Evidence−Based Policymaking: What is it? How does it work? What relevance for developing countries?, London: Overseas Development Institute(ODI).

UK GDS. (2020). [Guidance] Govtech Catalyst Overview.

World Economic Forum. (2012). Future of Government - Fast and Curious. World Economic Forum Reports.

동아사이언스. (2020. 6. 3). 감염병 컨트롤타워 질병관리청 생긴다...지역마다 질병대응 센터도 설치

동아일보. (2021. 12. 18). "정책실패 예방할 미래 정부운영 혁신 필요하다"[동아시론/박형준].

아시아경제. (2022. 2. 9). 극장·OTT 지각변동 2년... 지금 우리 콘텐츠는?

중앙일보. (2021. 9. 28). [코로나19의 모든 것] 12. 사회·경제·문화적 변화.

트랜스휴먼 시대의 사회과학 시리즈 2

# 코로나 팬데믹 현상이 초래한 사회변동의 다각적 이해

초판 1쇄 인쇄 2022년 4월 26일
초판 1쇄 발행 2022년 4월 30일

**지은이** 최인수, 김경수, 최연호, 정성은·정다은, 성지현, 이성림, 박형준
**펴낸이** 신동렬
**책임편집** 신철호
**편집** 현상철·구남희
**마케팅** 박정수·김지현

**펴낸곳** 성균관대학교 출판부
**등록** 1975년 5월 21일 제1975-9호
**주소** 03063 서울특별시 종로구 성균관로 25-2
**대표전화** (02)760-1253~4
**팩시밀리** (02)762-7452
**홈페이지** press.skku.edu



ISBN 979-11-5550-536-6 93330